फिल्म संगीत निर्देशक रोशन व उनके समकालीन संगीतकार

सीमा जौहरी
एम०ए०, पी०एच०डी०

राधा पब्लिकेशन्स
नई दिल्ली

राधा पब्लिकेशन्स

प्रथम संस्करण—2002
ISBN 81-7487-225-6

Rs. 750/-

नितिन गर्ग द्वारा राधा पब्लिकेशन्स 4378/4बी अंसारी रोड, दरियागंज, नई दिल्ली-2 के लिए प्रकाशित। जे० आर० टाइपसैटर, खजानी नगर, जौहरीपुर, दिल्ली-94 द्वारा शब्द संयोजन तथा तरुण आफसेट प्रिंटर्स, दिल्ली-53 में मुद्रित।

FILM SANGEET : Director Roshan Vaa Unaka Samkalin Sangeetkar

Seema Johari

समर्पण

आदरणीय मम्मी

को

जिनकी प्रेरणा

से

यह कार्य पूर्ण हो सका

आभार प्रदर्शन

इस शोध रचना को तैयार करने में मुझे अनेक कठिनाईयों का सामना करना पड़ा। अभी तक किसी भी लेखक ने रोशन की जीवनी के बारे में कोई सामग्री प्रस्तुत नहीं की। मैंने अंग्रेजी व हिन्दी की लगभग सभी अच्छी पत्र-पत्रिकाएँ देखीं और उनमें रोशन के बारे में जो बिखरी हुई सामग्री मिली, उसे जुटाकर उनके जीवन-परिचय का चित्र बना सकी। इसके लिए मैंने दिल्ली, पुणे और बम्बई के अनेक केन्द्रों पर जाकर काम किया, जहाँ फिल्मी साहित्य से सम्बन्धित सामग्री उपलब्ध है। इसके अलावा, मैंने अनेक प्रमुख लोगों से साक्षात्कार भी किये जिन्होंने उनके बारे में अनेक महत्त्वपूर्ण जानकारियाँ दीं। इन साक्षात्कारों को मैंने आगे परिशिष्ट में सूचीबद्ध किया है।

शोधकार्य को सम्पन्न करने के लिए अनेक महत्त्वपूर्ण ग्रन्थालयों व पुस्तकालयों में जाना पड़ता है। इसलिए मैंने भी ऐसे अनेक केन्द्रों पर जाकर अपना काम किया। इस सम्बन्ध में मैं नई दिल्ली स्थित संगीत नाटक अकादमी के पुस्तकालय, दिल्ली विश्वविद्यालय के संगीत विभाग के पुस्तकालय, जयपुर स्थित संगीत विभाग राजस्थान विश्वविद्यालय के पुस्तकालय, महारानी कॉलेज के पुस्तकालय तथा पुणे स्थित राष्ट्रीय फिल्म संग्रहालय के अधिकारियों के प्रति अपना विशेष आभार प्रकट करना चाहूँगी, जिन्होंने मुझे नि:संकोच पूर्ण सहयोग दिया। बम्बई में प्रसिद्ध पत्रकार श्री नलिन शाह के निजी ग्रन्थालय से मुझे पर्याप्त सामग्री मिली और मैं उनके प्रति भी अपना आभार प्रकट करना चाहूँगी।

राजस्थान विश्वविद्यालय के संगीत विभाग के सदस्यों ने भी मुझे सहयोग व प्रोत्साहन देकर कृतार्थ किया। इस सम्बन्ध में मैं विशेषकर विभाग की पूर्व अध्यक्ष डॉ० माया टाक के प्रति अपनी कृतज्ञता व्यक्त करूँगी। इसके अतिरिक्त कुछ अन्य विशिष्ट जनों का भी आशीर्वाद व सहयोग प्राप्त हुआ। इस सम्बन्ध में जयपुर के गिटार वादक व ग्रेमी एवार्ड विजेता श्री विश्व मोहन भट्ट व सितार वादक श्री शशि मोहन भट्ट के प्रति भी अपना आभार व्यक्त करूंगी जिन्होंने समय-समय पर मेरी शंकाओं का समाधान किया जिससे मुझे अपनी इस रचना को पूर्ण करने में मदद मिली।

संगीतकार रोशन के सम्बन्ध में प्रकाशित सामग्री बहुत कम मात्रा में उपलब्ध होने के कारण मुझे फिल्म जगत की महत्त्वपूर्ण प्रतिभाओं से भेंटवार्ताएँ करनी पड़ीं। इस

सम्बन्ध में मुझे जिन विभूतियों का सहयोग प्राप्त हुआ उनमें सर्वश्री पं० रामनारायण, तलत महमूद, केदार शर्मा और रवीन्द्र जैन के नाम उल्लेखनीय हैं। इसके अतिरिक्त, स्व० पं० हुस्नलाल की धर्मपत्नी श्रीमती निर्मला देवी और डॉ० आर० पी० कपूर ने भी मुझे रोशन के व्यक्तित्व के बारे में अपनी निजी जानकारी से लाभान्वित करके कृतार्थ किया। पुणे में प्रो० भास्कर चन्द्रावरकर ने भी कुछ महत्त्वपूर्ण जानकारी देकर मेरे प्रयास को सफल बनाया। मैं इन सभी के प्रति आभार व्यक्त करती हूँ।

इस सम्बन्ध में मुझे अपनी माता (श्रीमती सरोज रानी) व पिता (प्रो० जे०सी० जौहरी) की ओर से भी पूरा सहयोग मिला। मेरी संगीत प्रेमी माता ने मुझे बाल्यावस्था से ही इस दिशा में प्रेरित किया। उनके आशीर्वाद को पाकर मैं इस दिशा में निरन्तर अग्रसर हो सकी।

विशेषकर मैं डॉ० अपेक्षा पेंढ़ारकर के प्रति अपना आभार व्यक्त करूंगी जिनके निर्देशन में यह कार्य सम्पन्न हो सका। उन्होंने मुझे इस विषय के सम्बन्ध में जो रूपरेखा दी तथा समय-समय पर जो मार्गदर्शन किया, उसी से प्रोत्साहित होकर मैंने यह शोधकार्य पूरा किया। अन्त में, मैं अपने प्रकाशक के प्रति अपना आभार प्रकट करना चाहूँगी जिन्होंने इस शोध रचना को सराहा और इसके प्रकाशन में विशेष रुचि ली।

—सीमा जौहरी

प्रस्तावना

संगीत, साहित्य और कला जीवन के तीन महत्त्वपूर्ण पक्ष हैं जिनके बारे में यह कहा गया है कि जिस मानव के जीवन में इन तीनों में से कोई पक्ष न हो, उसे साक्षात् पशु की संज्ञा दी जानी चाहिए। संसार में जो महत्त्वपूर्ण विभूतियाँ हुई हैं, उन्होंने इन तीनों में से किसी एक पक्ष को उजागर करने में अपना विशेष योगदान दिया है। यदि मिल्टन, शेक्सपीयर, कालिदास, तुलसीदास आदि साहित्य के क्षेत्र में बहुत अग्रहणी हुए, तो ल्यूनार्डो डॉ० विनसी, पिकासो, नंदलाल बोस, मक़बूल, फ़िदा हुसैन आदि ने कला के क्षेत्र में कीर्तिमान स्थापित किए। इसी तरह संगीत के क्षेत्र में बीथोबिन, मोजार्ट, अमीर खुसरो, तानसेन इत्यादि ने ऐसी कृतियाँ प्रस्तुत की जो सदा अमर रहेंगी। रवीन्द्रनाथ टैगोर ऐसी महान विभूति हुए जिन्होंने तीनों क्षेत्रों में अपना महत्त्वपूर्ण योगदान दिया है।

संगीत का अपना विशेष महत्त्व है। जब से सृष्टि की रचना हुई तभी से संगीत अस्तित्व में आया। इसलिए संगीत का स्थान साहित्य और कला से पहले आता है। मनुष्य ने सुख या दुःख के क्षणों में जैसा अनुभव किया या प्रकृति के प्रभाव में आकर उसने जो अपनी प्रतिक्रिया व्यक्त की, उसी में से संगीत का उदय हुआ जिसे धीरे-धीरे स्वरबद्ध व लयबद्ध रूप मिलता चला गया। ऐसे कलाकारों ने अपने मौखिक संगीत को अधिक प्रबलित व रोचक बनाने के लिए साज़ों का आविष्कार किया जिससे गायन के साथ वादन भी संगीत का अभिन्न अंग बन गया। कुछ पक्षियों की मीठी वाणी सुनकर भी मानव ने संगीत को विकसित करने में अपना योगदान दिया। इसीलिए आज किसी मधुर गायिका को कोकिलाकंठी होने का श्रेय दिया जाता है।

किन्तु संगीत समाज के बहुत थोड़े या छोटे वर्ग तक ही सीमित रहा। ललित कलाएँ सभी मानवों को समान रूप में प्रभावित नहीं करती। हो सकता है कि कोई अपनी रुचि से साहित्यकार हो, तो किसी की रुचि संगीत या कलाओं में हो, यह भी हो सकता है कि किसी को रुचि न साहित्य में हो, न संगीत में हो, न कला में हो, हाँ, उसे थोड़ा बहुत लगाव सभी से हो या किसी विशेष कला से हो। यही कारण है कि संगीतकारों की संख्या बहुत थोड़ी, किन्तु संगीत प्रेमियों की संख्या बहुत विशाल रही है। आज भी हम देखते हैं कि किसी कार्यक्रम में गायकों और गायिकाओं तथा वादकों की अपेक्षा

श्रोताओं की संख्या कई गुनी अधिक होती है। इस सम्बन्ध में फिल्मी उद्योग को विशेष श्रेय प्राप्त है कि उसने चित्रपट के द्वारा संगीत को देश के कोने-कोने में फैलाया और अब रेडियो व दूरदर्शन के माध्यम से वह घर-घर में व्याप्त हो चुका है।

यह कहना यथार्थ होगा कि फिल्मी संगीत के आने से पहले संगीत केवल शाही महफिलों या धनवानों की हवेलियों तक सीमित था, क्योंकि साधारण व्यक्ति की वहाँ तक पहुँच ही नहीं हो सकती थी। चित्रपट संगीत ने इस समस्या का समाधान किया। साधारण से साधारण व्यक्ति सिनेमा देखकर या रेडियो पर गीत सुनकर संगीत का आनन्द लेने लगा। यहाँ यह भी कहना उपयुक्त होगा कि चलचित्र के निर्माताओं ने संगीत को सरल व सुगम बनाया। शास्त्रीय संगीत का प्रवाह कम होता चला गया और जो सुगम संगीत आया वह लोकरुचि के अनुकूल होता चला गया। इसीलिए यह विचारणीय प्रश्न पैदा हुआ कि क्या चलचित्र ने संगीत के स्तर को ऊपर उठाया है या नीचे गिराया है।

1931 में फिल्म 'आलमआरा' के आने से पहले मूक फिल्में बनी थीं जिन्हें रोचक बनाने के लिए परदे के पीछे गायक और वादक बिठाए जाते थे, लेकिन जब बोलपट फिल्में आयीं तो इस समस्या का समाधान हो गया। आर०सी० बोराल, तिमिर बरन, पंकज मलिक, खेमचन्द प्रकाश, गुलाम हैदर जैसे संगीतकारों ने सुगम संगीत को अपनाने पर भी शास्त्रीय संगीत से अपना नाता नहीं तोड़ा। लेकिन 1940 के बाद इस परम्परा में परिवर्तन होने लगा। नये संगीतकारों में अनिल बिस्वास, नौशाद, एस०डी० बर्मन, हुसनलाल-भगतराम जैसे संगीतकारों ने सुगम संगीत को और अधिक समृद्ध बनाया। इस चरण में संगीतकारों ने विभिन्न प्रदेशों के लोक गीतों की धुनों को भी लिया। लेकिन यह भी उल्लेखनीय है कि पिछले चरणों का अनुकरण करते हुए उन्होंने भी, जहाँ तक सम्भव हुआ, शास्त्रीय संगीत को स्थान देने की कोशिश की।

स्वतन्त्रता के बाद फिल्मी संगीत के क्षेत्र में तेज़ी से परिवर्तन हुआ और जो नया चरण आया उसमें, शंकर-जयकिशन, मदन मोहन, रोशन और सी० रामचन्द्र जैसे संगीतकारों ने जो योगदान दिया वह पिछले चरणों की परम्परा से जुड़ा रहा और अलग भी हो गया। वह इस अर्थ में जुड़ा रहा कि इन कलाकारों ने यदा-कदा पाश्चात्य संगीत का प्रभाव अपने संगीत में लाने पर भी शास्त्रीय संगीत के महत्त्व को बनाए रखा। चूंकि इस चरण में फिल्म-निर्माताओं की यह कोशिश रही कि ऐसी गीत रचनाएँ की जाए जो भावों से भरी हों तथा फिल्मों में दिखाई जाने वाली स्थिति के बिल्कुल अनुकूल हों। इसीलिए संगीतकारों ने भी उन भावों को पहचानकर ऐसी धुनें बनाई जिनमें कहीं लोकगीतों का प्रभाव था तो कहीं गजलों और कव्वालियों को संगीतमयी बनाने के अनेक प्रयोग किए गए। यदि नौशाद और एस०डी० बर्मन के संगीत में लोकगीतों का पुट अपनी

विशेषता लिए हुए निखरा, तो मदन मोहन मोहन गज़लों के क्षेत्र में और रोशन कव्वालियों के क्षेत्र में अपनी विशेष पहचान बना सके।

फिल्म संगीत के विषय के क्षेत्र में अपनी रुचि होने के कारण मैंने इसी को अपने शोधकार्य का विषय चुना और तीसरे चरण के बड़े संगीत निर्देशकों में रोशन लाल नागरथ जो संगीत जगत में रोशन के नाम से प्रसिद्ध हुए, के योगदान की समालोचनात्मक व्याख्या करने का निश्चय किया। 1950 में बनी फिल्में 'बांवरे नैन' के संगीत ने उन्हें एकदम चोटी पर पहुँचाया और फिर अगली अनेक फिल्मों में जो उन्होंने संगीत दिया उससे उनकी ख्याति बढ़ती गई। जब 1960 में 'बरसात की रात' अब यह बिल्कुल स्पष्ट हो गया कि महान संगीतकार होने के लिए जो कीर्तिमान स्थापित होने चाहिए वो उन्होंने स्थापित कर लिए। मैंने उनके सभी फिल्मों में दिए हुए संगीत का बड़ी रुचि से अध्ययन किया है।

फिल्म संगीत के क्षेत्र में मेरी रुचि 1982 से हुई जब मुझे आकाशवाणी दिल्ली के बाल-गान कार्यक्रम में सम्मिलित होने का अवसर मिला। लगभग तीन वर्षों तक मैं इसी कार्यक्रम से सम्बद्ध रही और मुझे आकाशवाणी दिल्ली के युगवाणी कार्यक्रम में आने का अवसर मिला। आकाशवाणी के संगीत सम्बन्धी कार्यक्रमों में निरन्तर भाग लेने के कारण मुझे इस तथ्य का ज्ञान हुआ कि संगीतकार रोशन भी किसी समय आकाशवाणी दिल्ली की सेवा में थे और वहाँ से ही वे 1948 में फिल्म जगत में प्रविष्ट हुए।

संगीत के प्रति मेरी गहन रुचि तभी से बनी हुई है। मेरठ विश्वविद्यालय से एम०ए० की डिग्री लेने के उपरान्त मैंने शोधकार्य करने का निश्चय किया। फिल्म संगीत के बारे में जो सामग्री उपलब्ध हुई, मैंने उसे पढ़ा, लेकिन मैं डॉ० अपेक्षा पेंढ़ारकर के प्रति अपना विशेष आभार प्रकट करना चाहूँगी जिन्होंने मेरे अध्ययन को एक निश्चित दिशा प्रदान की। तभी मैंने उनके निर्देशन में शोध कार्य को औपचारिक रूप से शुरू किया। यह उन्हीं के प्रोत्साहन और मार्गदर्शन का फल है कि आज मैं यह कार्य पूर्ण कर सकी। मैं उनके प्रति सदा आभारी रहूँगी।

''फिल्म संगीत निर्देशन रोशन व उनके समकालीन संगीतकार'' विषय पर शोधकार्य को मैंने सात अध्यायों में रखा है। मैंने रोशन से सम्बन्धित समस्त जानकारी को विस्तृत रूप से उल्लेखित कर महान संगीतकार के व्यक्तित्व व कार्यों से संगीतप्रिय लोगों को परिचित कराने का प्रयत्न किया है। मैंने रोशन से सम्बन्धित लिखित व प्रमाणिक सामग्री व स्त्रोतों को देखकर सम्बन्धित तथ्यों को साक्षात्कारों-भेटवार्ताओं के आधार पर उनके योगदान को समालोचनात्मक ढंग से प्रस्तुत करने की कोशिश की है।

पहले अध्याय में ''फिल्म संगीत का समाज पर व्यापक प्रभाव'' दिखाया गया है। ललित कलाएँ अनेक प्रकार की हैं और उनमें संगीत का अपना महत्त्वपूर्ण स्थान हैं। पुराने समय से भारत में संगीत के क्षेत्र में अनेक महान कलाकार व फ़नकार हुए हैं जिनके योगदानों के प्रति हम सदा ऋणी रहेंगे। वैसे तो संगीत प्रकृति की हर गतिविधि में बसा हुआ है, इसे स्वरबद्ध व लयबद्ध करने में उन महान कलाकारों के प्रयास छिपे हैं जिन्होंने इसे केवल कला के रूप में ही नहीं बल्कि विज्ञान के रूप में भी प्रस्तुत किया। चलचित्र जगत में नये-नये प्रयोग होने के फलस्वरूप संगीत के क्षेत्र में भी नये प्रयोग हुए हैं। जो संगीत केवल राजदरबारों या कुलीन पुरुषों की महफिलों तक सीमित था, चलचित्र के माध्यम से जनसाधारण तक पहुँच गया। चूंकि जनसाधारण का सुगम संगीत की ओर अधिक झुकाव रहता है, इसलिए चलचित्र के माध्यम से जो संगीत आया वह शास्त्रीय संगीत से धीरे-धीरे दूर होता चला गया और चलचित्र वालों ने सुगम संगीत को अत्यंत लोकप्रिय बना दिया। लेकिन यह सब कहने के बाद यह तथ्य भी उजागर करने योग्य है कि जिन बड़े संगीतकारों ने सुगम संगीत के क्षेत्र में नये-नये प्रयोग किए, उन्होंने किसी न किसी रूप में और किसी न किसी मात्रा तक शास्त्रीय संगीत से नाता बनाए रखा। स्वतन्त्रता के बाद के युग में देश की चमत्कारी प्रगति हुई और फिल्मी जगत पर उसका अपना प्रभाव पड़ा। इसलिए जो नये-नये संगीतकार आए उनमें रोशन का अपना स्थान है जिन्होंने अपने पूर्ववर्ती व समकालीन संगीतकारों की परम्परा का अनुकरण करते हुए सुगम संगीत के क्षेत्र में महत्त्वपूर्ण योगदान दिए, लेकिन, जहाँ तक सम्भव हुआ, उन्होंने शास्त्रीय संगीत का दामन पकड़े रखा।

द्वितीय अध्याय ''महान संगीतकार रोशन का व्यक्तित्व'' का सम्बन्ध संगीतकार का प्रारम्भिक जीवन, उनकी शिक्षा-दीक्षा व संगीत जगत में उनके प्रवेश से है। किसी कलाकार की कला में उसके व्यक्तित्व की छाप अवश्य होती है। कलाकार की कला उसके व्यक्तित्व का प्रतिरूप होती है। इन्हीं तथ्यों को सामने रखते हुए संगीतकार के व्यक्तित्व के विभिन्न पक्षों को उजागर करने का प्रयास किया है। अविभाजित भारत के पंजाब प्रान्त के एक गाँव जलालपुर भटिटयाँ में 1917 में उनका जन्म हुआ लेकिन संगीत के प्रति रुचि होने के कारण उन्होंने परम्परागत स्कूली शिक्षा प्राप्त नहीं की। कुछ समय तक संगीतकार बर्वे के साथ रहने के बाद उन्होंने लखनऊ के मैरिस कॉलेज में संगीत की शिक्षा प्राप्त की। फिर वह मैहर चल गए जहाँ उन्होंने उस्ताद अलाउद्दीन खाँ से संगीत की शिक्षा ली। तदोपरान्त आकाशवाणी दिल्ली में सेवा करने का अवसर मिला जहाँ उनका कुमारी इरा से परिचय हुआ जो आगे चलकर उनके जीवन-सम्बन्ध में परिणित हो गया। लेकिन उनके जीवन में निर्णायक मोड़ तब आया जब 1948 में वह बम्बई आए और वहाँ केदार शर्मा के सहयोग से फिल्म संगीतकार बनने का अवसर पाया। 'बावरे नैन' में उनका संगीत इतना लोकप्रिय हुआ कि वह कुछ ही समय में

उच्चकोटि के निर्देशक माने जाने लगे। बीच-बीच में कुछ असफलताएँ मिली लेकिन अडिग निश्चय व अथक परिश्रम करने वाले रोशन ने ऐसी बाधाओं से हार नहीं मानी। 1960 में बनी 'बरसात की रात' ने उन्हें फिर सफलता की चोटी पर पहुँचा दिया। आगे चलकर 'आरती', 'ताजमहल', 'चित्रलेखा', 'ममता', 'बहू बेगम' आदि फिल्मों में उनका संगीत बहुत लोकप्रिय हुआ। अपनी सफलता और लोकप्रियता के अंतिम बिन्दु का स्पर्श करके 1967 में रोशन ने संसार त्याग दिया। कलाकारों के जीवन में कब और क्या परिवर्तन आ जायेगा, वह उन्हें भी ज्ञात नहीं होता।

तीसरे अध्याय 'गीतों का वर्गीकरण व सूची' में संगीतकार रोशन के निर्देशन में बनी फिल्मों की क्रमबद्ध तालिका दी गई है। उपलब्ध सामग्री के आधार पर यह दिखाया गया है कि उन्होंने उन्नीस वर्ष की अवधि में 54 फिल्मों में संगीत दिया। सारा वर्णन क्रमानुसार ही नहीं है, बल्कि अधिकृत जानकारी के आधार पर उनके द्वारा संगीतबद्ध गीतों के मुखड़ा, गायक-गायिकाओं के नाम, गीत रचयिता व फिल्मों के निर्माता-निर्देशकों के नाम और रिकार्डों के नम्बर भी दिए गए हैं। यदि उन्होंने यदा-कदा कुछ अन्य गीतों को संगीतबद्ध किया तो उसकी जानकारी भी फुटनोट में दी गई है। किसी संगीतकार के गानों का एक साथ संकलन देखकर पाठकों व जिज्ञासुओं को सुखद अनुभूति होगी। इस आधार पर यह कहा जा सकता है कि उन्होंने कुल 427 गीतों को संगीतबद्ध किया। चूंकि वह 'अनोखी रात' (1967) को अधूरा छोड़कर चल बसे, इसलिए उसकी पूर्ति उनकी पत्नी (इरा) ने की। इसके अतिरिक्त, इस अध्याय में मैंने कुछ चुनींदा गीतों का सांगीतिक विधानुसार वर्गीकरण भी किया है। जबकि उनके सभी गीतों की तालिकाएँ हरमिंदर सिंह 'हमराज' द्वारा प्रस्तुत जानकारी पर आधारित है, कुछ चुनींदा गीतों का विधानुसार वर्गीकरण मेरा प्रयास है।

चतुर्थ अध्याय 'चयनित गीतों का सांगीतिक विश्लेषण' में रोशन की कुछ लोकप्रिय धुनों को शामिल कर उनका विस्तृत सांगीतिक विश्लेषण करके संगीतकार की उपलब्धियों से अवगत कराने का प्रयास किया गया है। अनेक फिल्मों में उनके द्वारा संगीत निर्देशित सभी लोकप्रिय व विशेषताओं से युक्त रचनाओं पर प्रकाश डालना तो असम्भव है। प्रस्तुत अध्याय में इनके कुछ चुनींदा गीतों का सांगीतिक विश्लेषण करके समर्थ संगीतकार के संगीत के विभिन्न पहलुओं को उजागर करते हुए उनके प्रेमियों के समक्ष उनकी याद को कर्ण प्रत्यक्ष करने का प्रयत्न किया गया है। गीत के शब्द मात्र से धुन ध्वनि मुखर उठे, ऐसे कुछ गीतों द्वारा सशक्त, सुरीले संगीतकार व वादक, उदारमना, भावप्रवण, संवाहक की सांगीतिक विशिष्टताओं को प्रस्तुत करने का प्रयास मात्र हैं।

पाँचवे अध्याय में रोशन के कुछ जाने माने समकालीन संगीतकारों के योगदान का संक्षिप्त वर्णन किया गया है। इस सम्बन्ध में नौशाद अली, एस०डी० बर्मन, शंकर-

जयकिशन, मदन मोहन, ओ०पी० नैय्यर, सी० रामचन्द्र, बसंत देसाई, सलिल चौधरी व हेमन्त कुमार के योगदानों पर विहंगम दृष्टिपात किया गया है। इस प्रयास के पीछे यह प्रयोजन है कि रोशन के योगदान का इस पृष्ठभूमि में सही मूल्यांकन किया जा सके। हर बड़े कलाकार के योगदान में कुछ विशिष्टिताएँ होती हैं जो समकालीन कलाकारों से कहीं-कहीं पर मेल खाती हैं, कहीं-कहीं पर मेल नहीं खाती, और कहीं-कहीं पर अपनी अनूठी छाप छोड़ती हैं। इसीलिए, मैंने रोशन के संगीत के सही मूल्यांकन पर आने से पहले यह ठीक समझा कि उनके समकालीन संगीतकारों के योगदानों पर भी एक सरसरी नज़र डाली जाए। इसी अध्याय में मैंने रोशन को एक कुशल संगीतकार के रूप में दर्शाने के साथ-साथ उनके वैयक्तिक व सांगीतिक गुणों का वर्णन करते हुए उनकी सांगीतिक कुशलता को व्यक्त करने का प्रयास किया है। फिल्मों में कव्वाली का प्रयोग यदा-कदा हुआ, लेकिन रोशन ने उसे जिस अंदाज में प्रस्तुत किया उसने उन्हें 'कव्वाली सम्राट्' के रूप में प्रतिष्ठित कर दिया। फिल्म 'बरसात की रात' की एक कव्वाली ने उन्हें इतने ऊँचे स्थान पर स्थापित कर दिया कि शायद अब उस कीर्तिमान को कोई अन्य संगीतकार न तोड़ पाए। इस युग में कई बड़े संगीतकारों ने पाश्चात्य संगीत की शैली को अंधाधुंध तरीके से अपनाया, लेकिन रोशन इस परम्परा से काफी हद तक अछूते रहे। जहाँ तक सम्भव हुआ उन्होंने सुगम संगीत में भी शास्त्रीय संगीत का आधार लिया। यही कारण है कि उनके संगीत में वो धूम-धड़ाका या फूहड़पन नहीं है जो अब पॉप म्यूजिक या रॉक म्यूजिक के रूप में प्रचलित हो रहा है। मैंने यह तथ्य उजागर किया है कि रोशन ने किसी गीत की रचना करने से पहले उस सिचुएशन को समझा जिसमें उस गीत को फिल्माया जाना था, फिर नायकों और नायिकाओं की भूमिकाओं को ध्यान में रखा, और गायकों व गायिकाओं का चयन किया ताकि हर दृष्टि से संगीतबद्ध किए गए गीतों में नैसर्गिकता आ जाए। उनकी रचनाओं में लोकसंगीत का पुट भी मिलता है। साथ ही रिद्म के विविध रूपों को समाहित किया गया है। अंत में, यह तथ्य भी ध्यान देने योग्य है कि उन्होंने अपने वाद्यवृंद में बड़ी सावधानी से उन्हीं वाद्ययंत्रों का प्रयोग किया जिनकी उन्होंने आवश्यकता समझी और कुछ गीतों की धुनें तो इतनी मधुर बनाई जिनमें वाद्यवृंद का अस्तित्व नहीं के बराबर है।

किसी कला को प्रतिबिम्बित करने का दर्पण प्रचार-प्रसार तन्त्र कहलाता है। छठे अध्याय "संगीतकार रोशन और प्रेस, पत्रिकाएँ व लोकमत" में पत्रों पत्रिकाओं व अन्य जाने-माने कलाकारों की प्रतिक्रियाओं को प्रस्तुत किया गया है ताकि रोशन के योगदान की विशिष्टताओं के सम्बन्ध में तरह-तरह की टीकाओं व टिप्पणियों के आधार पर मूल्यांकन को सुस्पष्ट व सुदृढ़ बनाया जा सके। इस सम्बन्ध में मैंने सुप्रसिद्ध बांसुरी वादक पं० हरिप्रसाद चौरसिया, सुप्रसिद्ध सारंगी वादक पं० रामनारायण, सुप्रसिद्ध पार्श्व गायक-गायिकाओं में लता मंगेशकर, मन्नाडे, तलत महमूद व रफी,

सुप्रसिद्ध गिटार वादक विश्वमोहन भट्ट, सुप्रसिद्ध सितार वादक शशि मोहन भट्ट, संगीताचार्य प्रो० भास्कर चन्द्रावरकर, फिल्म पत्रकार राजू भारतन के विचारों को संक्षिप्त रूप में संजोया है। ये मेरा सौभाग्य था कि पूना और बम्बई में मुझे इनमें से कुछ विभूतियों के साथ बातचीत करने का अवसर मिला और उन भेटवार्ताओं को मैंने उपयुक्त स्थानों पर उद्धृत किया है।

अन्त में, सातवें अध्याय में पिछले इतने अध्यायों के निष्कर्षों को सार रूप में प्रस्तुत किया गया है। सभी निष्कर्ष उस सामग्री के आधार पर बनाए गए हैं जो अपने आप में अधिकृत हैं और जिसे उपलब्ध सूत्रों के आधार पर यथास्थान उद्धृत किया गया है। इस संबंध में मैंने उपलब्ध प्रकाशित व अप्रकाशित सामग्री का प्रयोग किया है।

विषय-सूची

तालिकाएँ

अध्याय : 1

फिल्म संगीत का समाज पर व्यापक प्रभाव

साहित्य, संगीत, कला विहीना;
साक्षात पशु, पुच्छ, विषाणहीना:।

—*भर्तहरि*[1]

संगीत केवल विनोद या मनोरंजन की वस्तु नहीं बल्कि एक ऐसा चिरस्थाई आनन्द है जिससे हमें आध्यात्मिक सुख मिलता है। संगीत से तात्पर्य केवल शास्त्रीय संगीत से ही नहीं बल्कि भाव संगीत, चित्रपट संगीत, लोकसंगीत आदि सभी से है। मानव जीवन प्रारम्भ से अन्त तक संगीतमय रहता है। खासतौर से, भारतीय जीवन के प्रत्येक पक्ष में संगीत समाया रहता है। इतना ही नहीं, जब मानव के इतिहास में भाषा का जन्म तक नहीं हुआ था, उस समय आपस में संगीत द्वारा ही भावों का आदान-प्रदान सम्भव था। मैक्समूलर ने ठीक कहा है, "संगीत का जन्म भाषा से पूर्व हुआ।"[2] संगीत भक्ति का भी अभिन्न अंग रहा है। मानव को जब ईश्वर से कोई वरदान लेना होता था तो वह संगीत का सहारा लेता था। इसी महत्त्वपूर्ण कारण ने संगीत को जन्म दिया।[3] जो अच्छे भक्त हुए, वे सभी संगीत के ज्ञाता व साधक थे। सूर, तुलसी, मीरा आदि के प्रत्येक पद में वह भाव है कि मनुष्य आनन्द विभोर हो जाता है। डॉ० राजेन्द्र प्रसाद के शब्दों में, "हमारे साधु सन्तों की संगीत साधना का ही यह प्रभाव था कि कबीर, सूर, तुलसी, मीरा, तुकाराम, नरसी मेहता ऐसी कृतियाँ कर गए जो हमारे और संसार के साहित्य में सर्वदा ही अपना विशिष्ट स्थान रखेंगी।"[4]

ललित कलाओं में संगीत का स्थान

कला शब्द की व्युत्पत्ति 'कवि' व 'लास्य' इन शब्दों के प्रथमाक्षरों के सहयोग से हुई है। लास्य शब्द का अर्थ है नृत्य अथवा उछलकूद। कवि के काव्य में इसके

अव्यक्त भावों की अभिव्यक्ति होती है। उसके अव्यक्त भाव शब्दों के माध्यम से आन्नदातिरेक के कारण नृत्य करने लगते हैं।[5] ललित कलाएँ मनुष्य के सौन्दर्य बोध की विकसित अवस्थाओं की परिचायक हैं। ये गौण रूप में भी उपयोगी हो सकती हैं। परन्तु प्रमुखत: वे अलौकिक आनन्द की सिद्धि में सहायक होती हैं। जिस कला में उपकरण सबसे कम होते हैं, वही कला सर्वश्रेष्ठ मानी जाती है। इस आधार पर संगीत कला को सर्वश्रेष्ठ माना जा सकता है। संगीत विद्या ही ऐसी विद्या है जो सर्वकालीन है।[6] संगीत कला में शब्दों का सहारा छोड़कर मात्र ध्वनि संयोजन के आधार पर रचना की जाती है। अनेक विद्वान इन ललित कलाओं में साहित्य का स्थान सर्वश्रेष्ठ मानते हैं। परन्तु विचारणीय तथ्य है कि यद्यपि 'शब्द' ही हमारी आत्मा के सर्वाधिक समीप है, साहित्य में शब्दों को सुनते समय हमारी बुद्धि को उनके अर्थों और भावों को ध्यान में रखने का प्रयत्न करते रहना पड़ता है। तभी साहित्य का आनन्द आता है। परन्तु किसी वाद्य द्वारा उत्पन्न संगीत में अथवा केवल आ ऽ ऽ द्वारा रागालाप की अभिव्यक्ति में बुद्धि को शब्दों के अर्थों में उलझना नहीं पड़ता। वहाँ केवल नाद द्वारा ही भावों की अभिव्यक्ति होती है। जो आनन्द संगीत द्वारा मनुष्य को प्राप्त हो सकता है वह किसी अन्य ललित कला द्वारा सम्भव ही नहीं है। अतएव ललित कलाओं में संगीत का स्थान सर्वश्रेष्ठ माना जाता है। ''संगीत नाद ब्रह्म है। ब्रह्म अनन्त है तो संगीत भी अनन्त है''।[7] शारंगदेव प्रणीत 'संगीत रत्नाकर' के अनुसार गायन, वादन व नृत्य इन तीनों कलाओं के समावेश से संगीत शब्द की व्युत्पत्ति हुई। गीत वाद्य तथा नृत्य त्रयं संगीत मुच्यते।[8] संगीत का सन्धि विग्रह है सम+गै+क्त: जिसका शाब्दिक अर्थ गायन होता है। अत: उसमें गायन अर्थात् गीत संगीत की प्रधानता रहती है।[9] उपनिषद पुराणों में संगीत को लय-ताल वाद्य विशेष के संयोजन से परिमार्जित गीत रूप में माना गया है।[10]

भारत संगीत के क्षेत्र में अग्रणी रहा है। भारतवासी 'माँ वीणा-पाणि' के सदैव सच्चे उपासक रहे हैं। प्रकृति ने भारत में संगीत के लिए अतुल अनूठे साधनों को व अनुकूल भण्डारों को मुक्त हस्त से लुटाया है। आज भी विश्व में संगीत, नृत्य व कलाओं में भारत का विशिष्ट स्थान है। जहाँ लोकगीत व लोकनृत्य हमारी संस्कृति की अपूर्व निधि है, वहीं शास्त्रीय संगीत के अन्तर्गत नृत्य व गायन कला अपनी अहम् भूमिका रखती है इस तरह संगीत कला में भारत का उल्लेखनीय योगदान है। भारतीय माटी के कण-कण ने ऐसे कलाकारों को जन्म दिया है जो मात्र कला के लिए ही जीवित रहे और उन्होंने संगीत की तीनों विधाओं को सजीव रखने के लिए अपना अमर योगदान किया है। फलत: भारत ही नहीं, विश्व के कला प्रेमी इस माटी के कलाकारों के प्रति सदैव ऋणी रहेंगे।

प्राचीन काल में भारतीय संगीत साधना को सर्वोत्तम साधन माना जाता था। भारतीय संगीत में शृंगार का बाहुल्य मुगल काल की देन है। मुगल काल में संगीत कला

राजदरबारों से आश्रय में फली-फूली। 'आइने अकबरी' और 'अकबरनामा' इस युग पर विस्तृत रूप में प्रकाश डालते हैं।[11] भारतीय कला साधकों ने कला में भारी परिवर्तन के बावजूद कला के मूल तत्त्व को जीवित रखने में कोई कसर नहीं छोड़ी और उसमें नई-नई विधाओं का समावेश कर नवीनता के साथ प्रस्तुत किया। विशेषत: संगीत के क्षेत्र में विभिन्न कलाकारों की अपनी गौरवशाली परम्परा रही है। भारत के कोने-कोने में गायक-वादक व नर्तकों ने संगीत कला को समृद्ध कर भारतीय संस्कृति का मान बढ़ाया है। विभिन्न संगीतकारों ने संगीत के शास्त्रीय पक्ष को समझकर उसे संरक्षण प्रदान कर उसके धार्मिक व आध्यात्मिक पक्ष का संवर्धन कर इसके प्रचार प्रसार में उल्लेखनीय योगदान किया है।

संगीत साधकों की साधना को आम आदमी तक पहुँचाने के लिए सहज सशक्त माध्यम का होना सर्वथा अपेक्षित है। जहाँ वैज्ञानिक आविष्कारों से पूर्व संगीत का रसास्वादन संयोगवश कभी-कभार रईसों की महफिलों अथवा राजदरबारों के कार्यक्रमों द्वारा ही सम्भव हो सकता था और कलाकारों को अपनी कला को सजाने सँवारने तथा आत्मनिरीक्षण का मौका केवल वर्षों में यदा-कदा कृपादानों के प्रोत्साहन द्वारा मिलता था, वहीं फिल्म उद्योग के विकास के परिणामस्वरूप गायकों वादकों तथा नृत्यकारों को अपनी कला साधना की समीक्षा के फलस्वरूप लाखों श्रोताओं के माध्यम से अपनी पहचान व अपनी शक्ति सामर्थ्य परिष्कार और लोकहित में अपने महत्त्व एवं जीवन की सार्थकता को अनुभव कर सकना सम्भव हुआ।[12]

मनुष्य सामाजिक प्राणी है और समाज में मनोरंजन आवश्यक है। समाज में मनोरंजन हेतु लोक-कलाओं व ललित कलाओं को माध्यम बनाया जाता है। इनमें फिल्म संगीत एक ऐसा सशक्त माध्यम है जिसमें हम सभी ललित कलाओं का समावेश एक साथ कर सकते हैं। संगीत साधकों की साधना को आम आदमी तक पहुँचाने का सहज सशक्त माध्यम फिल्म संगीत है। संगीत के क्षेत्र में फिल्म संगीत की जनसाधारण तक पहुँच होती है क्योंकि फिल्म संगीत में शास्त्रीय व लोकसंगीत का निचोड़ सुगम संगीत के रूप में प्रस्तुत किया जाता है। हम फिल्म संगीत के माध्यम से कम से कम समय में अधिक से अधिक मधुर संगीत का रसास्वादन कर सकते हैं। पूर्ण रूप से शास्त्रीय संगीत पर आधारित गीत हों चाहे भजन या कव्वाली हों, फिल्मों में संगीत निर्देशन किसी भी विधा का बिना रोक-टोक प्रयोग करने में स्वतन्त्र हैं। भारत के मधुर संगीत प्रेमी कलाकारों ने फिल्म संगीत के माध्यम से जनमानस को संगीत के गहरे सागर में स्नान कराकर कृतार्थ किया है।

बहुत अधिक समय नहीं बीता जब शास्त्रीय संगीत केवल राजदरबारों तक सीमित था। समय ने पलटा खाया, तौर-तरीके बदले, दृष्टिकोण बदला, समय बदला और आज

संगीत व्यक्तिगत साधन का केन्द्र न होकर समष्टिगत चेतना को आविर्भूत करने का एक सबल साधन हो गया है। संगीत संस्कृति का मापदण्ड है और विचारों के आदान-प्रदान का माध्यम। संगीत के सांस्कृतिक पुनरुत्थान के द्वारा नव जागरण, नवीन संदेश व नव मैत्री स्थापित की जा रही है। भारत में भिन्न-भिन्न स्थानों पर संगीत समितियाँ, सभा या मेले शास्त्रीय संगीत के प्रचार में लगे हुए हैं।[13]

वर्तमान भारत में संगीत के उत्थान या पुनरुत्थान के प्रति अधिक जागरूकता दिखाई देती है। आज हम संगीत विषयक चर्चा में अधिक रुचि लेने लगे हैं। आज संगीत को, संगीतकारों को, कलाकारों को कहीं अधिक प्रोत्साहन मिल रहा है। अब संगीतज्ञ या कलाकार को हेय दृष्टि से नहीं देखा जाता, उसे आदर मिलता है परन्तु एक तथ्य विचारणीय है कि भले ही शास्त्रीय संगीत के कार्यक्रम पहले की अपेक्षा अधिक होने लगे हों, उनमें सजीवता का अभाव है। संगीत ऊँचे स्तर का नहीं है। जो महफिल होती है उसकी दशा बड़ी शोचनीय है। ज्यों ही कहा गया कि अमुक गायक अब आपके सम्मुख अमुक राग प्रस्तुत करेंगे, तो जनता में खलबली सी मच जाती है।[14]

आज का युग विज्ञान एवं उद्योग का युग है। सभी मनुष्य किसी न किसी प्रकार व्यस्त दिखाई देते हैं। उनके जीवन में मनोरंजन का स्थान तो है किन्तु वे इसमें अपना अधिक समय व्यतीत नहीं करना चाहते। वे तत्कालीन मनोरंजन चाहते हैं। चित्रपट संगीत या सिने संगीत की ओर जनता के बढ़े हुए आकर्षण का प्रमुख कारण यही है। आजकल कुछ गिने चुने लोग ही शास्त्रीय संगीत के कार्यक्रमों को सुनते हैं। समाज का एक बहुत बड़ा वर्ग शास्त्रीय संगीत के नाम से ही चौंक पड़ता है। किसी राग का नाम सुनते ही लोग अपना रेडियो बन्द कर देते हैं। विशेषकर छोटे नगरों में शास्त्रीय संगीत सम्मेलनों में स्थान खाली पड़े रह जाते हैं। हाँ, सिने-संगीत में बैठने को स्थान नहीं मिलता। शास्त्रीय संगीत सम्मेलन में आयोजकों का उद्देश्य केवल अर्थ या सामाजिक यश प्रतीत होता है जो मात्र संयोजनों से पूर्ण हो जाता है। 4 मई, सन् 1931 को भारत में सर्वप्रथम बोलता चित्र 'आलमआरा' दिखाया गया। इसमें केवल 3 गीत थे और संगीत का स्तर भी साधारण था। परन्तु धीरे-धीरे सिने-संगीत ने इतना उत्कृष्ट रूप धारण कर लिया जिसके फलस्वरूप शास्त्रीय संगीत की लोकप्रियता कम होती चली गई।

1931 में बनी फिल्म 'आलमआरा' की सवाक् प्रस्तुति ने फिल्म संगीत को एक नई दिशा दी परन्तु विज्ञान की आधुनिक तकनीक के अभाव से उस समय के कलाकार व संगीतकार आज की तरह वांछित परिणाम पाने में असफल रहे। आज की अत्याधुनिक विकसित तकनीक के परिप्रेक्ष्य में मूक फिल्मों की कल्पना स्वप्न सी प्रतीत होती है। रिकार्डिंग व्यवस्था की उन्नत अवस्था जहाँ अच्छी-अच्छी प्रतिभाओं की कला को सुरक्षित रखने का साधन तो है ही, साथ ही साथ आवाज में भिन्न-भिन्न बदलाव व

भाव मात्र तकनीक से ही सम्भव है। संगीत के क्षेत्र में उन्नत श्रेणी के वाद्यों की निर्मिति ने फिल्म संगीत को समृद्ध बना दिया और उच्च शिक्षा व संगीत शिक्षा के विकास ने सैंकड़ों प्रतिभाओं को इस क्षेत्र में आने के लिए प्रेरणा दी है।

फिल्म संगीत व शास्त्रीय संगीत

संगीत पक्ष की अथाह गहराई, टीकात्मक गंभीर मंथन, सिद्धान्त, नियोपनियम एवं परम्परा है। विशेष माध्यम एवं उपकरण द्वारा शास्त्रीय संगीत का सृजन होता है।[15] शास्त्रीय संगीत का तात्पर्य है मर्यादित एवं नियमों से बाधित संगीत जो निश्चित परम्परा के साथ प्रस्तुत किया जाता है। निःसंदेह शास्त्रीय संगीत जनसाधारण का संगीत नहीं हो सकता, परन्तु उसका प्रभाव सृष्टि के प्रत्येक पक्ष में अनुभव किया जा सकता है। इसका प्रभाव सर्वव्यापी है। स्वर सम्राट तानसेन ने अपने संगीत के प्रभाव से पत्थर को पानी करके यह साबित कर दिया कि शास्त्रीय संगीत में असीमित व अलौकिक शक्ति है। इसी शास्त्रीय संगीत को जनसाधारण तक पहुँचाने का सरल व सशक्त साधन है—फिल्म संगीत।

फिल्म संगीत ने शास्त्रीय संगीत को सार्वजनिक रूप दिया है। इस माध्यम से शास्त्रीय संगीत को कम से कम समय में अत्यधिक सुन्दरता के साथ प्रस्तुत किया जा सकता है जिससे जनसाधारण उसका आसानी से रसास्वादन कर सकता है। अतः फिल्म संगीत की बढ़ती लोकप्रियता व प्रभाव को आज के दौर में सर्वत्र देखा जा सकता है। फिल्मों को लोकप्रिय व प्रभावशाली बनाने में संगीत की बड़ी अहम् भूमिका होती है। चित्रपट संगीत की कुछ अपनी विशेषताएँ होती हैं जो बड़ी सरलता से पहचानी जा सकती हैं। हल्के-फुल्के गीत, आकर्षक रचना, सस्ते ढंग से शब्द किन्तु भाव से भरे हुए, वाद्य वृन्द (आर्केस्टा) का उत्कृष्ट प्रयोग, चलती-फिरती बंदिशें, मधुर कंठ द्वारा गाया जाना आदि चित्रपट संगीत के मुख्य लक्षण हैं। अतः सिनेमा में काम आने वाला संगीत जो अन्य प्रकार की संगीत शैलियों से भिन्न होता है, सिने-संगीत कहलाता है। इसी को सुगम संगीत भी कहते हैं।

शास्त्रीय संगीत हम उसे कहते हैं जिसके कुछ विशेष नियम होते हैं तथा जिनका पालन सदैव आवश्यक होता है। शास्त्रीय संगीत नियमों में बन्धा रहता है। ये नियम और बन्धन उसके कलात्मक रूप में साधक होते हैं, बाधक नहीं। यह नियम गायक और संगीतकार की कल्पना के मारक नहीं तारक होते हैं। वे उसे परिपुष्ट बनाते हैं। गायक मुख्य नियमों के अन्तर्गत स्वयं की कल्पना के अनुसार स्वतन्त्रतापूर्वक स्वर विहार कर सकता है।

चित्रपट संगीत उसे कहते हैं जिसका प्रयोग किसी फिल्म में हुआ है। इस दृष्टि से 'बैजू बाबरा' का राग देशी में निबद्ध 'आज गावत मन मेरो' या 'झनक-झनक पायल बाजे' आदि गीत चित्रपट संगीत कहलायेंगे। लेकिन चित्रपट संगीत का मूल उद्देश्य यह होता है कि वह सुनने में मधुर व शीध्र प्रभाव डालने वाला हो। सिने-संगीत के कोई विशेष नियम नहीं होते। जो भी हैं वह विशेषता की श्रेणी में आयेंगे, नियमों की नहीं। इसमें संगीतकार स्वयं की कल्पना के अनुसार संगीत का सृजन करता है। यहाँ परम्परा का अनुकरण नहीं किया जाता, अपितु सिने-संगीत में अन्य शैलियों यथा—लोकसंगीत, भाव संगीत, वाद्य संगीत आदि का प्रयोग होता है।

चित्रपट संगीत लय प्रधान होता है। दूसरे शब्दों में, उसकी चलती फिरती लय रहती है, इसलिए उसमें दादरा व कहरवा तालों का अधिक प्रयोग किया जाता है। साधारण स्तर के लोगों को चलती फिरती लय शीघ्र प्रभावित करती है। दूसरी ओर, शास्त्रीय संगीत लय की तुलना में स्वर प्रधान होता है। स्वर सौन्दर्य उच्च स्तर के लोगों के लिए बोधगम्य होता है। यह अवश्य है कि लय का प्रभाव क्षणिक व स्वर का प्रभाव स्थायी होता है लेकिन सिनेमा संगीत का सम्पूर्ण वैभव, सारी सफलता, लय और आकर्षण केवल वाद्यों पर ही निर्भर होती है। कोई व्यक्ति सिनेमा संगीत में प्रयुक्त वाद्यों की अधिकता उनकी उपयोगिता और सफलता से अपरिचित नहीं होगा। ये वाद्य केवल फिल्मी गीतों की सुन्दरता को ही नहीं बढ़ाते, उन्हें लयकारी में ही नहीं बिठाते, अपितु कथानक के भावों को स्पष्ट करते हैं। पात्रों के मनोभावों को बिना संवाद के ही व्यक्त करने में सहायक होते हैं। प्रकृति, स्थान, समय तथा ऋतु एवं पात्रों को हँसने या रोने पर बाध्य कर देते हैं। बिजली की कड़कड़ाहट, तूफान की भयंकरता, बादलों की गरज, समुद्र का ज्वारभाटा आदि सबका सफल दिग्दर्शन करना वाद्यों का ही कार्य है। सारांश यह है कि सिने-संगीत की चमत्कारिता च चपलता का प्रयोग विभिन्न माध्यमों से बहुतायत होता है तथा यही सिने-संगीत की बढ़ती लोकप्रियता का प्रमुख कारण है। नौशाद अली के शब्दों में, ''आर्केस्ट्रा के अभाव में फिल्मी संगीत अपना आधा प्रभाव व सौन्दर्य खो देता है। पार्श्व संगीत चलचित्रों का अविछिन्न अंग माना जाता है। जिस प्रकार एक चेहरा चेतना और अभिव्यक्ति के आभाव में मृतः प्राय सा लगता है, उसी भाँति फिल्मों में पार्श्व संगीत न हो तो वे बिलकुल नीरस सी लगती है।''[16]

चित्रपट संगीत में कोई बन्धन नहीं रहता और रंजकता, मधुरता एवं भावात्मक सौन्दर्य की सृष्टि ही उनका एकमात्र उद्देश्य रहता है। गाना गाने के लिए मधुर कंठ, संगीत निर्देशन के लिए योग्य निर्देशक, पृष्ठभूमि संगीत देने के लिए कुशल कलाकार आदि निमन्त्रित किए जाते हैं। इन सब व्यक्तियों का सम्मिलित प्रयत्न फिल्म में अभिनय के साथ प्रदर्शित किया जाता है। अभिनय और गाने का सम्बन्ध ऐसा जुड़ जाता है कि

जब कभी उस गाने को सुनते हैं तो उससे सम्बद्ध फिल्म की भूमिका याद आ जाती है अगर वह चित्रपट पर देखी हुई हो। फलस्वरूप अधिक आनन्द आता है। इसके विपरीत, शास्त्रीय संगीत में नियम बहुत कड़े होते हैं। शास्त्रीय संगीत में इन सबका पालन करते हुए ही आनन्द की सृष्टि करना ही मुख्य उद्देश्य है।

शास्त्रीय संगीत एक परम्परागत शैली है। इसमें विदेशी प्रभाव अवश्य है। किन्तु वह उन्हीं कसौटियों के अन्तर्गत है, दूसरे की नकल नहीं की जाती। विदेशी संगीत, उसकी धुनें, शैली व पाश्चात्य 'हारमोनी' तक को यहाँ स्थान नहीं। चित्रपट संगीत में अपनी शैली नहीं अपनापन भी नहीं। बहुधा इसमें दूसरी शैलियों का रूप होता है। विदेशी संगीत का सदैव स्वागत होता है। पश्चिमी संगीत की धुनें सदैव लेने का प्रयत्न किया जाता है। लता मंगेशकर के शब्दों में "संगीत निर्देशक किसी पाश्चात्य सिम्फोनी में एक लय बना देते हैं और गीतकार उसमें सस्ते प्रकार के शब्द लिख देते हैं यथा—गोरी-गोरी ओर बाँकी छोरी .....।"[17]

शास्त्रीय संगीत भारतीयता का प्रतीक है। इसकी अभिव्यक्ति भारतीय संस्कृति के अनुसार होती है। इससे आध्यात्मिक सुख का आनन्द मिलता है। इसके आकर्षण में गम्भीरता, आध्यात्मिकता व आन्तरिकता होती है। फिल्म संगीत में विदेशी पुट ही नहीं, कवच भी है। इससे प्राप्त होने वाला आनन्द बाह्य वासनाओं को उभारने वाला होता है। इसका बनाव व प्रभाव पाश्चात्य संगीत से अधिक प्रभावित रहते हैं। शास्त्रीय संगीत स्वयं इतना समृद्ध व विशाल है, इसमें इतना भण्डार है, निधि है कि वह सागर के समान 'राई बढ़े न तिल घटे' जैसा प्रतीत होता है। इसकी एकता में अनेकता है। यह संगीत विविधता, नवीनता आदि सदैव प्रस्तुत करने वाला है।

सिनेमा संगीत सर्वसुलभ है। अतः इसमें लोकरुचि को जागृत करने में बहुत सहयोग दिया है। प्रसिद्ध सितारवादक पं० रविशंकर लिखते हैं, "जनता को संगीतप्रिय बनाने में फिल्मी गानों का बहुत हाथ है। इसके दो मुख्य कारण हैं। एक तो फिल्मी गीतों का कवित्व आम लोगों की समझ में आ जाता है, दूसरे गीतों की धुनों को हर कोई आसानी से गा लेता है। इसके अतिरिक्त, फिल्मी कहानी का वातावरण और दृश्य भी गाने के प्रभाव को बढ़ाते हैं।"[18]

सिने संगीत में क्लिष्टता नहीं होती। भाषा सरल व सार्थक होती है। रचना सुगम तथा सीधा प्रभाव डालने वाली होती है। गीतों की नई-नई आकर्षक धुनें, मधुर आवाज़ में गाई जाती हैं। गीत के शब्द स्पष्ट, भावपूर्ण तथा मधुरतापूर्वक गाये जाते हैं। फिल्म संगीत के ये गुण अनुकरणीय हैं इसमें सन्देह नहीं। शास्त्रीय संगीत सुनने व समझने के लिए अधिक समय चाहिए। कुछ गायक गीत के शब्दों को इतना तोड़ मरोड़ देते हैं कि सुनने वाला उस गीत के भाव या अर्थ को समझ ही नहीं पाता। सौभाग्य से, परवीन

सुल्ताना, प्रसिद्ध सितार वादक पं० रविशंकर, पं० जसराज आदि इन कमियों के प्रति सजग हैं। फिल्म जगत के प्रसिद्ध संगीत निर्देशक नौशाद अली के विचारों में, "शास्त्रीय संगीत में मानव-जीवन के स्वभाविक भाव, उसकी आत्मा की चारूता, उसके जागरण के रम्य गीत एवं उसके दैनिक जीवन की विषमताओं की स्पष्टता प्रतिबिम्बित न हुई। उसमें सामान्य लोगों के सिवाय गलेबाजी एवं स्वरों की रूक्ष जटिलता तथा भगवान् की लीलाओं के अतिरिक्त कुछ न दिखा। जन साधारण शास्त्रीय संगीत की पेचीदगियों, उसके जटिल घुमावों से परेशान हो जाता है।"[19]

साधारण जनता चित्रपट से प्रभावित हुए बिना नहीं रहती। साथ ही भाव संगीत या चित्रपट संगीत की प्रशंसा के लिए संगीत के लेशमात्र ज्ञान की आवश्यकता नहीं होती। सरल, मधुर व कर्णप्रिय धुनें श्रोताओं को घूमने व आनन्दित होने पर बाध्य कर देती हैं। नौशाद अली के विचार में, "रजतपटीय संगीत के स्वर्णिम मन्त्र मुग्धक प्रभाव ने समाज के समस्त वर्गों को मुग्ध किया। यह विमुग्धता उसकी लोकप्रियता की अभिवृद्धि की अभिव्यक्ति करती है और लोककला के गौरव को जनसाधारण में प्रतिष्ठित करती है। रजतपटीय संगीत की आत्मविभोर करने वाली ध्वनियों तथा उसके तथ्यों की प्रभावशाली अनुरूपता ने मानव जीवन में अपना विशिष्ट स्थान निर्मित कर लिया।"[20]

फिल्म संगीत के बढ़ते हुए प्रभाव से शास्त्रीय संगीत को चुनौती

आज के जनमानस में फिल्मी गीतों का व्यापक प्रभाव इसके विकास का द्योतक तो अवश्य है, किन्तु यह शास्त्रीय संगीत के लिए एक चुनौती भी है। शास्त्रीय संगीत की लोकप्रियता का ह्रास हो रहा है। इसके श्रोताओं का वर्ग भी अपने में सिमटता जा रहा है। वैसे देखा जाय तो फिल्म संगीत अपने में कोई अलग संगीत नहीं है और न ही यह किसी विदेशी परम्परा से जुड़ा है। यह भी इसी देश की प्राचीन शास्त्रीय संगीत की परम्परा का ही अंग है। जिस प्रकार रवीन्द्र संगीत, सुगम संगीत, भावसंगीत, नाट्य संगीत, ठुमरी, ग़ज़ल आदि शास्त्रीय संगीत की विभिन्न शाखाएँ हैं, ठीक इसी प्रकार यह भी संगीत की एक नवीन शैली है, जो 'रॉक युग' की देन है। इसका जन्म और विकास दोनों सन् 1931 की सवाक् फिल्म 'आलमआरा' से हुआ। देखा जाए तो लगभग 60 वर्ष पुराना यह संगीत शास्त्रीय अभिजात संगीत के सामने शिशुवत है। किन्तु अपनी तकनीक और विभिन्न तरीकों से इस शैली का विकास इतनी तेज़ी से हुआ कि इसने संगीत की सभी शैलियों को बहुत पीछे छोड़ दिया है। यह इस संगीत की विशेषता ही मानी जायेगी। यदि कहा जाये कि फिल्मी संगीत आज की युवा पीढ़ी का संगीत है तो अनुचित नहीं होगा। गाँव हो या नगर, प्रत्येक क्षेत्र में हर उत्सव और समारोह में इस संगीत का व्यापक प्रभाव है। यहाँ तक कि भक्ति संगीत भी इससे अछूता नहीं रह सका

है। फिल्मी गीतों का आधार लेकर भजन मंडलियाँ कीर्तन करती दिखाई देती हैं। अधिकांश महफिलें चित्रपटीय संगीत से भरी रहती हैं। इससे यह स्पष्ट होता है कि आज के युग की माँग फिल्मी संगीत है। सुनने में चाहे अच्छा न लगे परन्तु व्यावहारिक रूप से यह सत्य है।

फिल्मी संगीत की इतनी लोकप्रियता आकाश से उतरकर नहीं आई है। इसकी अपनी कुछ विशेषताएँ हैं। इसकी प्रकृति बड़ी लचीली है, साथ ही इसमें शास्त्रीय संगीत का भी अच्छा अभ्यास है। फिल्मी संगीत को पेश करना अपने में कोई सरल या सहज काम नहीं है। सीमित समय में लालित्यपूर्ण ढंग से गाने का अर्थ है—संगीतज्ञ में संगीत की पूर्ण योग्यता तथा स्वर, लय व ताल का भरपूर ज्ञान होना। वास्तव में, फिल्मी गायक श्रोताओं के लिए गाता है और गीत के अन्तर्निहित भाव को स्वाभाविक ढंग से पेश करता है। अधिकांश फिल्मों के हिट होने का कारण उनका संगीत ही है। समय के रूख को पहचान कर कम से कम समय में श्रुति मधुर संगीत देना, शब्दों के साथ स्वरों का सामंजस्य करना, काव्य की भावना को महत्त्व देना और सबसे अधिक जनरुचि का ध्यान रखना फिल्म संगीत की विशेषताएँ हैं। इसका यह अर्थ नहीं कि शास्त्रीय संगीत से फिल्म संगीत का कोई सम्बन्ध नहीं। इसके विपरीत, यह आरम्भ से आज तक शास्त्रीय संगीत से जुड़ा हुआ है। सुप्रसिद्ध घरानों से तैयार हुए संगीतकार अपने-अपने घराना संगीत का ही प्रयोग करते थे। इन कलाकारों में इसलिए स्वर, लय, ताल व राग की पूर्ण जानकारी और अभिजात संगीत की प्रतिभा होती थी। उस समय के प्रसिद्ध संगीतज्ञ अल्ला दिया खाँ, पं० विष्णु दिगम्बर फ्लुस्कर, बझेबुवा, अली खाँ आदि से सीखे हुए किरदार थे—गोबिन्द राव टेवे, प्रो० बी०आर० देवधर, सुरेश माने आदि। इसके पश्चात् मास्टर माधोलाल, जद्दन भाई, अनिल विश्वास, वसन्त देसाई, जयदेव जैसे चोटी के संगीत निर्देशक हुए। इन लोगों का शास्त्रीय संगीत पर पूर्ण अधिकार था और इनकी रचनाएँ विशुद्ध रागों पर आधारित होती थीं।

चूँकि फिल्म संगीत का उद्देश्य सदा से जनरुचि के अनुकूल चलना रहा है, इसलिए उस समय लोगों की रुचि भी शास्त्रीय संगीत के स्वरों को समझने में सक्षम थी। संगीत का एक वातावरण था। अत: इस संगीत निर्देशकों ने लोगों की रुचि को ध्यान में रखते हुए ऐसे गीतों का सृजन किया, जिनका आधार पूर्णत: शास्त्रीय संगीत था। इन गीतों में नवीनता भरने के लिए 'बैंक ग्राउंड म्यूज़िक' का सहारा लिया गया जिसमें ढोलक, घड़ा, हारमोनियम, मंजीरा. जैसे प्रचलित वाद्यों के साथ 'हवाईनगिटार' का भी प्रयोग किया गया। 'बैंक ग्राउंड म्यूज़िक' के मेल से इन गीतों में एक नया परिवर्तन आया जो जनता को बहुत भाया। शनै:-शनै: फिल्मी गीतों के साथ और नये-नये विदेशी वाद्यों को भी सम्मिलित करके बहुत आकर्षक और प्रभावी 'बैंक ग्राउंड म्यूज़िक' दिया जाने लगा जिसके कारण इस संगीत का नवीन रूप उभरकर सामने आने लगा।[21] प्रारम्भ

में अभिनेता, गायक और गायिकाओं की आवाज़ों का प्रयोग किया गया। कालान्तर में पार्श्व गायक और गायिकाओं का समय आया। ये सभी कलाकार बहुत अभ्यस्त और घराना संगीत के कड़े अनुशासन से परिचित थे। पंकज मलिक, सहगल, जूथिका राय आदि को आज कौन नहीं जानता। ये कलाकार अपने अभ्यास के प्रति ईमानदार रहे और किसी न किसी घराने से जुड़कर संगीत की नवीनतम जानकारी प्राप्त करते रहे। यह अकाट्य सत्य है कि जब तक शास्त्रीय संगीत की विधिवत जानकारी नहीं प्राप्त की जाएगी तब तक सुगम संगीत, भाव-संगीत और चित्रपट संगीत गाने के लिए समक्ष हो पाना सम्भव नहीं है। यही कारण है कि स्वर साम्राज्ञी लता मंगेशकर, आशा भौंसले, उषा मंगेशकर, वाणी जयराम, अनुराधा पौड़वाल, नितिन मुकेश, येशुदास, प्रीति सागर आदि जनमानस पर पूर्ण रूप से छा गए।

शास्त्रीय संगीत मध्यकाल में अपने स्वर्णयुग में था। उस समय के गायकों ने संगीत के उन तत्वों को उभारा जिनमें सच्चे अर्थों में "आत्मा का संगीत" होता था। उन्होंने रागों की शास्त्रीयता को रखकर भी उन्हें पिंजड़े में नहीं जकड़ा, अपितु रागों की आत्मा को अपने गायन वादन में उतार लिया। संगीत को 'हृदय की भाषा' कहा गया है। इन कलाकारों के द्वारा संगीत का स्वरूप उभर आया था। तभी तो तानसेन जैसे गायक द्वारा दीपक राग गाकर अग्नि प्रज्जवलित करना, या मेघ राग गाकर जलवृष्टि करना उस समय की स्वभाविक घटनायें थी, जिन्हें आज कोरी कल्पना समझा जाता है। उस समय के कलाकार अपने फ़न के बेजोड़ जानकार और पारखी होते थे। वे संगीत की बारीकियों को समझते थे। वे एक शोधकर्ता की तरह जीवन भर संगीत कर अभ्यास करते रहे। तभी तो उस समय का संगीत ऐसा जीवंत था जिसे सुनने के लिए बादशाह भी भिखारी का रूप धारण कर उनके द्वार पर खड़ा रहता था। उस समय संगीत में जो बुलन्दी और आकर्षण था, उसका आज सर्वथा अभाव है। आज सभी संगीत प्रेमी अनुभव कर रहे हैं कि संगीत में अभ्यास का सिलसिला ढ़ीला पड़ा हुआ है। प्रतिभाओं का अभाव नहीं, किन्तु अभ्यास का अवश्य अभाव है। घराना संगीत ने जिस अभ्यास परम्परा को जन्म दिया, उसके स्थान पर मात्र 'सोर्स' और 'सिफारिश' जैसे तरीकों से शास्त्रीय संगीत की ऊँचाई को छूने का विफल प्रयास चल रहा है। इसी कारण योग्य कलाकारों के स्थान पर अधकचरे संगीतकार उभर रहे हैं। शास्त्रीय संगीत के भविष्य के लिए वह प्रवृत्ति घातक होगी।

आरम्भ में शास्त्रीय रागों के आधार पर रचनाएँ हुईं। कुछ समय पश्चात् पंजाबी, उत्तर प्रदेशीय, गढ़वाली तथा पहाड़ी धुनों का आश्रय लेकर फिल्मी गीतों की रचनाएँ की गईं। विभिन्न लोक धुनों के मिश्रण से नये-नये गीतों के प्रयोग में ओ०पी० नैय्यर का नाम बहुत चर्चित रहा। उन्होंने तो पूरा पंजाब अंग इन गीतों में उतारकर फिल्मी संगीत को एक नई दिशा दी। उधर कल्याण जी-आनन्द जी ने प्राचीन और नवीन भारतीय संगीत

के मेल से एक नई विद्या तैयार की जो लोगों को बहुत पसन्द आई। इसमें एक ओर शास्त्रीय संगीत की सुगन्ध थी तो दूसरी ओर लोकधुनों की बहार। खेमचन्द प्रकाश और नौशाद ने क्रमश: राजस्थानी और उत्तर प्रदेशीय पुरानी लोकधुनों में नवीन स्वर प्रयोग से भिन्न-भिन्न गीतों का सृजन किया। तत्पश्चात् पुन: जनरुचि बदली और फिल्म संगीत में भी एक नया दौर आया। पश्चिमी हारमनी और भारतीय मैलाडी को लेकर नई रोशनी के संगीत निर्देशकों आर०डी० बर्मन, सोनिक ओमी, लक्ष्मीकान्त प्यारे लाल आदि के हाथों ऐसे गीतों का निर्माण हुआ जो सुनने में बड़े मधुर और आकर्षक थे। इस संगीत की दूसरी विशेषता ''विभिन्न शैलियों को अपने में समेटकर'' चलना है। ग़ज़ल, कव्वाली, लोकगीत जैसी शैलियाँ जो कालान्तर में प्राय: लुप्त हो चली थीं, फिल्मी क्षेत्र में आकर पुन: उभरने लगी। पुराने और प्रसिद्ध गायकों की ग़ज़लों और कव्वालियों को नये-नये स्वरों से सजाकर फिल्मी अंदाज से जनता के समक्ष पेश किया जाने लगा। ग़ज़ल व कव्वाली जैसी सोई हुई शैली को जनता को लोकप्रिय बनाने का श्रेय फिल्मी संगीत को ही जाता है।

शास्त्रीय संगीत जनता को आकर्षित करने में समर्थ नहीं हो सका क्योंकि इसने विशेषकर गायन के क्षेत्र में अपने आपको केवल ध्रुवपद, धमार और ख्याल के घेरे तक ही सीमित रखा। ग़ज़ल, कव्वाली तथा सुगम संगीत की अन्य शैलियों के लिए यहाँ कोई विशेष स्थान नहीं हैं। यदि इन शैलियों को भी रागों का आधार देकर शास्त्रीय संगीत में सम्मिलित किया जाता तो नि:सन्देह शास्त्रीय संगीत को सुनने व समझने की रुचि जागृत होती। जनसाधारण में आज जिस प्रकार का साहित्य अथवा संगीत प्रचलित करेंगे उसी के अनुरूप लोगों का मानसिक स्तर बनेगा। आज फिल्म संगीत में ग़ज़ल और कव्वालियों की लोकप्रियता का कारण यही है कि ये आम जनता की रुचि का मिश्रण तो है ही, साथ में नवीनता और सरलता भी है। इसके सामने शास्त्रीय संगीत पिछड़ रहा है क्योंकि न तो इसमें नवीनता है और न ही यह लोगों की पहुँच के अन्दर है। संगीत भले ही 'प्राइमरी' स्तर से विश्वविद्यालय स्तर तक पहुँच चुका है, उसके कहीं किसी प्रकार का परिवर्तन नहीं है। पाठ्यक्रम भी वही पुराने चले आ रहे हैं। यही कारण है कि लोग इसकी अपेक्षा फिल्मी गीतों की ओर आकर्षित हो रहे हैं।

यदि हमें शास्त्रीय संगीत की परम्परा को समृद्ध बनाना है तो सुगम संगीत की विधाओं को अपनी संगीत शिक्षा में सम्मिलित करना होगा। संगीत को केवल शास्त्रीय मानना एक भ्रम है। अत: शास्त्रीय संगीत को और अधिक समर्थ और उन्नत बनाने के लिए यह आवश्यक है कि भाव प्रधान शैलियों को रागों का आधार देकर उसमें सम्मिलित कर लिया जाए। पं० रविशंकर ने विदेशी संगीत की भी कई अच्छी तकनीकों को अपने वादन में सम्मिलित करके पश्चिमी और पूर्वी संगीत के मिश्रण से एक नई दिशा खोली

है। प्रसिद्ध गिटारवादक पं० विश्वमोहन भट्ट ने विदेशी वाद्य का भारतीयकरण कर उसे 'मोहन वीणा' में परिवर्तित कर वादन शैली को नई दिशा प्रदान कर पश्चिमी तथा पूर्वी संगीत का मेल किया है। इसी प्रकार नृत्य के क्षेत्र में भी बहुत उन्नति हुई है। फिल्म संगीतकारों ने लोकधुनों को आधार मानकर गीत रचनाएँ की हैं। साथ ही इनकी उपलब्धि एक और वह है—पुराने भारतीय लोकगीतों का पुनरूद्धार। देश की सभ्यता और संस्कृति के प्रतीक उन लोकगीतों की नई धुनों और नए स्वरों से सजाकर जनता के समक्ष प्रस्तुत किया गया है। इसके अतिरिक्त बहुत से लोकगीत, जो केवल पुस्तकों की धरोहर मात्र रह गए थे, फिल्म के माध्यम से पुनः जीवित हो गए हैं। कुछ आलोचकों का कहना है कि फिल्म संगीतकारों ने शास्त्रीय संगीत के साथ-साथ भारतीय लोकगीतों का ढांचा ही बदल दिया है, परन्तु सत्य है कि फिल्मी संगीत निर्देशकों ने इन गीतों को सहारा दिया, आधुनिक सभ्यता की चकाचौंध में खामोश पड़े हुए गीतों में जान डाल दी, तथा आम जनता ने इन्हें पसन्द भी किया है।

इस प्रकार सिने जगत में संगीत की लगभग सभी शैलियों को पनपने और विकसित होने का अवसर मिला है। इसलिए इसका दायरा शास्त्रीय संगीत की अपेक्षा अधिक खुला व लोकप्रिय है।

फिल्म संगीत का संक्षिप्त इतिहास

फिल्म संगीत को आंकने से पूर्व यदि हम फिल्म संगीत के इतिहास पर दृष्टि डालें तो हम पायेंगे कि इसका इतिहास अधिक पुराना नहीं है। इतिहास के अध्ययन से पता चलता है कि फिल्म व संगीत एक दूसरे के पर्याय ही हैं। किसी फिल्म की संगीत के बिना कल्पना करना सम्भव नहीं है। प्राप्त तथ्यों के आधार पर यह ज्ञात होता है कि जब किसी फिल्म निर्माता ने संगीत विहीन फिल्म बनाने का दुस्साहस किया तो उसे निराशा का मुँह देखना पड़ा। वस्तुस्थिति यह है कि संगीत फिल्म की आत्मा है। संगीत के बिना फिल्म निष्प्राण होती है। निःसन्देह संगीत के बिना किसी चित्र का निर्माण होना और सफलता पाना दुश्वार है। इस सत्य के प्रतिपादन के लिए फिल्म 'नौजवान', 'तूफानी सवार', 'मुन्ना', 'ऊँचे लोग' आदि को लिया जा सकता है जिनमें संगीत के बिना सफलता पाने का सपना संजोया गया, लेकिन यह प्रयास प्रयोग दुराशा मात्र सिद्ध हुआ। सच्चाई यह है कि आज संगीत पर ही फिल्मों का सुखद भविष्य निर्भर है। यह स्थिति किन लोगों ने स्थापित की? यह निःसन्देह एक दिलचस्प तथ्य है और ऐसा प्रश्न है जिसका उत्तर हमें उन संगीतकारों के जीवन वृत्तों से उपलब्ध हो सकता है। जिन्होंने संगीत की बलिबेदी पर सर्वस्व न्यौछावर कर दिया। उन्होंने संगीत की अनन्य भाव से सेवा की और संगीत की पुनीत परम्परा को जीवित रखा।

फिल्मों में सर्वप्रथम सन् 1916 में निर्मित चित्र 'रामवनवास' नामक मूकपट परम्परागत परिवेश में स्थापित हुआ। उस जमाने में संगीत का महत्त्व लोगों को इस कदर महसूस हुआ कि सिर्फ संगीत से तृप्ति होने के कारण पर्दे के पीछे गायकों को बैठाकर उनसे संगीत गवाया जाता था। लेकिन आज न मूकपटों का जमाना रहा न उस समय की संगीत पद्धति। ज़माने के साथ सब कुछ बदल गया। जब मूकपट का परिवर्तन बोलपट में हुआ तब सर्वप्रथम 1931 में 'आलमआरा' फिल्म का निर्माण हुआ। इस चित्र में मात्र 3 गीत थे और इस चित्र में संगीत का नियोजन सैय्यद जाहिद वल्द अली नामक संगीतकार ने किया। वास्तव में, उस समय इस चित्र का पूर्ण संगीत सादगी से परिपूर्ण था। आज की तरह उस जमाने में वाद्ययन्त्रों की अधिकता नहीं थी। तब इस चित्र में तबला, हारमोनियम, क्लारनेट तीन वाद्य ही उपलब्ध थे। फिर भी 'आलमआरा' के संगीत ने काफी लोकप्रियता हासिल की। अगर उस काल में संगीत का महत्त्व इतना था तो आज इसका महत्त्व कितना हो गया है, इसका अनुमान लगाना कठिन है।

प्रारम्भिक समय की फिल्मों में संगीत का प्रयोग संवाद अदायगी के लिए किया जाता था। इससे उस काल में कलाकार की सांगीतिक क्षमता का भी प्रदर्शन होता था। फिल्म में इसे 'दोगाना' कहा गया और धीरे-धीरे इसके प्रयोग का स्वरूप बदलता चला गया। के०एल० सहगल, के०सी० डे, पहाड़ी सान्याल व कानन वाला जैसे उत्कृष्ट गायक बंगाल में उदित हुए और फिर दिनोंदिन भारतीय संगीत विकसित होने लगा।[22]

पूर्व भारत में कलकत्ता सर्वप्रथम अंग्रेजों के सम्पर्क में आने के कारण वहाँ पर अंग्रेजी संगीत का भी प्रचार हुआ। उन्हीं दिनों कुछ बंगाली संगीत निर्देशकों ने भारतीय संगीत को अंग्रेजी संगीत में मिलाकर एक नवीन संगीत की रचना की। इस नवीन शैली के गीतों में ''प्रेम नगर में बनाऊँगी घर मैं'', ''बाबा मन की आँखें खोल'', ''तेरी गठरी में लागा चोर'', ''जाओ जाओ ऐ मेरे साधु'' इत्यादि हैं।[23] बंगाल के संगीत निर्देशकों को निरन्तर प्रगति करते देखकर मुम्बई के संगीत निर्देशक अनिल विस्वास और सरस्वती देवी ने एक नई संगीत पद्धति का सहारा लेकर असमिया संगीत का संचार शुरू किया। परिणामस्वरूप, ''चल चल रे नौजवान'' (बन्धन), ''ना जाने किधर आज मोरी नाव चली रे'' (झूला), ''एक नया संसार बसा ले'' (संसार), ''धीरे-धीरे आ मेरे बादल'' (किस्मत) आदि सरलता से युक्त और मधुर गीतों का निर्माण होता चला गया।[24]

यह शैली चल रही थी कि शांता राम ने 'अमर ज्योति', 'गोपाल कृष्ण', 'सन्त ज्ञानेश्वर' आदि चित्रों में महाराष्ट्र की शैली को सिनेमा संगीत में स्थान दिया किन्तु हर कोई महाराष्ट्रीय संगीत की सरलता से नकल नहीं कर सका। अतएव यह शैली शीघ्र लुप्त हो गई। निर्देशकों को फिर कुछ नवीन, सरल व मधुर धुनों को आवश्यकता महसूस हुई। अत: उन्होंने कुछ ऐसे प्रान्तीय लोकगीतों की धुनों को अपनाया जो मधुर व सरल थीं, किन्तु इस प्रकार की धुनें अधिक प्रचलित न हो सकीं।

इसी बीच में लाहौर में निर्मित 'खजांची' चित्र द्वारा संगीतकार गुलाम हैदर ने पंजाबी शैली को प्रचलित किया। इन गीतों की धुनें सरल व मधुर होते हुए भी एक विशेष प्रकार की सजीवता व अल्हड़पन रखती थीं। उन्होंने नए वाद्य यन्त्र के रूप में 'ढोलक' का प्रथम बार प्रयोग किया। यह प्रयोग इतना सफल सिद्ध हुआ कि हर संगीतकार अपने संगीत में इसी वाद्य का प्रयोग करने में विशेष रूप से जुट गया। इसी समय कुछ संगीत निर्देशकों ने शास्त्रीय संगीत की ओर भी ध्यान दिया। 'हरि बसे अकल संसार', ''होरी आई रे कान्हा'', ''उड़ी हवा में जाता चिड़िया गाती थी यह राग'', ''फूल सजन तुम'' आदि गीत इसके उदाहरण हैं। 'खंजाची' के बाद पंजाबी संगीत ही हिन्दी चित्र संगीत का प्राण बन गया और संगीत 'पूँजी', 'आरती', 'जमीदार', 'पंछी' व 'दासी' चित्रों में सुनने में आया। जब उपरोक्त चित्रों का निर्माण हो रहा था, उस समय लौहार में पं० अमरनाथ, श्यामसुन्दर, खुर्शीद, अनवर आदि पंजाबी संगीतकारों का उदय हुआ। पंजाबी संगीत का हिन्दी संगीत पर निरन्तर दबाव पड़ रहा था। इसी बीच राजस्थानी संगीत का प्रयोग हिन्दी में करने वाले साहसी संगीतकार खेमचन्द प्रकाश का उदय हुआ। उन्होंने संगीत जगत को खुर्शीद जैसी कोकिल कंठी गायिका दी। उन्होंने कुन्दनलाल सहगल को कलकत्ता से बम्बई बुलाया और सबसे अधिक आश्चर्य की बात यह है कि लता मंगेशकर की आवाज़ का अधिक विकास करने का श्रेय भी उन्हीं को है। किशोर कुमार व मन्नाडे को भी खेमचन्द जी ने पार्श्व गायक बनाया।

तत्कालीन परिस्थितियों को देखते हुए कुछ ऐसी धुनों की रचना हुई जिनमें विभिन्न स्वर मेल व लय के प्रयोग से एक अद्भुत नवीनता, मादकता व हृदय पर प्रभाव डालने की शक्ति आ गई। हिन्दी फिल्म संगीत को अधिकाधिक विकसित करने के लिए नाना प्रकार के प्रयत्न किए गए। यही संगीत परम्परा झंडे खाँ तथा खेमचन्द के शिष्य नौशाद ने बढ़ाते हुए सिने-जगत में महत्त्वपूर्ण योगदान दिया। ''बरसो रे घटा घनघोर'' (तानसेन), ''आयेगा आने वाला'' (महल), जिद्दी, बरसात, बैजू बाबरा, शबाब आदि फिल्मी गीतों के निर्देशन में लोकप्रिय मधुरता का संयोग मिलता है।

इस समय तक भारतीय संगीत में विदेशी संगीत का ग्रहण बिल्कुल नहीं लगा था लेकिन युद्धोत्तर काल में अचानक संगीतकार सी० रामचन्द्र ने 'शहनाई' चित्र द्वारा भारतीय संगीत में विदेशी संगीत का समावेश किया। इस चित्र में ''आना मेरी जान सण्डे के सण्डे'' गीत ने अपार लोकप्रियता अर्जित की और परिणामस्वरूप हिन्दी फिल्मों में विदेशी संगीत का प्रयोग धड़ल्ले से होने लगा। ऐसे गीत सुनने में आए जिनमें न केवल बजने वाले वाद्य ही पाश्चात्य थे वरन् धुनें भी एकदम पाश्चात्य थीं। हाँ, गीत की भाषा हिन्दी थी। धीरे-धीरे 'रॉक एन रॉल' नृत्य शैली का भी हिन्दी चित्र जगत में सूत्रपात हुआ।

अब विदेशी संगीत का अनुकरण इतना बढ़ गया है कि आज के फिल्म संगीत को चोरी का संगीत का नाम आसानी से दिया जा सकता है। आज के फिल्म संगीत में अधिकांशत: विदेशी संगीत की ही नकल दिखाई देतीं है। विदेशी संगीत की सही नकल करने वाले संगीतकारों में ओ०पी० नैय्यर का विशेष उल्लेख किया जाता है। विदेशी संगीत को त्याज्य मानने वाले संगीतकार मदनमोहन ने भी 'मेमसाहब' चित्र में विदेशी संगीत से ओत-प्रोत संगीत प्रयुक्त किया है। शंकर-जयकिशन, एस०डी० बर्मन, चित्रगुप्त, कल्याण जी-आनन्द जी, हेमन्त कुमार, एन० दत्ता, दत्ताराम आदि संगीतकारों ने भी जोर-शोर से विदेशी संगीत का अनुकरण करना शुरू कर दिया। यह उल्लेखनीय है कि उस युग के संगीतकारों में रोशन विदेशी संगीत के प्रभाव से काफी हद तक अछूते रहे तथा उनके संगीत निर्देशन में पूर्णतया भारतीय शास्त्रीय संगीत का प्रभाव बना रहा।

लेकिन धीरे-धीरे पाश्चात्य संगीत का अधिक प्रभाव होते जाने के कारण जनसाधारण ने इस प्रकार के गीतों को विशेषतया पसन्द नहीं किया। अत: अब संगीत निर्देशकों ने पाश्चात्य धुनों का भारतीयकरण करना प्रारम्भ किया। पाश्चात्य धुनों के वे अंश जो फिल्म निर्देशकों को रुचिकर लगे, भारतीय रूप में प्रस्तुत किए। साथ में कुछ निर्देशकों ने भारतीय रागों के मिश्रण तथा ठुमरियों पर आधारित अनेक उत्तम धुनें बनाई। फलस्वरूप यही दो परिपाटियां चालू हो गयीं। पाश्चात्य धुनों का भारतीयकरण करने के परिणामस्वरूप अब अधिकांश धुनें पहले बनने लगीं और उन पर गीतों के लेखकों का भी महत्त्व बढ़ गया और धुनों को लोकप्रिय बनाने में गीत के बोलों का सहयोग आवश्यक हो गया।

के०एल० सहगल, के०सी० डे, खुर्शीद व नूरजहाँ के समय में पार्श्व गायन की पद्धति नहीं थी। ये कलाकार अभिनय के साथ-साथ अपने गीतों को स्वयं गाया करते थे परन्तु जब सहगल का देहावसान हो गया तथा खुर्शीद व नूरजहाँ पाकिस्तान चली गईं, तब इन कलाकारों की पूर्ति की चिन्ता हुई। देवयोग से लता मंगेशकर, आशा भौंसले, गीता दत्त, रफ़ी, मुकेश, तलत महमूद, मन्नाडे, हेमन्त कुमार, महेन्द्र कपूर, किशोर कुमार आदि अनेक पार्श्व गायक-गायिकाओं का उदय हो गया। सर्वप्रथम पार्श्व गायन पद्धति का श्रीगणेश 'धूपछाँह' चित्र के द्वारा हुआ। अत: पार्श्व गायन के क्षेत्र में प्रसिद्ध गायकों में मुकेश, मु० रफ़ी, तलत महमूद, मन्नाडे, महेन्द्र कपूर, सी०एच० आत्मा, सहगल, हेमन्त कुमार, किशोर, सुरेश वाडेकर, कुमार सानु, विनोद राठौर, अमित कुमार, शब्बीर कुमार, शैलेन्द्र सिंह आदि के नाम उल्लेखनीय हैं। प्रसिद्ध पार्श्व गायिकाओं में लता मंगेशकर, आशा भौंसले, गीता दत्त, कृष्णा कल्ले, सुमन कल्याणपुर, शारदा, कमल बारोट, अनुराधा पौड़वाल, वाणी जयराम, अलका याग्निक, हेमलता, साधना सरगम, कविता कृष्णामूर्ति, पूर्णिमा आदि के नाम उल्लेखनीय हैं। सुप्रसिद्ध संगीत निर्देशकों में गुलाम हैदर, सरदार मलिक, नौशाद, हुसललाल-भगतराम, सी० रामचन्द्र, खेमचन्द

प्रकाश, एस०डी० बर्मन, रोशन, शंकर-जय किशन, बसंत देसाई, मदन मोहन, सलिल चौधरी, चन्दू लाल शाह, एस० एन० त्रिपाठी, ओ०पी० नैय्यर, चित्रगुप्त, हेमन्त कुमार, गुलाम मोहम्मद, खैय्याम, ऊषा खन्ना, रवीन्द्र जैन इत्यादि हैं। आज के दौर के उभरते संगीतकार में नदीम-श्रवण, राजेश रोशन, आनन्द- मिलिन्द, जतिन-ललित, शिव-हरि, दिलीप सेन-समीर सेन, अमर-अत्पल, आदेश श्रीवास्तव आदि के नाम उल्लेखनीय हैं।

चित्रपट संगीत के इतिहास के संक्षिप्त अध्ययन के उपरान्त हमें यह प्रतीत होता है कि इस क्षेत्र में रोशन का विशेष योगदान रहा है। वे इस मूलभूत तत्त्व से सर्वदा परिचित थे कि शास्त्रीय संगीत लोक संगीत का परिष्कृत रूप है और यही बात बहुत कम लोग जानते हैं, जो जानते हैं वे उसका प्रयोग करने से हिचकिचाते हैं परन्तु रोशन ने जिस जगह जैसी प्रयुक्ति चाही वैसी उन्हें स्वतन्त्रता पूर्वक दी। यही कारण है कि उनकी बनाई हुई धुनें सहृदय श्रोताओं की अपनी पूँजी हैं। उन्हें शास्त्रीय संगीत से कितना लगाव था, यह उन्होंने फिल्म क्षेत्र में पदार्पण करते ही जता दिया था। चाहे धुन कैसी ही बनाई हो, अपने मूल राग के अंग से शैली-निरूपण का उन्हें पूर्णतया ध्यान रखा। 'बावरे नैन', 'नौबहार', रागरंग 'आरती', 'देवर', 'ताजमहल', 'चित्रलेखा', 'दिल ही तो है' आदि फिल्मों में दिया हुआ उनका संगीत पूर्णतया शास्त्रीय संगीत के रंग में डूबा हुआ था।

फिल्म संगीत के बदलते आयाम

यदि सन् 1945 की अवधि को फिल्मी संगीत का स्वर्णयुग कहा जाए तो अतिश्योक्ति न होगी। 1970 के बाद धीरे-धीरे फिल्मी संगीत और गीत अपना माधुर्य खोने लगे। कुछ गीतों ने अश्लीलता और फूहड़पन की हदें पार कर दीं। पहले गीतों में साहित्यकता थी, शब्दों के अर्थ थे, आज निरर्थक व जुगुप्सा जगाने वाले शब्दों की भरमार है। कहते हैं कि फिल्मों का हिन्दी के प्रचार-प्रसार में महत्त्वपूर्ण योगदान है। इस योगदान में पुराने फिल्मी गीतों के महत्त्व को नज़रअंदाज नहीं किया जा सकता। उस समय नरेन्द्र शर्मा, प्रदीप, शैलेन्द्र, साहिर लुधियानवी, शकील बदायूंनी, राजामेंहदी अली खाँ, मजरूह सुल्तानपुरी और हसरत जयपुरी जैसे शायर फिल्मी दुनिया से जुड़े हुए थे। आज भी जब हम पुरानी फिल्मों के गीत सुनते हैं तो एक सुकुन मिलता है, आनन्द आता है। वे गीत हमें स्मृतियों के जंगल में अपने साथ बहुत दूर ले जाते हैं। पुरानी फिल्मों में सैंकड़ों ऐसे गीत हैं जिन्हें हज़ारों बार सुन लेने पर भी मन नहीं ऊबता। इन गीतों की उम्र बहुत लम्बी है, जबकि आज का कोई भी लोकप्रिय हिट गीत कुछ समय बाद ही सुनने लायक नहीं रह जाता। इससे ज्यादा उसकी उम्र नहीं होती, जबकि पुरानी फिल्मों के गीतों की उम्र निरन्तर बढ़ती जा रही है।

पिछले चार दशकों में भारतीय हिन्दी फिल्मी संगीत बहुत बदला है। 1940 के दशक में अमर के०एल० सहगल ने गीत गाए और जो गीत उसके प्रशंसकों को आज

भी प्रसन्न करते हैं, तब संगीत निर्देशकों के पास वाद्य-वृन्द के बहुत साधन नहीं थे। उनके वाद्य-वृन्द में थोड़े से वादक होते—जैसे सितारवादक, बाँसुरी वादक और हारमोनियम वादक। इन थोड़े से यन्त्रों से उस समय के संगीतकार हतोत्साहित नहीं होते थे क्योंकि वे अपनी सारी रचना में ध्वनि पर ज़ोर देते थे। उनका विशेष ज़ोर गीतों की गुणवत्ता पर होता था जिसे वे संगीत में भरना चाहते थे। इसलिए वे बड़ी सावधानी से ये देखते थे कि गीतकार अपना काम ठीक करे। जब गीतकार अपने प्रेम भरे गीतों को पूरी तरह तैयार कर देता था तभी उनमें संगीत भरने का काम गम्भीरता से शुरू होता था।

यह निश्चित है कि उन दिनों खेमचन्द, गुलाम हैदर, रोशन और नौशाद जैसे लोगों ने अपनी धुनें बनाने में कठोर परिश्रम किया। गीतों की रिकार्डिंग से पहले संगीत निर्देशक धुनें बनाने के लिये बहुत परिश्रम करते थे। रातों नींद नहीं आती थी क्योंकि अपनी धुनें बनाने में लगे रहते थे। जब पूरे गीत को संगीत रचना हो जाती थी और सारे आवश्यक यन्त्रों की सज्जा भी हो जाती थी तभी गायक से पूर्वाभ्यास कराया जाता था ताकि जो रिकार्ड बने उसमें कोई कमी न हो। वे ये देखते थे कि उनके वाद्यवृन्द के कलाकार गायक की सहायता करें और गायन में वहीं प्रविष्ट हों जहाँ सार्थक हो। यही वजह है कि आज भी सहगल, रफ़ी, तलत, मुकेश, लता व आशा के 40 साल पहले गाए हुए अधिकांश गीतों में आज भी जान है क्योंकि उस समय गीतकार, संगीतकार, वाद्यवृन्द के कलाकारों व गायक सभी के बीच मधुर तालमेल होता था।[25]

आज उपभोक्तावादी संस्कृति में कला व साहित्य का महत्त्व घटता जा रहा है। नैतिकता और ईमानदारी केवल शब्द मात्र रह गए हैं। इस संस्कृति ने जीवन के हर क्षेत्र पर प्रभाव डाला है। इस बाजारी संस्कृति का उद्देश्य केवल बिकाऊ माल तैयार करना है। विज्ञान के विकास के साथ-साथ तकनीकी गुणवत्ता बढ़ती जा रही है किन्तु मानवीयता घटती जा रही है। आज फिल्मों में तकनीकी दृष्टि से बहुत उन्नति की है। इससे फिल्म संगीत भी अछूता नहीं रहा है। फिल्म संगीत का कम्प्यूटराईजेशन हो गया है। पार्श्व गायन अब पहले से बहुत आसान हो गया है। गीतकार का महत्त्व समाप्त हो गया है। धुनें पहले से तैयार होती हैं और उन पर गीत लिखना पड़ता है। जाहिर है कि ऐसे काम को कवि नहीं, तुक्कड़ ही कर सकता है। जबकि पहले गीत पर धुन बनाई जाती थी, एक-एक गीत पर कई-कई दिनों तक संगीतकार, गीतकार व पार्श्वगायक पूर्वाभ्यास करते थे। राजकपूर, कारदार, महबूब, के० आसिफ जैसे निर्माता-निर्देशक थे जो अपनी फिल्मों के संगीत में गहरी रुचि रखते थे। यही कारण है कि आज भी 'बाबरे नैन', 'अन्दाज', 'आग', 'आह', 'अवारा', 'बैजू बाबरा', 'झनक-झनक पायल बाजे' आदि के गीत-संगीत को भुलाया नहीं जा सकता। अनिल बिस्वास, खेमचन्द प्रकाश, नौशाद, रोशन, सी० रामचन्द्र, शंकर-जय किशन, एस०डी० बर्मन, ओ०पी० नैय्यर, चित्रगुप्त जैसे संगीतकार आए तो अपनी माटी से जुड़े रहे। हर

संगीतकार की अपनी एक अलग पहचान थी। के०एल० सहगल, पंकज मलिक, जौहराबाई, नूरजहाँ, सुरैय्या, शमशाद बेगम, राजकुमारी, मु० रफ़ी, मुकेश, मन्नाडे, हेमन्त कुमार, तलत महमूद, किशोर कुमार, गीतादत्त, लता मंगेशकर व आशा भौंसले जैसे कलाकार उभरे जिनकी अपनी शैली थी और अपना अन्दाज था। संगीत और गीत के बोल श्रोता को अन्दर तक भिगों दिया करते थे। आज भी जब किसी पुरानी फिल्म का गीत सुनाई पड़ जाता है तो एक क्षण के लिए जैसे सब कुछ ठहर जाता है और श्रोता अतीत में चला जाता है। आज के पाप सांग और रैप सांग के जमाने में पुरानी फिल्मों के गीत ठंडी फुहार सी महसूस होते हैं।[26]

पहले सामाजिक एवं प्रेम कहानियों पर फिल्में ज्यादा बनती थीं जिनमें संगीत की बहुत गुंजायश थी। प्रत्येक फिल्म में दस बारह गीत होना तो मामूली बात थी। फिल्म का नायक अक्सर एक सीधा सादा नवयुवक होता था। पहले के नायक-नायिका अपने को गीतों में ही अभिव्यक्त किया करते थे। खुशी हो चाहे रागम गीत के द्वारा अपनी बात कहते थे। नायक नायिका विरह में किसी उजाड़ स्थान पर अपने दिल का दर्द गीतों में उड़ेल दिया करते थे। यदि नायिका थोड़ी खुश हुई तो गाने लगती—"पंछी बन मैं पिया-पिया गाने लगा", यदि उदास होती तो गाने लगी—"चमन में रह के वीराना मेरा दिल होता जाता है, खुशी में आजकल कुछ ग़म भी शामिल होता जाता है।"यही स्थिति नायक की थी। यदि उसे नायिका से मिलने की आशा होती तो वह गाने लगता—"गाए जा गीत मिलन के तू अपनी लगन के, सजन घर जाना है" और यदि नायिका न मिल पाई तो सीधा जंगल में जाकर गाने लगता था—"ऐ दिल मुझे किसी ऐसी जगह ले चल जहाँ कोई न हो, अपना पराया मेहरबानामेहरबां कोई न हो।"

लेकिन 1970 के बाद हिन्दी फिल्मों ने एक नया मोड़ ले लिया। नायक-नायिका कमजोर, असहाय व निराश प्रेमी नहीं रहे। अब नायक एक नये रूप में आया। फिल्मों में हिंसा व संवाद बढ़े जबकि गीत संगीत दोयम दर्जे पर आ गया। परन्तु आज पुनः ये दावा किया जाने लगा है कि फिल्मों में गीत-संगीत लौट रहा है। कुछ संगीतकारों ने पुरानी धुनों को चुराया, कुछ ने लोकगीतों की आड़ में द्विअर्थी व अश्लील गीतों से क्रान्ति कर दी। किन्तु बाज़ारी संस्कृति में कुछ स्थायी नहीं होता। यह सन्तोष की बात है कि आज कुछ नये संगीतकारों ने मधुर व कर्णप्रिय धुनें बनाकर संगीत-प्रेमियों को कुछ राहत प्रदान की है लेकिन आज भी फिल्म संगीत के शौकीनों को शांति उन तीस चालीस वर्ष पुराने फिल्मी गीतों से ही मिलती है। सच है कि "गुज़रा हुआ जमाना आता नहीं दोबारा, हाफ़िज़ खुदा तुम्हारा ....।"

सन् 1950 और इसके आसपास के सिने जगत के स्वर्णिम काल में संगीतकार एस०डी० बर्मन, खेमचन्द प्रकाश, नौशाद, रोशन, गुलाम मोहम्मद, सलिल चौधरी,

बसन्त देसाई, जयदेव, शंकर-जय किशन, ओ०पी० नैय्यर आदि ने जो कर्णप्रिय व दिलों को छू लेने वाली धुनें बनायीं वे न केवल आम श्रोताओं को पसन्द आई बल्कि शास्त्रीय संगीत के ज्ञाता भी उनकी प्रशंसा किये बिना नहीं रह सकते। आमतौर पर फिल्मी संगीत की दुनिया से दूर रहने वाले उस्ताद गुलाम अली खाँ ने भी लता द्वारा गाए फिल्मी गीत 'रसिक बलमा' राग का लगभग चार मिनिट में ही पूरा निचोड़ आ जाने पर उनकी तारीफ़ की और कहा कि फिल्म वाले भी कभी-कभी कमाल करते हैं। जिस राग को डेढ़ या दो घंटे तक गाते बजाते हैं फिल्म वाले उसका स्वरूप 4 या 5 मिनट में ही दिखला देते हैं। भारतीय संगीत की आत्मा का जो स्वरूप सिने संगीतकारों ने हमारे सम्मुख रखा, वह आज भी कई यादगार फिल्मों के रूप में हमारे सामने मौजूद हैं।

भारतीय फिल्म संगीत की व्यापकता व उपयोगिता

लोकप्रिय गीतों के राष्ट्रीय कोष में फिल्मी गीतों ने जो योगदान दिया वह अवर्णनीय है। ख्याल, टप्पा व ठुमरी के श्रेष्ठ रूपों को लिया गया है और ग्रामीण तथा आदिम जातियों के लोकगीत व भजनों तथा प्रार्थनाओं का भी पर्याप्त प्रयोग किया गया है। संगीत के इतने विस्तृत तथा विविध रूपों के प्रयोग के पीछे असीम साहस, साधना तथा विचारशक्ति रही है। इसके अनेक साधकों ने इसे इस अवस्था तक पहुँचाने के हेतु 'मिशन' की भावना से अथक परिश्रम किया है। इन लोगों ने उस स्वर्गीय आनन्द को जन-जन तक पहुँचाने का कार्य किया है जो पहले केवल कुछ विशिष्ट लोगों तक सीमित था।[27]

सिने-संगीत ने उन असंख्य अशिक्षित लोगों को अभिव्यक्ति प्रदान की है जिनके पास अभिव्यंजना के अन्य साधनों का अभाव है। धन एवं समय आदि के साधनों के न होने के कारण जो लोग थोड़े से पैसे खर्च करके 'तुलसीदास' या 'श्रीकृष्ण' जैसे चित्र देख लेते हैं, वे अपनी सांस्कृतिक भावनाओं को उन फिल्मों में प्रयुक्त गीतों के कारण भली प्रकार समझ जाते हैं। फिल्म संगीत में धार्मिक वातावरण देकर इस देश की आध्यात्मिक भावनाओं के पोषण का भी सदैव प्रयास किया जाता है। फिल्म संगीत आज लोकप्रियता की चरम स्थिति पर पहुँच गया है। लोकप्रियता का दूसरा अर्थ है प्रजातन्त्र । अत: फिल्म संगीत देश के बढ़ते हुए राजनीतिक दृष्टिकोण के साथ कदम बढ़ा रहा है और उसे जनता का सहयोग प्राप्त हो चुका है। हिन्दुस्तानी भाषा सुन्दर शब्दों का कोष है। फिल्मी गीतों के लगभग पिच्यान्वे प्रतिशत शब्द हिन्दुस्तानी बोलचाल के ही हैं। नाना प्रकार के रंगों में रंगी भावनाओं के व्यक्तिकरण के लिए हिन्दुस्तानी में ही समीपस्थ उपयुक्त शब्द अनायास मिल जाते हैं। ये शब्द कितने संगीतात्मक और भावनाओं में कितने गहरे हैं, इसको सहज ही पहचाना जा सकता है। ये जनता की कोमल भावनाओं पर सीधी चोट करते हैं और उनके सामूहिक मन को इच्छित दिशा में

परिचालित करते हैं। ये फिल्मी गीत ''जनता की भावनाओं और अभिलाषाओं का प्रतिनिधित्व करते हैं।''[28]

आज जबकि चारों ओर राजनीतिक, सामाजिक और आर्थिक अशान्ति फैली हुई है, प्रेमरस में डूबे फिल्मी गीत जनता को कुछ राहत और प्रेरणा देते हैं। यही वह प्रेरणा है जो लाखों मनुष्यों को उत्साहित करती है और हमें अनुभव कराती है कि हम जीवित हैं, अभी जी रहे हैं। कोई तत्वज्ञानवेता कह सकता है कि इसी प्रेरणा से हमारा जीवन के प्रति दृढ़ विश्वास बनता है और हमारे जीने की उत्कृष्टता में निरन्तर वृद्धि होती रहती है। संगीत द्वारा मानसिक चिकित्सा (म्यूज़िकोसाइकोथिरेपी) ही तो है जो जनता की कोमल भावनाओं की क्रमहीनता को ठीक करती है।[29]

फिल्म संगीत आज लोकप्रियता की चरम सीमा पर पहुँच गया है। अति हल्के-फुल्के संगीत के क्षेत्र से सुगम व शास्त्रीय संगीत के क्षेत्र में भी अधिकार जमा चुका है। शास्त्रीय संगीत के स्टाईल पर गाये हुए कुछ गीत बड़े प्रसिद्ध हुए है। वे शास्त्रीय संगीत के कतिपय श्रेष्ठतम गीतों की तुलना में रखे जा सकते हैं। अत: फिल्म संगीत वो खुशी है जो सबको खुश करे। यह इसी प्रमुख उपयोगितावादी उक्ति को चरितार्थ कर रहा है। फिल्म संगीत जन संगीत का सदा ऋणी रहेगा, क्योंकि फिल्म संगीत के प्रसिद्ध गीतों की धुनें प्राय: जन गीतों की ही देन हैं। कई प्रसिद्ध संगीत निर्देशक यह स्वीकार करते हैं कि यदि वे जनता में प्रचलित धुनों को सजा या संवारकर पेश करेंगे तो वे सर्वग्राहय होकर जन-जन के लिए प्रिय बन जायेंगी।

कला का जन्म प्रेरणा से होता है। वह व्यक्ति और परिस्थिति के अधीन होती हैं। इसलिए यदि किसी के सृजन में किसी की कृति का बिम्ब-प्रतिबिम्ब दिखाई दे तो इसका यह अभिप्राय नहीं है कि वह मौलिक नहीं। संगीतकार स्वयं यह तथ्य स्वीकार करते हैं कि हम अपनी धुनों के निर्माण में प्राय: लोकधुनों का भी प्रश्रय लेते हैं और यह इसलिए भी जरूरी है कि फिल्म संगीत जन-जन का संगीत है और उसके साथ व्यवसाय भी जुड़ा हुआ है। इसलिए उसके निर्माण में जन रुचि का पूरा ख्याल रखना नितान्त अनिवार्य है।

लोकगीतों अथवा जन गीतों से जहाँ फिल्म संगीत का निर्माण हुआ है, वहीं फिल्म संगीत ने भी लोक अथवा जन गीतों को नया जीवन देकर संवारा है। यदि ऐसा न होता तो आज जो फिल्म संगीत की न रोकी जाने वाली अति लोकप्रियता है, वो न होती। लोकगीतों को फिल्म संगीत ने पुनर्जन्म प्रदान किया है और उसकी डूबती परम्परा को तीव्र प्रवाह दिया है। लोकगीतों की सी अपनी सरलता सहजता के कारण फिल्मी गीत लोगों की जुबान पर आसानी से चढ़ जाते हैं। यहाँ तक कि अबोध वच्चे भी उन्हें विभोर होकर गाते दोहराते हैं। फिल्म संगीत आने वाले कल का जन संगीत है। जनसंगीत

तो वही होता है जो जनता में इतना लोकप्रिय हो कि वह जन-जन के कंठों में समाया रहे। फिल्म संगीत में यह पूरी क्षमता है कि वह सीमा-रेखाओं और आडम्बरों को तोड़कर वर्तमान देश, काल व परिस्थिति का प्रतिनिधित्व करे।

संगीत समस्त कलाओं में सूक्ष्म कला है और यदि अधिक उपयुक्त शब्दों में कहा जाए तो यह विशुद्धतम कला है। शैपेन हाबर ने कहा है, ''समस्त कलाएँ संगीत के स्तर की प्राप्ति को उत्सुक हैं।'' टैगोर ने एक गीत में कहा, ''जिन पावन चरणों तक मैं कदापि नहीं पहुँच सकता था, उन तक मैं अपने गीत के सुविस्तृत पंखों के सहारे पहुँच गया।'' कारलायल का कथन है कि ''संगीत एक प्रकार की ऐसी अव्यक्त व असीम भाषा है जो हमें शाश्वत सत्ता के पथ पर मोड़ देती है।''[30]

फिल्म को जन मनोरंजन की सामग्री का उत्पादक कहा जात सकता है। चित्र का साफल्य निर्माता की प्रसंशा का पोषक है। परन्तु व्यक्ति के संवेगों को जगाना तथा उसकी भावनाओं को उद्धेलित करना चित्र के साफल्य की कसौटी है। चित्र जनता को प्रभावित करता है, संगीत चित्र को। संगीत चित्र में प्राण प्रतिष्ठा करता है। इसकी सृष्टि इसलिए नहीं होती कि वह कला एवं व्यवसाय के मध्य की खाई को समतल करने में समर्थ होगा, बल्कि यह तो फिल्म को संवेगशीलता प्रदान करता है। संगीत चित्र की अव्यक्त, अवर्णनीय व अग्रदर्शनीय भावनाओं को वाणी प्रदान करता है। चित्र के किसी स्थल में व्याप्त विषादानुभूति, आश्चर्य अथवा सन्देह मिश्रित संवेदना, आनन्द की सुखकारी लहर अथवा प्रणय के किसी कोमलतम स्तर के सौन्दर्य की व्याख्या करने में जब शब्द असमर्थ हो जाते हैं तो संगीत ही उन संकेतों की सफल अभिव्यक्ति सम्भव बनाता है।

संगीत के द्वारा वातावरण निर्मित किया जाता है। वातावरण के निर्मित हो जाने पर भावोद्रेक में सहायता मिलती है। कुहासे भरा हुआ धूमिल सवेरा, सूर्य के प्रकाश से जगमगाता हुआ दिन ओजगुणयुक्त संगीत के लिए उपयुक्त वातावरण है। संगीतकार की तकनीक वातावरण के योग से निखर उठती है। संगीत के द्वारा भाव की अभिव्यक्ति एवं परिवेश की सृष्टि ऐसे उच्च स्तर पर सम्भव हो गई है कि संगीत आधुनिक चित्रों का अति आवश्यक अंग बन गया है। फिल्म संगीत वह संगीत है जो पटकथा के एक अंश को दर्शकों के हृदय में उतार देने की क्षमता रखता है। यह संवेगों की ऐसी वाष्प उत्पन्न कर देता है जो दर्शकों के अन्तरात्मा को आद्र कर देती है। इसके सहारे रसानुभूति सुलभ हो जाती है।

फिल्मी गीतों की इस महान जनप्रियता के पीछे संगीत निर्देशकों, गीत लेखकों, गायकों व गायिकाओं तथा वादकों का अथक परिश्रम व उनकी अडिग साधना छिपी हुई है। भारतीय फिल्म संगीत की अनेक उपलब्धियाँ हैं पर उनमें सबसे अधिक

महत्त्वपूर्ण तथा उल्लेखनीय यही है कि पुराने ख्यालात के लोगों का विरोध होते हुए यह अधिक से अधिक जनप्रिय हुआ है। इससे यही सिद्ध होता है कि फिल्म संगीत में समाज के हरेक श्रेणी के व्यक्ति को पसन्द आने वाले स्वभाविक गुण हैं। अनेक फिल्में जहाँ बेकार निर्देशन, साधारण पटकथा और व्यय की कमी के कारण साधारण स्तर की भी नहीं बन पाई हैं। अच्छे संगीत और गीतों ने उन्हें दर्शकों में असफल होने से बचा लिया है। इसी कारण, प्रत्येक फिल्म के लिए फिल्म संगीत एक आवश्यक अंग बन गया है। अनेक बार फिल्मी गीतों की अपनी प्रसिद्धि के कारण फिल्मों को अभूतपूर्व सफलता मिली है। भारतीय फिल्म संगीत ने अनेक विरोधों का सामना करते हुए अपना अस्तित्व बनाया और इतनी प्रगति की है। भारतीय फिल्मों को एक विशिष्ट रूप देने में फिल्म संगीत का बहुत बड़ा हाथ है।[31]

फिल्मों के संगीत निर्देशक के चारों ओर एक अजीबोगरीब दुनिया बसी होती है, जिसका प्रभाव उसके दिलोदिमाग पर हमेशा पड़ता है। इसी कारण नई-नई कल्पनाएँ सूझती हैं जिससे वह संगीत में कुछ नये अविष्कार करने में सफल हो जाता है। सच्चे कलाकार को नये युग की पुकार साफ सुनाई देती है। अत: उसे जमाने व परिवर्तन से दूर रह सकना असम्भव है। हमारे संगीत में भी नये-नये आविष्कार करने के प्रयत्न अविरल रूप से किए जा रहे हैं।

संगीतकार व गायक अपनी कल्पना के अनुसार कुछ नई चीजों का आविष्कार करते रहते हैं। इस तरह के नये-नये आविष्कारों से हमारे संगीत में रोचकता आ रही है, यह नि:सन्देह प्रशंसा के योग्य है।[32]

यदि हम आज के परिप्रेक्ष्य में फिल्म संगीत को देखें तो इस क्षेत्र में अपूर्व उन्नति हुई नजर आती है। प्रतिष्ठित एवं सफल कवियों तथा शायरों द्वारा लिखे जाने से गीतों की भाषा तथा बात कहने के ढंग में काफी सुधार हुआ है। बड़े प्रतिभावान तथा अनुभवी संगीतज्ञों द्वारा निर्देशक होने के कारण गीतों में सभी प्रकार के संगीत का तरह-तरह से प्रयोग किया जाने लगा है। पार्श्व गायन के विकास के साथ गाने के स्तर और शैली में भी गीत के प्रत्येक भाव को बड़ी सूक्ष्मता और सुन्दरता से दर्शाने के प्रयास जारी हैं। लता, मु० रफ़ी, आशा भौंसले, मुकेश, गीतादत्त, तलत महमूद, किशोर आदि ऐसे कितने ही उच्च कोटि के पार्श्व गायक हुए हैं जिन्होंने प्रत्येक रचना की एक-एक पंक्ति को उसमें निहित भाव को बड़े अनुभूतिपूर्ण ढंग से व्यक्त किया तथा पार्श्व गायन के क्षेत्र में चार चाँद लगाए। अन्त में, यह कहना अतिश्योक्ति न होगी कि फिल्म संगीत का भविष्य बहुत उज्जवल है और दिनोंदिन प्रगति के पथ पर अग्रसर है।

सन्दर्भ

1. हरिशचन्द्र श्रीवास्तव, राग परिचय, पृ० 180.
2. वही
3. उमेश जोशी, भारतीय संगीत का इतिहास, पृ० 7.
4. सन्दर्भ—1
5. डॉ० रामदत्त भारद्वाज, काव्य शास्त्र की रूपरेखा, पृ० 5.
6. अमल दास शर्मा, भक्ति संगीत, पृ० 17.
7. भगवत शरण शर्मा, ताल मीमांसा (2), पृ० 69.
8. डॉ० सुषमा कुलश्रेष्ठ, साहित्य एवं वादन कला, पृ० 50.
9. गोबिन्द राव राजुरकर, संगीत शास्त्र पराग, पृ० 14.
10. सरयू कालेकर, रामपुर की सदारंग अदारंग परम्परा और प्रतिनिधि आचार्य बृहस्पति, पृ० 13.
11. सुरेशवृत राय, संगीत के जीवन पृष्ठ, पृ० 18.
12. डॉ० विद्या आर्य, राजस्थान की विलक्षण संगीत प्रतिभा
    खेमचन्द प्रकाश, राजस्थान विश्वविद्यालय, जयपुर
    की पी०एच०डी०, की उपाधि हेतु स्वीकृत शोध प्रबन्ध, 1989 (अप्रकाशित)
13. पुरुषोत्तम दास अग्रवाल, संगीत निबन्धावली, पृ० 30.
14. जगदीश नारायण पाठक, प्रवीण प्रश्नोत्तर.
15. गोबिन्दराव राजुरकर, संगीत शास्त्र पराग, पृ० 16.
16. सुमन पाटणकर, ताल सोपान (2), पृ० 123.
17. सुमन पाटणकर हमारा संगीत (5), पृ० 124.
18. वही, पृ० 125.
19. वही, पृ० 126.
20. वही
21. राजस्थान पत्रिका, जयपुर, 18 सितम्बर, 1994, पृ० 19.
22. महेन्द्र मित्तल, भारतीय चलचित्र, पृ० 9.
23. भगवत शरण शर्मा, हिन्दुस्तानी संगीत का इतिहास, पृ० 150.
24. पं० ओंकार नाथ माहेश्वरी, हिन्दी चित्रपट का गीति साहित्य, 1978.
25. मदन एस० पटानिया, स्कीन, मुम्बई, 26.6.81, पृ० 21.
26. गोविन्द माथुर "फिल्मी गीत तब और अब" राजस्थान पत्रिका, जयपुर 18 जून 1994, पृ० 11.
27. पंकज मलिक, "भारतीय फिल्म संगीत की व्यापकता," संगीत, हाथरस, मार्च 1962, पृ० 3.
28. विमल बोस, "फिल्मी गीतों की भाषा", संगीत, हाथरस, जून 1960, पृ० 3.
29. विमल बोस, "फिल्म संगीत का मानसिक पक्ष", संगीत, हाथरस, जून, 1960, पृ० 4.
30. डॉ० भूपेन, मुखर्जी, "फिल्म और संगीत", संगीत, हाथरस, दिसम्बर 1961, पृ० 3.
31. कल्याण जी-आनन्द जी, "भारतीय फिल्मों में संगीत की अनिवार्यता", फिल्म संगीत, हाथरस, अक्टूबर 1967, पृ० 3.
32. सलिल चौधरी, 'आज का फिल्म संगीत', हाथरस, जनवरी, 1967 पृ० 4.

अध्याय : 2

संगीतकार रोशन का व्यक्तित्व

ऐ जज़्बए दिल गर मैं चाहूँ
हर चीज़ मुकाबिल आ जाए,
मंज़िल की तरफ दो गाम चलूँ,
और सामने मंज़िल आ जाए।

.......शकील

आज हिन्दी फिल्मोद्योग के संगीताकाश पर पाश्चात्य हवाओं के साथ उभरे हुए डिस्को के बादल मंडरा रहे हैं जिनकी फुहारे नई पीढ़ी के एक वर्ग विशेष में थिरकन तो भर देती हैं, लेकिन उनका गर्जन-तर्जन समग्र सिने-संगीत रसिकों के लिए आहलादिनी स्थिति उत्पन्न नहीं कर पाता। अब स्मरण हो आते है फिल्म संगीत की विभावरी के वे देदीप्यामान नक्षत्र जिन्होंने घटाओं के छाने से पहले ही अपनी प्रतिभा से सिने संसार को आलोकित एवं चमत्कृत ही नहीं किया बल्कि जिनके संगीत के रस में मग्न होकर आज भी संगीत प्रेमियों के मन की चंचल वृत्तियाँ केवल श्रवणेन्द्रिय में केन्द्रीभूत होकर आनन्द का अनुभव करती हैं। फिल्म संगीत में विशिष्टता पैदा करने के लिए अनेक संगीतकारों ने अपना-अपना महत्त्वपूर्ण योगदान दिया है। जिन संगीतकारों ने फिल्म संगीत की मर्यादा और उच्च परम्परा को कायम रखा और विकसित किया, उन महान विभूतियों में संगीतकार रोशन का नाम अपनी विशिष्ट महत्ता लिए हुए है।[1]

प्रारम्भिक जीवन

रोशन लाल नागरथ, जो फिल्मी जगत में संगीतकार रोशन के नाम से विख्यात हुए, का जन्म अविभाजित भारत में पंजाब प्रान्त के जिला गुजरांवाला के गाँव जलालपुर भट्टियाँ में एक साधारण परिवार में 14 जुलाई, 1917 को हुआ। बचपन से ही उन्हें संगीत के प्रति गहन लगाव था। इस सम्बन्ध में उनके जीवन की एक घटना उल्लेखनीय है।

फिल्म संगीतकार रोशन
(1917-1967)

एक बार उनके घर कोई सज्जन आए जिनके पास हारमोनियम था लेकिन उन्होंने रोशन को अपना हारमोनियम छूने तक नहीं दिया। तब निपट हताशा की स्थिति में रोशन ने अपने पेट में दर्द का बहाना बनाया। ऐसा लग रहा था कि उनकी तबीयत खराब नहीं है, फिर भी उनके पिता ने यह पूछा, ''तुम कैसे ठीक होगे ?'' तो बालक ने कहा, ''मुझे हारमोनियम पर उँगलियाँ चलाने की अनुमति दे दो।'' इस घटना के बाद रोशन के पिता, जो स्वयं एक अच्छे तबला वादक थे, ने रोशन को एक खास नमूने का बना छोटा-सा हारमोनियम लेकर दिया।[2]

औपचारिक रूप से, उनकी प्रारम्भिक शिक्षा पंजाब के झटटांवाली कस्बे में हुई, जहाँ वे अपनी आंटी के साथ रहते थे। इस समय की एक अन्य घटना उल्लेखनीय है। 1920 के दशक में प्रारम्भिक स्कूल की भूगोल की कक्षा में पढ़ाते हुए अध्यापक ने एक ऐसे छात्र से प्रश्न पूछा, जो देखने में शर्मीला और ध्यान न देने वाला लग रहा था, ''दीवार पर जो नक्षा टंगा है उसमें लाहौर कहाँ है ?'' सात-वर्षीय शिष्य ने अपनी आँखें गढ़ाकर नक्शे की ओर देखा। यहाँ तक कि उसका चेहरा लाल पड़ गया और आँखें फूलती हई दिखाई दीं, लेकिन उसे मानचित्र में लाहौर नहीं ढूंढ मिला। अन्त में, क्रोध में, आकर अध्यापक ने इस लड़के की गर्दन पकड़ी, ऊपर हवा में उठाया और बार-बार उसका मुँह नक्शे से रगड़कर निन्दा भरे ये शब्द कहे, ''देख, यहाँ लाहौर है।''[3] यही छोटा-सा बालक, जिसने न ये जाना न ये परवाह की कि लाहौर नक्शे में कहाँ है, बाद में मशहूर फिल्म संगीतकार हुआ जिसके संगीत के आज भी लाखों प्रेमी पाए जाते हैं। अपने सांगीतिक जीवन में उन्होंने कुल 54 फिल्मों में संगीत दिया जिनमें से अधिकांश में ऐसी ध्वनियाँ भरी हुई हैं जो देश के कोने-कोने में सिनेमा दर्शकों की जुबां पर चढ़ी हुई हैं।

रोशन को स्कूल या स्कूली किताबों में कोई रुचि नहीं थी। इसलिए वह नक्शे में केवल लाहौर को ही न बता सके, बल्कि स्कूली शिक्षा से जुड़ी हुई कोई भी चीज़ उन्हें रुचिकर नहीं लगी। जबकि स्कूल के अन्य छात्रों ने अपने लिए पढ़ाई में लगाए रखा, रोशन ने उन पंजाबी गानों के टुकड़े गाए जो उन्होंने इधर-उधर सुने और उन्हें रुचिकर लगे। वो शायद स्कूल की पाँचवी कक्षा तक पहुँचे थे जब वो पंजाब छोड़कर शाहजहाँपुर (यू०पी०) में अपने पिता के पास आ गए। यहीं से उनकी संगीत-यात्रा शुरू होती है। उस समय एक प्रसिद्ध शास्त्रीय गायक मनहर बर्वे अपना कार्यक्रम देने शाहजहाँपुर आए और तब रोशन को संगीत की दुनिया में प्रवेश करने का मौका मिला। रोशन ने यह कार्यक्रम देखा और जैसे ही यह खत्म हुआ, वह बर्वे के पास पहुँचे। तब उन्होंने जैसा गाया था, उसी की जितनी अच्छी नकल कर सकते थे, करके दिखाई। हो सकता है कि बर्वे को यह सब पसन्द आया होगा, क्योंकि इसके बाद बर्वे ने रोशन के पिता से अनुमति चाही कि वो इस छोटे लड़के को अपना शिष्य बना लें और अपने साथ संगीत कार्यक्रमों में ले जाएँ।

रोशन के पिता, जो अपने व्यवसाय से ठेकेदार थे, लेकिन संगीत-प्रेमी भी थे और उन्होंने गाने बजाने के प्रति अनुराग के कारण अपना एक पुत्र खोने पर औरों की फटकार खाई थी, ने बर्वे को अनुमति दे दी कि वे रोशन को अपनी संगीत-यात्रा में शामिल कर लें। रोशन लगभग नौ वर्ष के थे जब वह संगीतकार बर्वे के साथ निकल पड़े और पेशावर, रावलपिंडी, दिल्ली, कलकत्ता व लाहौर जैसे नगरों में घूमे। छः महीने बाद रोशन ने बर्वे का साथ छोड़ दिया। तब उनके पिता उन्हें लखनऊ के मशहूर हिन्दुस्तानी संगीत के मैरिस कालेज में दाखिल करा आए। उस समय डॉ० श्रीकृष्ण रातांजनकर वहाँ के प्राचार्य थे। उन्होंने रोशन को प्रवेश दे दिया। यहीं से रोशन की संगीत को क्रमबद्ध शिक्षा प्रारम्भ हुई। रोशन के इस कॉलेज में प्रथम वर्ष पूरा होने के बाद भातखण्डे (जो हिन्दुस्तानी संगीत पर जाने-माने ग्रन्थ रचयिता और प्रकांड विद्वान थे) ने संगीत में उनकी परीक्षा ली। परीक्षा में भातखंडे ने रोशन को एक राग दिया, फिर किसी अन्य राग का एक स्वर गाया और पहचान करने को कहा। फिर, उन्होंने रोशन को कई हल्के-फुल्के सवालों में व्यस्त रखा। इसी तरह परीक्षा होती रही जिसमें रोशन ने हर सवाल का ठीक जवाब दिया और संतोषजनक तरीके से यह सिद्ध कर दिया कि संगीत के लिए उनके कानों की पकड़ बिल्कुल ठीक थी।

महाविद्यालय में पाँच वर्षों का कोर्स था, लेकिन रोशन ने चार साल के बाद यह केन्द्र छोड़ दिया और मध्य भारत में मैहर रियासत (जो अब जिला सतना की तहसील है) में आ पहुँचे ताकि आज के सुप्रसिद्ध सरोदवादक अली अकबर खाँ के पिता सुविख्यात अलाउद्दीन खाँ के शिष्य बनकर संगीत सीख सकें। कहा जाता है कि उन्हें मैहर के उस्ताद अलाउद्दीन खाँ का आर्शीवाद प्राप्त था। ऐसे प्रतिभा-सम्पन्न गुरु की कृपा और विधिवत प्राप्त संगीत शिक्षा के प्रभाववश शास्त्रीय संगीत में उनकी गहरी रुचि थी। यही कारण है कि उनकी फिल्मों के गीतों की सुगम धुनों में भी शास्त्रीय संगीत का मधुर अनुशासन बना रहा।[4]

उस्ताद अलाउद्दीन खाँ ने रोशन की दुआ कबूल कर ली और उन्हें सारंगी बजाना सिखाया।[5] खाँ साहब के पढ़ाने के कठोर परिश्रमी तरीकों की याद करके रोशन ने अपने एक सहयोगी पं० राम नारायण (सुविख्यात सारंगी वादक) को किसी समय ये बताया, जब खाँ को यह मालूम हुआ कि मैं दिन में केवल चार घण्टे संगीत का अभ्यास करता हूँ तो महान संगीतकार आग-बबूला हो गए और मुझसे कहा, ''घर वापस चले जाओ अगर पूरे दिन संगीत के लिए कम से कम दस घण्टे नहीं दे सकते।'' फल ये हुआ कि रोशन ने अपने अभ्यास के घण्टे तो बहुत नहीं बढ़ाए लेकिन जब खाँ साहब रात दस बजे से सुबह चार बजे तक संगीत बजाते थे तो वह उनके पास बैठा करते थे। रोशन ने यह समझ लिया कि अगर संगीत सीखना है तो इतनी ही तल्लीनता से काम करना पड़ेगा, चाहें आँखें गहरी नींद के बोझ से डूबने लगें, (जैसा कभी-कभी हो जाता था), फिर भी वो अपने उस्ताद का संगीत सुनते रहेंगे।[6]

लगभग सात या आठ महीनों के बाद खाँ साहब की अधीनता में रोशन का प्रशिक्षण एकदम ठप्प हो गया जब मैहर रियासत में हैजा फैल गया और मजबूर होकर रोशन को दिल्ली जाना पड़ा, वहाँ उनके सबसे बड़े भाई ने उन्हें एक स्कूल में दाखिल करा दिया। यह संगीत-स्कूल नहीं था बल्कि एक साधारण विद्यालय था। यहाँ रोशन ने अपने चार वर्ष बिताए, कभी स्कूल की पाठ्यपुस्तकों में स्वयं को उलझाकर और कभी दिलरूबा में।

मनुष्य का भाग्य उसके जीवन की दिशा निर्धारित करता है। वह नहीं जानता कि जिस दिशा में वह प्रयत्नशील है, क्या उसी दिशा में वह चलता रहेगा या उसका जीवन कोई नया मोड़ लेगा। कहावत है कि होनहार लोगों का भाग्य उनके सिरहाने मुस्कुराता रहता है जिसके फल आगे चलकर उपलब्ध होते हैं। रोशन के जीवन में भी ऐसा ही हुआ। मैट्रिक परीक्षा होने में केवल दो महीने रह गए थे जब आल इंडिया रेडियों में जैड०ए० बुखारी ने उनका दिलरूबा सुनकर उन्हें एक वादक की नौकरी की पेशकश की। रोशन ने मैट्रिक करने की इच्छा तुरन्त छोड़ दी और रेडियों की नौकरी स्वीकार कर ली जहाँ उन्हें रु० 70/- महीने का वेतन मिला। इस नौकरी में उन्होंने बारह वर्ष बिताए और तब उन्होंने जो पहली संगीत रचना प्रस्तुत की, वो रेडियों नाटक 'कृष्णचन्द्र' में एक गीत था।

यहाँ से रोशन का वह जीवन शुरू हुआ जो भाग्य ने उनके लिए निर्धारित किया था और जिससे वह सफलता की चोटी पर पहुँचे। रोशन ने संगीत की काफी अच्छी औपचारिक शिक्षा पाई और अन्य समकालीन संगीतकारों की अपेक्षा भारतीय संगीत की भी उन्हें काफी अच्छी जानकारी होने का लाभ मिला। संगीत का सैद्धान्तिक ज्ञान उनके संगीत के प्रति गहन लगाव से मिल गया जो उन्हें बचपन से ही प्यारा था। रोशन का कहना था, ''संगीत रचना ऐसी कला नहीं जो स्कूल में या किसी गुरु से प्राप्त की जाए, ये तो एक प्राकृतिक देन है।''[7]

फिल्मी संगीत जगत में प्रवेश

अपितु, आकाशवाणी की सेवा में रत होना रोशन के लिए कई प्रकार से वरदान सिद्ध हुआ। यहाँ एक बंगाली गायिका (इरा) से उनका सम्पर्क हुआ जो बाद में उनके जीवन-सम्बन्ध में परिणित हो गया। ईरा आकाशवाणी से गाती थीं और रोशन दिलरूबा पर संगत करते थे। इसी सम्पर्क ने दोनों के जीवन को आपस में जोड़ दिया और इसका एक प्रभाव यह हुआ कि आगे चलकर उनकी शैली पर बंगाली संगीत की निश्चित छाप पड़ी।[8] इसी अवधि में उनका अनिल विश्वास से सम्पर्क हुआ जो उस समय फिल्म जगत में प्रतिष्ठित संगीतकार थे। वे रोशन की कार्यकुशलता से प्रभावित हुए थे और

उन्होंने रोशन को अपना सहायक बनाने की इच्छा व्यक्त की थी। इसी आशा के आधार पर रोशन ने अपनी सारी आशाओं की बाज़ी लगा दी। कहते हैं किसी महान विभूति का संकेत ही बहुत होता है और यदि उसका सहारा मिल जाए तो प्रगति के द्वार खुल जाते हैं। अनिल विश्वास के यह शब्द रोशन के लिए देववाणी सिद्ध हुए और उनसे प्रोत्साहित होकर कुछ समय बाद उन्होंने आकाशवाणी की सेवा छोड़कर बम्बई में अपना भाग्य आजमाने का निश्चय किया।

किस्मत ने पहले से ही उनके लिए द्वार खोल दिए थे। जो लोग फिल्मी जगत में सफलता पाना चाहते हैं उनके लिए बम्बई आकर्षण का स्रोत है।[9] इसलिए रोशन ने एक फिल्म स्टूडियो की तरफ़ अपने कदम बढ़ाए। फ़िल्मी दुनियां में उनके निर्माता-निर्देशक केदार शर्मा से अच्छे सम्बन्ध थे। उन्होंने रोशन की संगीत प्रतिभा को पहचाना था। वे नये गुण की खोज में भी लगे थे। रोशन ने उनसे मुलाकात की और तुरन्त एक प्रसंविदा पर हस्ताक्षर कर दिए। ओरियंटल पिक्चर्स की केदार शर्मा द्वारा निर्देशित फिल्म 'नेकी और बदी' (1949) में रोशन ने सर्वप्रथम संगीत दिया।[10] इस फिल्म में केदार शर्मा ने स्वयं नायक की भूमिका निभाई थी और मधुबाला, गीताबाली, पेसी पेंटल, उमादत्त, कृष्णा और नज़ीर ने इसमें अभिनय किया था। जिन शब्दों को रोशन ने संगीत में सबसे पहले ढ़ाला था उन्हें केदार शर्मा ने ही लिखा था। लेकिन ये फिल्म नहीं चली।

फिर भी केदार शर्मा ने न तो इस फिल्म की विफलता की परवाह की और न अपने परिवार के सदस्यों और मित्रों के विरोध की ओर देखा। उन्होंने एक और फिल्म बनाई जिसमें रोशन को संगीत देने का अवसर दिया। फिल्म वितरकों ने केदार शर्मा को प्रतिक्षेत्र रु० 25,000/- पेश किए कि इस संगीत निर्देशक को हटा दिया जाए, लेकिन केदार शर्मा चट्टान की तरह अडिग रहे क्योंकि वह जानते थे कि वह एक उभरते हुए कलाकार को प्रोत्साहित कर रहे थे।[11] ठीक एक साल बाद जब 1950 में ओरियंटल पिक्चर्स की केदार शर्मा द्वारा निर्देशित फिल्म 'बावरे नैन' प्रदर्शित हुई, जिसमें रोशन का संगीत था, तो इसके संगीत ने धूम मचा दी। केदार शर्मा का लिखित एक गीत रोशन के संगीत से सजकर यादगार बनकर रह गया। मुकेश की आवाज में स्वरबद्ध ''तेरी दुनिया में दिल लगता नहीं वापस बुलाले'' और गीता राय के साथ गाया हुआ ''ख्यालों में किसी के इस तरह आया नहीं करते'' जैसे गीत आज भी कर्णप्रिय और मधुर लगते हैं। इस फिल्म ने रोशन का मुकद्दर रोशन कर दिया और उन्हें फिर पीछे मुड़कर देखने की स्थिति नहीं आई।

एक अन्य फिल्म निर्माता जिया सरहदी थे, जिन्होंने रोशन को बहुत प्रोत्साहन दिया। 'हम लोगों' ने संगीत के प्रति रोशन के अद्‌भुत गुण को उजागर किया और फिर 'मल्हार', 'नौबहार' और 'रागरंग' ने उनकी ख्याति को पुष्ट कर दिया। लेकिन इसके

बाद रोशन के जीवन में कुछ समय तक असफलता का अंधकार छाया रहा। उनकी कई फिल्में फ्लाप हो गई। यद्यपि उनके गीतों को जगह-जगह गाया गया, लेकिन लोगों ने यह नहीं जाना कि उनके पीछे किसका परिश्रम था। एक अरसे तक रोशन की प्रतिभा को समुचित मान्यता प्राप्त नहीं हुई। यही बेचैनी उनके भीतर के कलाकार को संघर्ष के कंटकाकीर्ण पथ पर भटकाती रही।

पाँच वर्षों तक रोशन गुमनामी के जगत में फँसे रहे। लेकिन जब 1960 में 'बरसात की रात' आई तो उसने उन्हें फिर चमका दिया। इस फिल्म का संगीत सिनेमा दर्शकों को इतना भाया कि रोशन का नाम और अधिक रोशन हो गया। इस फिल्म की कव्वाली ''न तो कारवां की तलाश है'' ने धूम मचा दी। इस सम्बन्ध में रोशन ने किसी पत्रकार के साथ भेटवार्ता में बताया, ''ये मज़े की बात है कि एच०एम०वी० ने इस फिल्म की इस कव्वाली को रिकार्ड करने से साफ़ मना कर दिया। शायद इसकी ध्वनियाँ बिल्कुल नई और भिन्न थीं और इससे भी अधिक वे शास्त्रीय धुनों पर आधारित थी।'' रोशन ने कम्पनी वालों से तर्क किया और बार-बार निवेदन किया कि वे इसकी रिकाडिंग करे। अन्त में, उन्होंने यह कहकर कम्पनी वालों को मना लिया कि वे थोड़े रिकार्ड बनाये और यह वादा किया कि अगर उन्हें बेचने में कम्पनी को घाटा होगा तो वह स्वयं उसकी पूर्ति करेंगे।[12] इसके बाद उन्होंने 'बाबर', 'आरती', 'ताजमहल', 'दिल ही तो है', 'चित्रलेखा', 'दादी माँ', 'नई उमर की नई फसल', 'देवर', 'भीगी रात', 'ममता', 'दूज का चाँद', 'बहु बेगम', 'नूरजहाँ', 'अनोखी रात' आदि अनेक फिल्मों का संगीत निर्देशन किया। उनकी सभी फिल्मों के गीत अपने समय में ही पसन्द नहीं किए गए बल्कि आज भी संगीत प्रेमियों को आकृष्ट कर रहे हैं।

रोशन के कुछ बहुत लोकप्रिय गीतों को इस प्रकार इंगित किया जा सकता है। ''तेरी दुनिया में दिल लगता नहीं'' (बांवरे नैन), ''बड़े अरमानों से रखा है बलम'' (मल्हार), ''हमें ए दिल कहीं ले चल'' (चाँदनी चौक), ''डूब गए आकाश के तारे'' (आगरा रोड), ''जीवन है मधुबन'' (अनहोनी), ''ऐ री मैं तो प्रेम दीवानी'' (नौबहार), ''जिन्दगी भर नहीं भूलेगी वो बरसात की रात'' (बरसात की रात), ''तुम एक बार मोहब्बत का'' (बाबर) ''कभी तो मिलोगी कहीं तो मिलोगी'' (आरती), ''जो वादा किया वो निभाना पड़ेगा'' (ताजमहल), ''भूले से मोहब्बत कर बैठा'' (दिल ही तो है), ''बहारों ने मेरा चमन लूटकर'' (देवर), ''ऐ माँ तेरी सूरत से अलग'' (दादी माँ), ''सजन सलोना माँग लो'' (दूज का चाँद), ''देखती ही रहो आज दर्पण न तुम'' (नई उमर की नई फसल), ''दिल जो न कह सका'' (भीगी रात), ''रहते थे कभी जिन के दिल में'' (ममता), ''हम इन्तजार करेंगे'' (बहू बेगम), ''शराबी-शराबी ये सावन का मौसम'' (नूरजहाँ), ''ओ रे ताल मिले नदी के जल में'' (अनोखी रात) आदि रोशन की संगीत साधना से परिपूर्ण अमर रचनाएँ हैं।

अपने जीवन काल में उन्होंने 54 फिल्मों में संगीत दिया जो अत्यन्त मनमोहक था और जिसमें जादुई मिठास थी। इसके अलावा, चूँकि वह हमारे परम्परागत शास्त्रीय व लोकसंगीत में अनन्य रूप से गढ़ा हुआ था, इसलिए वह चिरकालीन गुणों से भरपूर था। रोशन ने कुछ अन्य फिल्मों में भी संगीत दिया। उन्होंने 'सिंगार' में खुर्शीद अनवर की संगीत निर्देशन में सहायता की थी।[13] उन्होंने 'गुनाह' (1953) में एक गीत को स्वरबद्ध किया जबकि अन्य गीत स्नेहिल भाटकर के संगीत में बद्ध थे। उन्होंने "फिरदौस" (1953) में तीन गीतों का संगीत दिया जबकि अन्य दो रोबिन चटर्जी के संगीत में बद्ध थे। यद्यपि 'महबूबा' में उन्हीं का संगीत था, उन्होंने केवल चार गीत संगीतबद्ध किए और शेष पाँच गीत ओ०पी० नैय्यर ने। "दूर नहीं मंजिल" में उन्होंने केवल एक गीत का संगीत दिया, शेष छः गीतों का संगीत शंकर-जयकिशन ने तैयार किया।[14] रोशन का कहना था, "फिल्मों में स्तरीय सुगम संगीत देना मेरा उद्देश्य है।"[15]

संगीत के प्रति दृष्टिकोण

संगीत ईश्वरीय देन है। संगीत ॐ में समाहित सात स्वरों का वह इन्द्रधनुष है जो अनन्त काल से मानव मन को अभिभूत करता रहा है। अपनी स्वर लहरियों की ताल पर मानव हृदय को झंकृत कर देने वाला संगीत हर काल में भिन्न-भिन्न विधाओं में प्रचलित रहा है। साथ ही चलचित्र विद्या के विकास के साथ संगीत का क्षेत्र भी समृद्ध होने लगा। अनेक संगीतकारों ने अपने योगदान से फिल्मों में गीत-संगीत की परम्परा को नये-नये कीर्तिमान दिये और मन को मोहित करने वाले तथा मानस पटल पर अंकित हो जाने वाले सहस्राधिक गीतों की रचना की। इसी कड़ी में जो महान विभूतियाँ हुई उनमें हिन्दी फिल्मी गीतों में शास्त्रीय संगीत तथा लोक संगीत के माधुर्य की सुन्दर प्रतिष्ठा करने के अतिरिक्त रोशन ने हिन्दी फिल्मों में कव्वाली की भी स्वस्थ परम्परा विकसित की।

रोशन का अपने संगीत निर्देशन के विषय में विचार था, "ये एक लत है। फिल्मों का स्वाद लग जाने के बाद हम कहीं और काम करने की क्षमता खो बैठते हैं।"[16] अपने व्यवसाय के प्रति उन्हें शिकायत थी, "फिल्म उद्योग की स्मरण शक्ति बहुत छोटी है और इसमें इतना साहस नहीं है कि वो बीते हुए दिनों के फैंके हुए मोतियों को फिर से उठाए, उन पर जमी धूल को हटाए, और फिर उन्हें नई चमक व सरसता जीवन दे।"[17]

रोशन के संगीत की मेलॉडी, उसकी मीठी व अवर्णनीय भावनाओं ने उनकी रचनाओं को सर्वदा सौन्दर्य व प्रसन्नता की वस्तु बनाए रखा। जब उनसे यह प्रश्न पूछा गया कि उन्हें एक संगीत रचना में कितना समय लगता है तो उनका जवाब था, "ऐसा कोई निश्चित नहीं है। कभी-कभी पाँच मिनट लगते हैं और कभी-कभी महीनों"।

उनका यह भी कहना था, ''फिल्म संगीत को लोकप्रिय बनाने में संगीत की तरह शब्द भी उतने ही महत्त्वपूर्ण है और सफल गीत वही होता है जिसमें शब्द और संगीत अपने मन और भाव में एक दूसरे से मेल खाने चाहिए।''[18] एक कुशल संगीतकार होने के नाते उनकी यह भी कोशिश रही कि शब्दों के भाव को संगीत के स्वरों से यथासम्भव समन्वित किया जाए। इसलिए वो अपना संगीत बनाने से पहले यह जान लेते थे कि चित्रपट पर किन अभिनेताओं के लिए पार्श्वगायन दिया जाना है और तभी वो अपने गायक या गायिका का चयन करते थे। यह ठीक है कि उन्हें मुकेश व लता की आवाजें बहुत प्रिय थीं, लेकिन उन्होंने जहाँ ठीक समझा वहाँ राजकुमारी, गीतादत्त, आशा, तलत, रफ़ी, मन्नाडे, सुमन कल्याणपुर, एस०डी० बातिश इत्यादि की आवाजों का भी उपयोग किया। यहाँ ध्यान देने योग्य बात यह है कि वह गायक व गायिकाओं के गले का धर्म बखूबी पहचानते थे और उसी के अनुसार अपने गीतों, गज़लों, भजनों व कव्वालियों आदि में उनका उपयोग करते थे।[19]

किसी गीत को संगीतबद्ध करने में वाद्य वृन्द का भी महत्त्वपूर्ण योगदान होता है। इस दिशा में भी रोशन को महारत हासिल थी। विशिष्टता की बात यह है कि वह बड़ी सावधानी से केवल उतना ही वाद्यवृन्द प्रयोग में लाते थे जितना आवश्यक हो। साजों की मात्रा पर नहीं बल्कि उनके गुणात्मक पक्ष की ओर उनका ध्यान रहता था ताकि अच्छे से अच्छा प्रभाव उत्पन्न किया जा सके।[20] पार्श्व संगीत के विषय में उनका विचार था, ''निर्माता लोग संगीत निर्देशकों को सोचने की बहुत कम गुंजाइश छोड़ते हैं। इसलिए फिल्मों में पार्श्व संगीत उपेक्षित रह जाता है।'' रोशन का कहना था, ''ईमानदार संगीतकार वह है जो अच्छा काम करके उसका पुरस्कार लेने में विश्वास करता है। जब मैं कोई धुन बनाने में सफल हो जाता हूँ, तो मैं अपने को बादशाह समझता हूँ। जब मैं ऐसा नहीं कर पाता, तो ऐसा लगता है कि मैं अपनी कार में बैठने का भी अधिकारी नहीं हूँ।''[21]

यदि स्वतन्त्रता के बाद के चरण में संगीतकारों में योगदानों की आज के संगीतकारों के योगदान से तुलना की जाए तो हमारे मन पर यह निश्चित प्रभाव पड़ता है कि पिछली पीढ़ी के कलाकारों ने अपनी कला की गुणवत्ता को किसी न किसी उच्च स्तर पर बनाए रखा। यदि यह बात अन्य प्रमुख संगीतकारों के बारे में कही जा सकती है तो वह रोशन के सम्बन्ध में भी खरी उतरती है। उन्होंने अपने संगीत को एक स्तर प्रदान किया और अनेक असफलताओं के बावजूद भी उन्होंने किसी पतनग्रस्त प्रवाह के साथ समझौता नहीं किया। यही कारण है कि अगर शुरू में 'बावरे नैन' या 'मल्हार' (1950-51) के संगीत ने उन्हें बहुत ऊपर उठाया तो 'ममता' या 'बहू बेगम' (1966-67) में भी उनके योगदान का वही उच्च स्तर दिखाई देता है। यह कहना अनुपयुक्त नहीं होगा कि इसी तथ्य के कारण उन्हें पिछली पीढ़ी के महान संगीतकारों में गिना

जाता है तथा उनके और वर्तमान पीढ़ी के संगीतकारों के बीच अन्तर की रेखा स्पष्ट खींची जा सकती है।

संक्षेप में, रोशन के लगभग 20 वर्ष के फिल्मी जीवन में तीन चरण देखे जा सकते हैं। पहला चरण (1949 से 1955) का है जिसमें पहली फिल्म 'नेकी और बदी' (1949) की असफलता को छोड़कर आगे—बावरे नैन, बेदर्दी, मल्हार, हम लोग में उत्तरोत्तर लोकप्रियता मिलती चली गई जिससे वह प्रथम श्रेणी के संगीत निर्देशकों में अपना स्थान बना सके। दूसरे चरण (1955 से 1960) में उन्हें अनेक बार असफलता के धक्के लगे। आश्चर्य की बात है कि कुछ फिल्में सफल नहीं हुई जैसे—घर-घर में दीवाली, जशन, टकसाल, रंगीन रातें, आँगन, दीप जलता रहे, जबकि उनका संगीत अपने आप में विशेषता लिए हुए था परन्तु जो लोग एकचित्त व दृढ संकल्प होकर कार्य करते हैं वे ऐसी अप्रत्याशित दुर्घटनाओं में हतोत्साहित नहीं होते। इसलिए अपने जीवन के अन्तिम चरण (1960 से 1967) में उन्होंने फिर सफलता की उन्हीं उँचाइयों को छू लिया जो अन्य संगीतकार प्रतिष्ठित कर चुके थे। संतोष की बात है कि अन्तिम चरण में उन्होंने वही स्वर्णिम युग देखा जिसकी वह आकांक्षा कर रहे थे।

व्यक्तित्व

फिल्मी दुनिया के शोरशराबे में रोशन हमेशा शान्तिभरे किन्तु किसी विशेष सन्देश की ओर अपने कान लगाते हुए दिखाई दिए। उन्होंने आत्म प्रचार के प्रचलित मान्य तरीकों को कभी पसन्द नहीं किया, क्योंकि उन्हें ये आशा थी कि उनके काम स्वत: प्रशंसा के पात्र बनेंगे। उनके भीतर एक कलाकार की सच्ची रचनात्मक शक्ति छिपी हुई थी और वो थी अपनी रचनाओं के प्रति तल्लीनता का भाव। ऐसा कहा जाता था कि यदि कोई किसी शरमीले, स्नेह-योग्य और शांत स्वभाव के व्यक्ति से बम्बई में अप्रत्याशित स्थान पर मिलता या किसी कला की प्रदर्शनी में होता तो सम्भवत: वहाँ रोशन से मुलाकात हो जाती। यो वह सबसे अलग रहने वाले भी नहीं थे। जहाँ किसी ने कोई गीत गाया, उन्होंने हारमोनियम उठाया और साथ देने लगे। ऐसे ही एक फिल्मी पार्टी में वह गाने लगे जिससे सुनने वालों को बहुत अच्छा लगा। उनके स्वभाव में कभी कड़वाहट नहीं आई। उन्होंने किसी के बारे में बुरा नहीं कहा और न ही किसी और ने उनके बारे में।[22]

कर्क राशि वाले रोशन स्वभाव से धार्मिक तथा मन्द गति से कार्य करने वाले व्यक्ति थे। एक बार अपने बारे में बताते हुए उन्होंने कहा, ''मेरा स्वभाव अद्‌भूत है। कभी-कभी मैं तेज़ हो जाता हूँ। झूठ बोलने वाले लोगों पर मुझे गुस्सा आ जाता है और मैं तुरन्त उनका झूठ पकड़ लेता हूँ।''[23] रोशन से जब यह पूछा गया कि उनकी रुचि क्या है ? उनका जवाब था, 'सोचना-विचारना'। वह कहते थे, ''मैं ग़मग़ीन स्वभाव क

आदमी हूँ। ग़म मुझे अच्छा लगता है और मैं चाहता हूँ कि अपने थोड़े से दुर्भाग्यों का प्रदर्शन करूं।'' एक उदाहरण देते हुए उन्होंने कहा, ''एक बार डायरेक्टर राज खोसला अपनी फिल्म के बारे में बात कर रहे थे और बोले, ''अब मेरी फिल्म चल गई। बहुत अच्छा हुआ। मैं नहीं कह सकता कि आगे मैं क्या करूंगा।'' इस पर रोशन की शोक भरी यह प्रतिक्रिया हुई, ''मेरी फिल्म भी सफल हो गई, लेकिन अगर ये न होती तो।''[24]

कलाकारों में गुणों व अवगुणों का असाधारण मेल होता है लेकिन हर कलाकार आत्मसम्मानी व खुद्दार स्वभाव का होता है। इसलिए वो अपनी उपलब्धियों की प्रशंसा सुनना चाहता है। रोशन के साथ भी ऐसा ही था। उन्हें अपनी प्रशंसा सुनना बहुत पसंद था। उनके यहाँ रोज महफिल जमती थी जहाँ दूसरे लोगों के अलावा साहिर लुधियानवी भी होते थे। रोशन किसी गीत की धुन बनाकर सुनाते थे। एक धुन पर दाद नहीं मिलती तो दूसरे धुन बनाते, धुन पर धुन बनाते जाते। रात बीतती जाती, यदि कोई मित्र उठना-चाहता तो रोशन किसी भी हालत में उसे जाने नहीं देते। उनके सभी सहयोगी इस स्थिति से परिचित थे। जब साहिर को उठना होता, तो वह कहते थे। ''वाह क्या कमाल की धुन बनाई है, रोशन साहब आपने .... भई कमाल कर दिया।'' इतनी दाद पाने के बाद ही रोशन साहिर या किसी अन्य सहयोगी को जाने देते थे। यदि कोई बिना दाद दिए उठना चाहता तो वह उसे जाने नहीं देते थे। वह संगीत के मामले में किसी से कम नहीं थे। एक से बढ़कर एक धुनें उन्होंने बनाई जिनका मुकाबला आसानी से नहीं किया जा सकता।[25]

यह भी उल्लेखनीय है कि इतने बड़े कलाकार होने के बावजूद उनका अपना पारिवारिक जीवन भी था और उसके प्रति उनका लगाव कम नहीं था। उपलब्ध सामग्री से विदित होता है कि वह अपनी पत्नी (ईरा) तथा बच्चों के साथ समय व्यतीत करते थे। कुछ ऐसे चित्र मिलते हैं जिनसे यह विदित होता है कि वो अपने बच्चों को भी इस कला में निपुण बनाना चाहते थे। उसी का परिणाम है कि उनके एक पुत्र (राजेश) ने उनका स्थान लिया[26] और दूसरे पुत्र (राकेश) अभिनेता व निर्देशक हुए। यदि रोशन बाहर की दुनिया में व्यस्त रहे तो ईरा घर का सारा कामकाज सम्भालती थीं मानों दोनों के बीच कोई सहर्ष समझौता हो गया हो। लेकिन रोशन का उनकी ओर ध्यान बना रहा। जब कोई आगन्तुक उनके घर आता, तो घर की स्वच्छता देखकर दंग रह जाता था। कुछ हास्य और कुछ कटाक्ष भरे शब्दों में रोशन ने एक बार अपनी यह प्रतिक्रिया व्यक्त की, ''अगर उनकी पत्नी का वश चले तो फर्श का एक-एक पत्थर निकाले, उसे धोए और फिर लगाए।''[27]

रोशन के संगीत से सजी फिल्मों की तालिका

क्रम	फिल्म	वर्ष
1.	नेकी और बदी	1949
2.	बावरे नैन	1950
3.	बेदर्दी	1951
4.	मल्हार	1951
5.	हम लोग	1951
6.	अनहोनी	1952
7.	नौबहार	1952
8.	रागरंग	1952
9.	शीशम	1952
10.	संस्कार	1952
11.	आगोश	1953
12.	मालकिन	1953
13.	माशूका	1953
14.	चाँदनी चौक	1954
15.	बराती	1954
16.	बाप बेटी	1954
17.	महबूबा	1954
18.	घर-घर में दीवाली	1955
19.	छोरा छोरी	1955
20.	जशन	1955
21.	टकसाल	1956
22.	रंगीन राते	1956
23.	आगरा रोड	1956
24.	काफी हाऊस	1957
25.	दो रोटी	1957
26.	अजी बस शुक्रिया	1957
27.	आंगन	1959
28.	दीप जलता रहे	1959
29.	मधु	1959
30.	मैंने जीना सीख लिया	1959
31.	सी०आई०डी० गर्ल	1959
32.	हीरा मोती	1959
33.	बरसात की रात	1960
34.	बाबर	1960
35.	वारंट	1961
36.	आरती	1962
37.	सूरत और सीरत	1962
38.	वल्लाह क्या बात है	1962
39.	ज़िन्दगी और हम	1962
40.	कामर्शियल पायलट आफिसर	1963
41.	दिल ही तो है	1963
42.	ताजमहल	1963
43.	चित्रलेखा	1964
44.	दूज का चाँद	1964
45.	बेदाग	1965
46.	भीगी रात	1965
47.	नई उमर की नई फसल	1965
48.	दादी माँ	1966
49.	देवर	1966
50.	ममता	1966
51.	बहू बेगम	1967
52.	नूरजहाँ	1967
53.	अनोखी रात	(1967-68)
54.	राजा बेटा	××

×× इस फिल्म के निर्माण के वर्ष के बारे में जानकारी उपलब्ध नहीं है। हरमिंदर सिंह 'हमराज' द्वारा लिखित 'हिन्दी फिल्म गीत कोश' खण्ड तीन के परिशिष्ट—1 के आधार पर।

16 नवम्बर 1967 की शाम को निर्माता-निर्देशक हरि वालिया के पास इन्दौर से एक तार आया जिसमें लिखा था कि उनकी फिल्म 'लाटसाहब' वहाँ बहुत अच्छी चली। रोशन ने इस फिल्म में संगीत नहीं दिया था, लेकिन लगभग बीस वर्षों से उनकी वालिया के साथ मित्रता चली आ रही थी। इसलिए वालिया ने अपनी पत्नी से कहा, ''टेलीफोन पर रोशन को यह अच्छी खबर सुना दो।'' उस रात बम्बई में 'ज्वैल थीफ' का पहला शो देखने की तैयारी कर रहे थे, लेकिन उन्होंने अपनी पत्नी के साथ पहले वालिया और उनकी पत्नी से मिलना पसन्द किया। उन्होंने सिनेमा के टिकट अपने बच्चों को दे दिए और 'लाट साहब' के निर्माता से घर पर मिलने के लिए वरली की ओर चल पड़े।

वालिया ने रोशन का बड़े उत्साहपूर्वक स्वागत किया। रोशन वालिया से हाथ मिलाने को उठे और फौरन बैठ गए, कुछ नहीं बोले। वालिया बोले, 'रोशन, क्या हुआ' और उनकी कुर्सी की ओर बढ़े। हताश होकर उन्होंने देखा कि वह मशहूर, शिष्ट और विनम्र संगीत रचयिता हृदयगति रुक जाने से संसार छोड़ चुका था। 16 नवम्बर को रोशन ने अपना अन्तिम गीत रिकार्ड कर दिया था जोकि वालिया की फिल्म 'दूर नहीं मंजिल' के लिया था। सुमन कल्याण की आवाज में गीत इस प्रकार था ''ले चल गाड़ी........दूर नहीं मंजिल''। तब कोई नहीं जानता था कि रोशन अपनी अन्तिम मंजिल के बहुत करीब पहुँच चुके हैं।[28]

फारसी के एक सुप्रसिद्ध शायर शेख सादी ने फरमाया है, ''नाम वह होता है जो कोई स्वयं रखता है या कमाता है, जो माता-पिता रखते हैं वह नाम नहीं निशान होता है।'' लेकिन संगीतकार रोशन इससे आगे निकल गए। माता-पिता ने जो 'निशान' रखा था उन्होंने उसी को अपने नाम में बदल दिया। ऐसे बहुत कम उदाहरण मिलते हैं जहाँ लोग अपने नाम के अर्थ को सार्थक कर देते हैं। घोर तपस्या व साधना का फल पाने वाले इस संगीतकार ने इस शेर के भावार्थ को सार्थक किया—

''खुद को जो ज़ेरे हलक-ए गर्दाब ले गया,
इस बहर से वो गौहरे नायाब ले गया''।

(अर्थात् जो व्यक्ति भंवर में कूदकर तले तक चला जाएगा, वही सागर से दुर्लभ मोती लेकर निकल सकेगा।)

कलाकारों के जीवन में कब और क्या परिवर्तन आ जाएगा, यह उन्हें भी ज्ञात नहीं होता। अतीत और वर्तमान में न जाने कितने कलाकारों के नाम चमके, बुझे, फिर चमके, फिर बुझे और फिर इसी क्रम में न जाने कितने नाम सदा के लिए भुला दिए गए। 16 नवम्बर 1967 का वह क्रूर दिन आया जब लोकप्रिय संगीतकार रोशन अचानक

इस भौतिक संसार को छोड़ गए। वह संगीतकार जिसने अपनी मधुर व मोहक धुनों से करीब 20 वर्षों तक संगीत प्रेमियों को मोहित किया, उसकी जीवन वीणा सदा के लिए मौन हो गई अपितु इस मौत से उनकी चिर प्रतीक्षित मनोकामना पूरी हुई। वह अक्सर अपनी पत्नी ईरा से कहा करते थे—"मेरी मौत ऐसे समय हो जब मैं अपने कैरियर की चोटी पर पहुँचू।" और वैसा ही हुआ। इधर 'अनोखी रात' के गीत लोकप्रियता की चरम सीमा पर थे उधर वो चल बसे और पीछे छोड़ गए सुरीली, कर्णप्रिय व मादक धुनों का भरपुर संग्रह अपने संगीत प्रेमी श्रोता जगत के लिए।[29]

रोशन के गुज़र जाने से फिल्मी संगीत जगत को भारी क्षति हुई। वह ऐसे संगीतकार थे जिन्होंने अपनी अद्‌भुत लोकप्रियता से रागों में ऐसी मधुरता पैदा की जिससे हमारे फिल्मी संगीत में उस समय सम्मानपूर्णता की लहर आई जब यही संगीत धूमधड़ाके के स्तर पर उतर चुका था। उनके संगीत में पुरानी व नयी तर्ज़ों को मिलाने का ऐसा गुण था कि उन्होंने अपना संगीत अनोखा बनाया और ऐसा करने में न तो अपनी गुणवत्ता को गिरने दिया और न ही वह ध्वनिबद्धता के जाल में फँसे। वह ऐसे संगीतकार नहीं थे जो अपने गुणों को जोर शोर से दिखाने के लिए पॉप धुनों से सौदेबाजी करें। उन्होंने अपने जीवन के सर्वश्रेष्ठ वर्ष फिल्मी संगीत को दिए और ध्वनियों की ऐसी श्रृंखला बनाई जिनकी छवि हमेशा बनी रहेगी।

सन्दर्भ

1. डॉ० हरिशचन्द्र पाठक, 'मेला सात सुरों का', माधुरी, 29.10.82, पृ० 39.
2. 'बीहायन्ड दी स्क्रीन', फिल्मफेयर, 10 अगस्त 1962, पृ० 34.
3. वही
4. सन्दर्भ—1
5. बम्बई में पं० रामनारायण से शोधकर्ता की भेंटवार्ता पर आधारित 23.2.1995 को.
6. यह भी उल्लेखनीया है कि रोशन ने इसके बाद उस्ताद बुन्दु खाँ से कुछ समय तक सारंगी वादन सीखा। डॉ० प्रकाश कामत 'कहाँ हो तुम जरा आवाज दो', सकाल (मराठी), 16.11.91.
7. सन्दर्भ—2
8. सन्दर्भ—6
9. प्रो० भास्कर चन्द्रावरकर ने बताया, "महेश कौल (निर्माता व निर्देशक) ने मुझे बताया था कि रोशन बम्बई में फिल्मों में अभिनय करने आये थे। सम्भवत: उनकी छवि फिल्मी अभिनेता बनने योग्य नहीं थी। इसलिए महेश कौल ने उन्हें सुझाव दिया कि वे फिल्म संगीत के क्षेत्र में आएँ तो अच्छा होगा। रोशन ने उनसे कहा, "फिल्मों में जो काम

मिलेगा वहीं करूँगा।'' वे अच्छा गा लेते थे और हारमोनियम भी बजा लेते थे। इसलिए उन्होंने महेश कौल के सुझाव को मान लिया और संगीत जगत के क्षेत्र में चले गए।'' (पुणे में शोधकर्ता के साथ की भेंटवार्ता पर आधारित, दिनांक 21.2.95)

10. यह एक तथ्य है कि केदार शर्मा ने इस फिल्म में संगीत देने को स्नेहिल भाटकर को चुना था लेकिन रोशन द्वारा बनी कुछ धुने उन्हें अच्छी लगी, तब स्नेहिल ने स्वयं पेशकश की कि इस कार्य के लिए रोशन को ही चुन लिया जाए। (डॉ० प्रकाश कामत—''कहाँ हो तुम जरा आवाज दो'' सकाल (मराठी) पुणे, 16.11.91)
11. 'सक्सेसफुल यट ग्लूमी', फिल्मफेयर, 15 अप्रैल, 1967, पृ० 21.
12. वही
13. वही
14. दिलीप कुकडे 'स्वर प्रकाशी रोशन' केसरी (मराठी), पुणे, 16.7.92, पृ० 4
15. अशोक पी० काले, 'रोशन्स मेलाडी बियांड टायम', फ्री प्रेस जरनल, मुम्बई, 13 नवम्बर, 1992
16. सन्दर्भ—11
17. वही
18. सन्दर्भ—2
19. 'न तो करवाँ की तलाश है', केसरी (मराठी) पुणे, 27.6.91, पृ० 4
20. सन्दर्भ—14
21. सन्दर्भ—2
22. 'हिज लास्ट मंजिल', फिल्मफेयर 8 दिसम्बर, 1767, पृ० 21
23. सन्दर्भ—11
24. वही
25. चाँद खाँ रहमानी, 'फिल्मी संगीत के अमर शिल्पी', जनसत्ता, दिल्ली 27.9.91, पृ० 7
26. रोशन के पुत्र राजेश रोशन को अनेकों फिल्मों में संगीत देने का श्रेय प्राप्त है। 'कुंवारा बाप', 'जूली', 'स्वामी', 'दूसरा आदमी', 'खून भरी माँग', 'खेल', 'करन-अर्जुन' आदि फिल्मों में उनके संगीत ने उन्हें उस चोटी तक पहुँचाया है जिसकी सभी अपेक्षा करते हैं। यद्यपि राजेश वाद्यवृन्द पूर्ण समर्थन पर बहुत अधिक निर्भर रहते हैं, उनकी रचनाओं में मेलाडी व सरलता बनी रहती है। इसका कारण यह है कि वो अपने गायक व गायिकाओं तथा अपने संगीत वाद्ययन्त्रों से यथासम्भव श्रेष्ठ तत्व निकालने की कोशिश करते हैं। वे अपने पिता की शैली से पूर्णतया स्वतन्त्र होने का दावा नहीं कर सकते। राजेश ने स्वयं यह माना है, ''मैंने अपने पिता के चरणों में संगीत की कला सीखी, मैं अपने पिता की संगीत रचना के समय तबला बजाकर सहायता करता था तो मैं यह कैसे कह सकता हूँ कि मेरी शैली उनकी शैली से भिन्न है।'' अपने पिता की मृत्यु के बाद राजेश ने स्कूली शिक्षा छोड़ दी ताकि वह संगीत की परम्परा को आगे चला सके। उनकी माँ (ईरा रोशन) जो स्वयं गायिका व संगीतकार हैं, (उन्होंने

'अनोखी रात' में पति की मृत्यु के बाद संगीत को पूरा किया) ने ही अपने इस पुत्र को प्रोत्साहित किया। एक गीतकार व परिवार के मित्र आनन्द बख्शी की सहायता से राजेश ने लक्ष्मी-प्यारे के वाद्यवृन्द में प्रवेश किया जिनके साथ उन्होंने पाँच साल तक कार्य किया और इस अवधि में संगीत के बारे में अपने प्रारम्भिक ज्ञान को संचित किया। उन्हें पूरा विश्वास है कि वो अपने पिता 'रोशन', जिसका अर्थ है ख्याति, के नाम की मर्यादा बनाए रखेगें।

इल्लस्ट्रेटड वीकली ऑफ इण्डिया, मुम्बई, 22 जून, 1975.

27. सन्दर्भ—11
28. सन्दर्भ—22
29. चन्द्र प्रकाश माथुर, 'भारतीय संगीत के उपासक रोशन', हरमंदर सिंह 'हमराज' द्वारा सम्पादित लिसनर्स बुलेटिन, कानपुर, अक्टूबर-नवम्बर, 1973, अंक 13, पृ० 15.

अध्याय : 3

गीतों का वर्गीकरण व सूची

अभी साज़े दिल में तराने बहुत हैं,
अभी जिंदगी के बहाने बहुत हैं,
दरे ग़ैर पर भीख न मांगों फ़न की,
जब अपने ही घर में खज़ाने बहुत हैं।

....नौशाद

पिछले अध्याय में संगीतकार रोशन के संक्षिप्त जीवन परिचय का उल्लेख करते हुए उनके द्वारा निर्देशित 54 फिल्मों की क्रमानुसार तालिका प्रस्तुत की गई है जो 1949 की 'नेकी और बदी' से लेकर 1967-68 की 'अनोखी रात' तक चलती है। इस अध्याय में उसी तालिका का विस्तृत विवरण प्रस्तुत किया गया है जिसमें हर फिल्म से सम्बन्धित पूर्ण जानकारी दी गई है। साथ ही तालिका के बाद कुछ चुनींदा गीतों का विधानुसार वर्गीकरण भी प्रस्तुत किया गया है। इस शृंखला में फिल्म-निर्माताओं, गीतकारों, गायकों व गायिकाओं को भी सूचीबद्ध किया गया है तथा रिकार्डों के नं० भी दिए गए हैं। अतः इस अध्याय में प्रस्तुत सामग्री को देखकर यह विदित हो जाता है कि इस महान संगीतकार का फिल्म संगीत के क्षेत्र में क्या योगदान है। इस सम्बन्ध में उल्लेखनीय तत्व यह है कि रोशन ने अपने समय के अनेक प्रमुख गीतकारों के गीतों को स्वरबद्ध किया तथा सभी अच्छे गायकों व गायिकाओं की आवाजों का उपयोग किया ।इसे देखने से यह तथ्य भी उजागर होता है कि सुगम संगीत से लेकर ठोस शास्त्रीय संगीत की सभी विधाओं का प्रयोग किया गया है। संक्षेप में, रोशन ने संगीत से सम्बन्धी कोई ऐसी विधा या क्षेत्र को नहीं छोड़ा जिसे अछूता कहा जा सके।

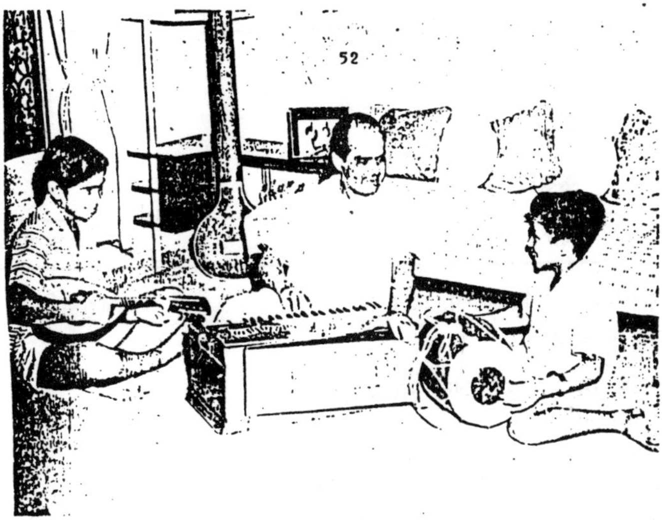

फिल्म संगीतकार रोशन अपने पुत्रों के साथ

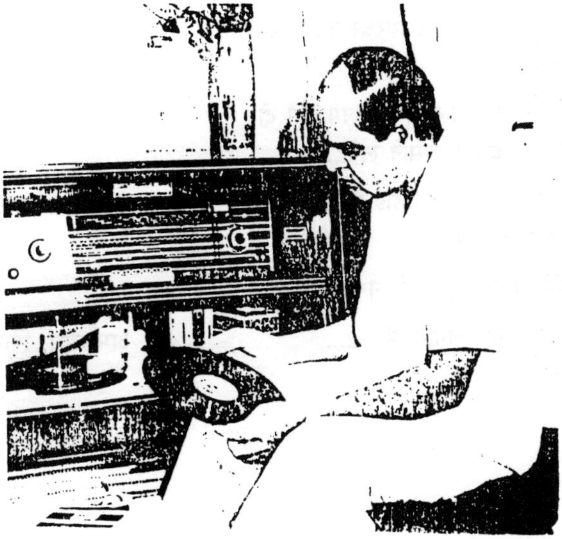

रोशन अपने संगीत कक्ष में

नेकी और बदी (1949)

ओरियन्टल पिक्चर्स, बम्बई

संगीतकार : रोशन

निर्देशक : केदार शर्मा

गीतकार : केदार शर्मा

गीत की पंक्ति	*गायक/गायिका*
1. दिल वालों ओ दिलवालों, दिल की बातों में न आना...	राजकुमारी, साथी
2. मन में प्रेम को ज्योति जले, मेरे जीवन में अधियारा....	
3. ऐ री जा, ले आ, मोरे कंत का संदेशवा...	
4. हमें न रोको, हमें उनके पास जाने दो...	अमीरबाई
5. चाँद हँसा आकाश पे और तारों में इशारे होने लगे...	अमीरबाई
6. जमुना तट पर नटवर गिरधर श्याम बंसी मधुर बजा...	राजकुमारी, फिरोज दस्तूर
7. हमें भाने लगे दिल लुभाने लगे, लो दो सपनों की दुनिया बसाने लगे...	राजकुमारी
8. राम दुहाई हाय राम दुहाई ऐसी ढीठ सजनी मैं भरपाई...	आशा, राजकुमारी, साथी
9. ओ मेरे छैल छवीले तेरे नैन रसीले...	अमीरबाई
10. क्यों जी 'सेंट' लगाया है—2...	अमीरबाई, फिरोज दस्तूर

बावरे नैन (1950)

ऐम्बिशस पिक्चर्स, बम्बई

संगीतकार : रोशन

निर्देशक : केदार शर्मा

गीतकार : केदार शर्मा, 'शारदा' (हिम्मत राय), बृजेन्द्र नाथ गौड़

गीत की पंक्ति	*गायक/गायिका*
1. ओ ईचक बीचक चुर, दिल उड़ गया बाबू फुर...	शमशाद बेगम
2. सुन बैरी बलम सच बोल रे, अब क्या होगा...	राजकुमारी
3. मुझे सच-2 बता दो, क्या, कि कबदिल में समाए थे...	राजकुमारी, मुकेश
4. घिर-घिर के आस्मां पर छाने लगी घटाए...	राजकुमारी
5. क्यूँ मेरे दिल में दर्द बसाया जवाब दो...	राजकुमारी
6. खयालों में किसी के इस तरह आया नहीं करते...	गीताराय, मुकेश
7. मेरे रूठे हुए बलमा, मेरे रूठे हुए चन्दा...	राजकुमारी
8. मुहब्बत के मारो का हाल ये दुनिया में होता है...	आशा, रफी
9. तेरी दुनिया में दिल लगता नहीं वापस बुला लें...	मुकेश

बेदर्दी (1951)

रणजीत मुवीटोन, बम्बई

संगीतकार : रोशन

निर्देशक : केदार शर्मा

गीतकार : एस०एच० बिहारी, बूटाराम शर्मा, ईश्वर चन्द्र कपूर, केदार शर्मा।

गीत की पंक्ति	*गायक/गायिका*
1. मोरे तुमसे, हो हो तोरे मुझसे उलझ गए नैना...	गीतादत्त
2. शबेगम सुबह हो गई रोते-रोते...	शमशाद बेगम
3. दो प्यार की बाते हो जाए, हो इक तुम कह दो इक हम कह दे...	गीतादत्त
4. उन्हें अपना बला लेना, मुझे दिल से भूला देना...	गीतादत्त
5. ओ सर से चुनरिया रामा होए, सर-4 सरके रे...	शमशाद बेगम
6. बालम कितना जालिम होए, के इसको तरस न आए...	शमशाद, सखियाँ
7. आँखों से पूछ लो कि जिन्हें इन्तजार है...	गीतादत्त
8. दिल ने तो दिया धोखा, मुहोब्बत ने सजा दी...	मुकेश
9. ननदिया जाने न दे, मोरी जनम-2 की प्रीत री...	

मल्हार (1951)

डारलिंग फिल्मस, बम्बई

संगीतकार : रोशन

निर्देशक : हरीश

गीतकार : इंदीवर, कैफ इरफानी, श्याम लाल।

गीत की पंक्ति	*गायक/गायिका*
1. बड़े अरमानों से रखा है बलम तेरी कसम...	लता, मुकेश
2. एक बार अगर तू कह दे तू है मेरी कि मैं हूँ तेरा...	लता, मुकेश
3. कहाँ हो तुम जरा आवाज दो हम याद करते हैं...	लता, मुकेश
4. होता रहा यूँ ही गर अंजाम वफा का....	मुकेश
5. बसा ली दिल में तेरी याद... तारा टूटे दुनिया देखे...	मुकेश
6. दिल मुझे दिया या रखने को तूने दिल को जला के...	मुकेश
7. मुहब्बत की किस्मत बनाने से पहले	लता मंगेशकर
8. कोई तो सुने मेरे गम का फसाना	लता मंगेशकर
9. गरजत बरसत मेघ....(शीर्षक गीत)	लता मंगेशकर

हमलोग (1951)

रणजीत मुवीटोन, बम्बई

संगीतकार : रोशन

निर्देशक : जिया सरहदी

गीतकार : विश्वामित्र आदिल, उद्धव कुमार

गीत की पंक्ति	*गायक/गायिका*
1. चली जा-3, छोड़ के दुनिया, गमों की दुनिया, आहों की दुनिया...	लता मंगेशकर
2. जिन की परेशानिया इश्क को बीमारियाँ, कौन सुनेगा मेरी दर्द भरी...	मुकेश
3. छम-छम बाजे पायल मोरी आ जा चोरी-2, आजा चोरी-2...	लता मंगेशकर
4. अपनी नजर से उनकी नजर एक, एक जमाना एक फसाना	मुकेश
5. बहे अंखियों से धार जिया मेरा बेकरार, सुनो-2 दिल्दार...	लता मंगेशकर
6. भीगी-3 यो-3 कहाँ चली कहाँ चली, कहाँ चली, मै तो चली रे...	शमशाद, दुर्रानी
7. ऐ चला जा-2 इक दिन तेरा भी जमाना आयेगा...	लता, दुर्रानी, साथी
8. बहुत बुरा है हाल तेरे मजबूरन, कब टूटेगा फासला दूर का...	लता मंगेशकर

अनहोनी (1952)

नया संसार, बंबई

संगीतकार : रोशन

निर्देशक : ख्वाजा एहमद अब्बास

गीतकार : शैलेन्द्र, संतोषी, सत्येन्द्र अत्थैया, जे० नक्शब, सरदार जाफरी

गीत की पंक्ति	*गायक/गायिका*
1. मैं दिल हूँ इक़ अरमान, तू आके मुझे पहचान जरा ...	तलत महमूद
2. समाके दिल में हमारे जरा ख्याल रहे...	लता, तलत
3. कहा है उन्होंने यह राजे मुहब्बत...	लता मंगेशकर
4. मेरे दिल की धड़कन क्या बोले, क्या बोले...	लता, तलत
5. शरीफों की महफिल में दिल गया चोरी...	राजकुमारी
6. जिंदगी बदली मुहोब्बत का मजा आने लगा...	लता, राजकुमारी
7. इस दिल की हालत क्या कहिए जो शाद भी है...	लता मंगेशकर

नौबहार (1952)

न्यू प्रीमियर पिक्चर्स, बम्बई

संगीतकार : रोशन

निर्देशक : पं० आनन्द कुमार

गीतकार : शैलेन्द्र, सत्येन्द्र अत्थैया, जे० नक्शब

गीत की पंक्ति	*गायक/गायिका*
1. फूल चुन ले मेरे बालम कि जाने कब डाल झुके...	लता मंगेशकर
2. कजरारी मतवारी मदभरी दो अखिया....	राजकुमारी
3. ना मैं जानू ...ऐ री मैं तो प्रेम दिवानी मेरा दर्द न जाने ...	लता मंगेशकर
4. उनके बुलावे पे दिल मेरा डोले, जाऊँ तो मुश्किल...	लता मंगेशकर
5. किसी सूरत लगी दिल की बहल जाए तो अच्छा हो...	तलत महमूद
6. देखो जी मेरा जिया चुराय लिए जाए...	लता मंगेशकर
7. कहाँ है तू कहाँ है मेरी दूनिया लूटने वाले...	लता मंगेशकर
8. भटके हुए मुसाफिर वो पास नही, मजबूर है दिल...	लता मंगेशकर
9. मिला नजर को तेरा इंतजार तू न मिला....	

रागरंग (1952)

बाली मिस्टर्स, बम्बई

संगीतकार : रोशन

निर्देशक : दिगविजय

गीतकार : सरशार सैलानी, संतोषी, प्रकाश बक्शी, कैफ इरफानी।

गीत की पंक्ति	*गायक/गायिका*
1. शक नहीं रुपये में पाई का, दुनिया है नाम सफाई...	लता मंगेशकर
2. कहीं दिल लगाने का सामान कर ले...	राजकुमारी
3. यही बहार है दुनिया को भूल जाने की...	लता मंगेशकर
4. दिल ये देता दुआए चला, कोई दे भला...	
5. ओ मणियापुर के छैला, मैं रूप गाँव की छोरी..	लता, त्रिलोक साथी
6. करते हैं इशारे, फलक से चाँद तारे....	लता, त्रिलोक साथी
7. ये कैसी अदाए है उनकी अदाएँ, के दिल को भो तोड़े	लता मंगेशकर
8. हर नई रात नया दर्द लिए... दिल बेकरार सो जा...	लता, तलत
9. ओर है दिल की लगी और दिल लगाना और है...	तलत महमूद
10. किसकी नजर का जरा इशारा है जिन्दगी...	लता मंगेशकर
11. ऐरी आली पिया बिन...	लता मंगेशकर

शीशम (1952)

अनिल पिक्चर्स कारपोरेशन, बम्बई

संगीतकार : रोशन

निर्देशक : किशोर शर्मा

गीतकार : इन्दीवर, उद्धव कुमार, जिया सरहदी, कैफ इरफानी, नाजिमपानीपती, मधुराज।

गीत की पंक्ति	*गायक/गायिका*
1. मुस्कुराहट तेरे होठों की मेरा सिंगार है...	लता मंगेशकर
2. जब तक संसार रहे हो जीऽऽ तेरा प्यार रहे...	शमशाद बेगम
3. बजे बाँसुरी, जचे साँवरी, होय बाबरी	लता मंगेशकर
4. सताएगा किसे तू आसमां जब हम नहीं होंगे...	मुकेश
5. इस झूठी सी तसल्ली वो मुझे देके चले...	मुकेश
6. सपनों में आना, छोड़-2 जाना, सीखा कहा से...	लता, मुकेश
7. मचला हुआ दिल निगाहे बेकरार है...	
8. बनाई है इतनी बड़ी जिसने दुनिया...	लता मंगेशकर
9. इस पाँच मन के दिल हो गया शेंटी फ्लेट...	किशोर कुमार
10. मेरी नजरे पाकिटमार, सम्भालों दिल के पाकिट को...	शमशाद बेगम

संस्कार (1952)

सनराईज पिक्चर्स, बम्बई

संगीतकार : रोशन

निर्देशक : वी०एम० व्यास

गीतकार : शैलेन्द्र

गीत की पंक्ति	*गायक/गायिका*
1. बदलेगी ये दुनिया इक दिन बदलेगी...	हृदयनाथ मंगेशकर
2. जीने वाले ओ मतवाले जिन्दगी से प्यार कर...	लता मंगेशकर
3. अरी किस्मत किसे ले चलेगी कहाँ हाय...	लता मंगेशकर
4. हँसे टिम टिम टिम छोटे छोटे तारे...	लता मंगेशकर
5. प्रीत निभानी बलमा तुम क्या जानो...	मीना कपूर
6. दो नैनों ने जाल बिछाया...	लता मंगेशकर
7. मुहब्बत के झूठे सहारों ने लूटा....	तलत महमूद

आगोश (1953)

निहाल फि० कारपोरेशन, बम्बई

संगीतकार : रोशन

निर्देशक : आर०डी० माथुर

गीतकार : इन्दीवर, उद्धव कुमार, शैलेन्द्र, कैफ इरफानी।

गीत की पंक्ति	*गायक/गायिका*
1. तू है चन्दा ते मैं हूँ चकौर तेरी मेरी प्रीत लगी...	लता, किशोर

2. ओ आस्मान के वासी तुझ पर पानी भरी बदरिया...	लता मंगेशकर
3. मिल जुल के काटो... दु:ख सुख बाटो रे...	हेमन्त, मीरा चंदानी, साथी
4. बाँसुरिया काहे बजाई बिन सुने रहा नहि जाए रे...	लता, सुधा
5. किसी की आँख के आँसू है सितारों न कहो...	लता मंगेशकर
6. हो धीरे-2 चढ़ गया नदी में पानी, कोई कहे तूफान...	लता, हेमन्त
7. आग छिडक गई चाँद मेरे गोरे बदन पर....	मीना कपूर
8. मुहब्बत एक शोला है...दामन जमाने....	लता मंगेशकर

मालकिन (1953)

गोप प्रोडक्शन्स, बम्बई

संगीतकार : रोशन

निर्देशक : ओ०पी० दत्ता

गीतकार : राजेन्द्र कृष्ण

गीत की पंक्ति	*गायक/गायिका*
1. उनको आता है प्यार पे गुस्सा... मेरे हमसफर....	तलत महमूद
2. ओ पिया, मेरा भोला पिया, काहे तूने लिया....	लता, किशोर
3. खुशनसीब होगा हमसा न इस जहाँ में ला दे ताली....	मुकेश, किशोर, राम कमलानी

4. मेरी हर खुशी तेरे हाथ है मेरे देवता....	लता मंगेशकर
5. कहीं से ऊँची कहीं से नीची सड़क जमाने की....	किशोर, लता
6. धोती और पतलून में इक दिन हुई लड़ाई....	किशोर, रफी, राम कमलानी
7. उनको अपना बना के छोड़ दिया....	लता मंगेशकर
8. मुहब्बत ने क्या-क्या तमाशे दिखाए....	लता मंगेशकर

माशूका (1953)

चित्रकार, बम्बई

संगीतकार : रोशन

निर्देशक : शान्ती कुमार

गीतकार : कमर जलालाबादी, शैलेन्द्र।

गीत की पंक्ति	*गायक/गायिका*
1. आ जा सनम आ जा देर न लगा....	सुरैया, साथी
2. मेरे मन में उठे उमंग पिया बन के....	सुरैया
3. झिनक-2 झनक होली खेले....	सुरैया, मुकेश, साथी
4. जमी भी चुप है मायूम दिल को....	मुकेश
5. ये समा, हम तुम जंवा, पहलू से दिल सरक जाए...	किशोर, मीना कपूर
6. झिलमिल तारे करे इशारे सो जा राज दुलारे....	मुकेश, सुरैया
7. मेरा बचपन वापस आया बलैया तू मैं बार-बार....	सुरैया
8. ओ दिल न....	मुकेश
9. आओ श्याम सुदर अब तो.....	सुरैया, साथी

चाँदनी चौक (1954)

हीरा फिल्म्स, बम्बई

संगीतकार : रोशन

निर्देशक : बी०आर० चोपड़ा

गीतकार : सैफ+मजरूह, शैलेन्द्र, राजा मेंहंदी।

गीत की पंक्ति	*गायक/गायिका*
1. जमी भी वही है वही आस्मां...	मुकेश
2. हर बात पूछिए यह हकीकत न पूछिए...	
3. बदल चली है उनकी नजर तो क्या कीजे....	
4. बहक चले मेरे नैनवा, हाय न जाने कैसी चली हवा...	लता मंगेशकर
5. कुतुबमीनार पे चढकर... कभी 4 बजे, कभी 5 बजे...	सुन्दर, शमशाद
6. बन्नो के हाथ भरी मेंहदी....	लता, आशा, मीना, साथी
7. हमें ऐ दिल वहीं ले चल, बड़ा तेरा करम होगा....	मुकेश
8. आ जाए जाने वाले, लौट आए बहारे....	लता मंगेशकर
9. ऐजम-3 जी, जितने भी गम हे गलत कर....	आशा भौसलें
10. दिल की शिकायम, नजर के शिकवें....	लता मंगेशकर
11. ऐ खुदा मजबूर की फरियाद.... नृत्य संगीत	मुबारक बेगम

बाराती (1954)

कारदार प्रोडक्शन्स लिमिटेड, बम्बई

संगीतकार : रोशन

निर्देशक : जे०के० नंदा

गीतकार : जाँनिसार अख्तर, राजा मेंहदी, अली खाँ, तनवीर नक्वी, डी०एन० मधोक।

गीत की पंक्ति	*गायक/गायिका*
1. हाय कोई कह दे पपीहा से जाके... पीहूँ-2 गा के...	लता मंगेशकर
2. किस नाम से पुकारूँ, क्या नाम है तुम्हारा....	आशा भौसलें
3. नाच ले बावरिया-2, तोहे लेने आया सांवरिया....	आशा, बल्वीर, साथी
4. तेरी नजरों ने हमको छेड़ा है....	चितलकर, आशा
5. धक-धकरे दिल, झट पट-2 झट पट-2 आ के मिल...	चितलकर
6. आ जा वो आ जा बेलुवा, सारी रात जागे....	लता मंगेशकर
7. कहीं दूर कोयलिया गाए रे, मेरा छोटा-सा दिल...	लता, सुधा
8. आ फिर से मेरे प्यार की किस्मत सँवार दे....	लता मंगेशकर

बाप बेटी (1954)

मुन्शी प्रोडक्शन्स, बम्बई

संगीतकार : रोशन

निर्देशक : बिमल राय

गीतकार : प्रदीप

गीत की पंक्ति	*गायक/गायिका*
1. दुनिया बनाने वाले रामजी गजब का है तेरा इन्तजार...	लता मंगेशकर
2. कोयल बोल कू पपीहा बोले पी....	लता, सखियाँ
3. मैं चल रही निंदिया ले चल हमे...	लता मंगेशकर
4. अँधेरे से उजाले की तरफ ले जाएँ हम....	लता, सखियाँ

महबूबा (1954)

के० अमरनाथ प्रोडक्शन्स, बम्बई

संगीतकार : रोशन, ओ०पी० नय्यर

निर्देशक : के० अमरनाथ

गीतकार : तन्वीर नकवी, मजरूह।

गीत की पंक्ति	*गायक/गायिका*
1. मुख्तसर सी है मेरी कहानी	लता मंगेशकर
2. आते जाते आँख बचाना... हाय तेरा जवाब नहीं....	शमशाद, रफी
3. अजी हमको है तुमसे प्यार....	लता, तलत

4. भय की मस्ती और आँखों की
   मस्ती और है....
5. आ कि अब आता नहीं दिल को करार.... लता मंगेशकर
6. जो दिल के मालिका है, मेहमान
   बन के आने वाले है....
7. ऐ जो जाने मन अपने से यूं नजरे
   चुराना छोड़ दो....
8. आते जाते आँख बचाना.....
9. बांका वह सनम मेरी रोक के राहें....

घर-घर में दिवाली (1955)

मिनर्वा मु०, बम्बई

संगीतकार : रोशन

निर्देशक : जी० जागीरदार

गीतकार : प्रेम धवन, इन्दीवर।

गीत की पंक्ति	*गायक/गायिका*
1. अब तो राम भजन कर लेना....	सुधा, बातिश
2. अगर ऐ दिल तू लैला के गले का हार हो जाए....	बातिश अन्य
3. आधे इधर है और आधे उधर है....	
4. छूम छनन-3 पायल बोली, मैं तो तेरी हो ली....	लता, रफी
5. कहाँ खो गई है बहार आते-आते....	लता मंगेशकर

6. राम की महिमा कही न जाए....	
7. तू किसी के दिल का दर्द मिटा....	लता मंगेशकर
8. तेरी काली-2 जुल्फों के जाल में....	
9. फलक मिलेगा तुझे क्या हमें मिटाने से....	लता, रफी
10. दीप जले घर-घर में आई दिवाली....	लता भूपिन्दर

छोरा छोरी (1955)

शो पीपुल बम्बई

संगीतकार : रोशन

निर्देशक : केदार शर्मा

गीतकार : केदार शर्मा, नूर लखनवी।

गीत की पंक्ति	*गायक/गायिका*
1. खाली जेबें हों करकी हो....	मु० रफी
2. आ बेदर्दी बालमा, प्रीत का करे हिसाब....	लता, रफी
3. मार डाला साँवरिया ने होए....	लता मंगेशकर
4. देख भोले भाले, ले-2 रे टोपी वाले....	लता मंगेशकर
5. न तो मैं बोली, न बलम बोले....	लता मंगेशकर
6. ये बता ऐ जिन्दगी के पासंवा....	रफी, सीता
7. ये सुरखी और ये शाम......	लता, साथी
8. जोर गरम बाबू मुलायम मजेदार.....	आशा, सीता

जशन (1955)

हिन्दुस्तान आर्ट प्रोडक्शन्स, बम्बई

संगीतकार : रोशन

निर्देशक : एस० शमसुद्दीन

गीतकार : राजेन्द्र कृष्ण

गीत की पंक्ति	*गायक/गायिका*
1. दुनिया में दिल वालों, ले लो मजे प्यार के....	लता मंगेशकर
2. चुन-2 के बागों से लाई मैं कलियाँ.....	आशा भौसलें
3. मारेंगे कस-2 के बान सैयाँ.....	आशा, रफी
4. बोलो ये दुनिया किसकी है जिसका दिल जवान....	आशा, साथी
5. बड़े खूबसूरत बड़े वो हँसी है मगर क्या करूँ....	आशा, रफी
6. दर्दे दिल तू ही बात ये कैसी ग़म की शाम है....	लता मंगेशकर
7. म्हारी चमनी को बल गयो तेल....	शमशाद बेगम
8. खुशी दिल की तलाशे यार में.... रूठी हुई खुशी को...	आशा भौसलें

टकसाल (1956)

हेमेन गुप्ता प्रोडक्शन्स, बम्बई

संगीतकार : रोशन

निर्देशक : हेमेन गुप्ता

गीतकार : प्रेम धवन

गीत की पंक्ति	*गायक/गायिका*
1. सबसे प्यारा सबसे न्यारा, प्रभुजी नाम तुम्हारा....	रफी, लता
2. बृज के नन्दलाला, राधा के साँवरिया....	लता मंगेशकर
3. आए सजना हमार, लेके डोलिया कहार....	बातिश, लक्ष्मीशंकर साथी
4. टकराए जा मस्ताने, दिल से दिल के पैमाने.....	रत्ना गुप्ता
5. कभी आज कभी कल का बहाना हो गया.....	
6. ऐ जी आए जब प्यार का जमाना, बड़ी मुश्किल है दिल को बचाना.....	
7. दिल भी तेरा हम भी तेरे, हमको प्यारे है गम भी तेरे.....	लता मंगेशकर
8. श्री कमल नेत्र कटि पितांबर अचर.....	

रंगीन राते (1956)

एम्बीशंस पिक्चर्स, बम्बई

संगीतकार : रोशन

निर्देशक : केदार शर्मा

गीतकार : केदार शर्मा

गीत की पंक्ति	*गायक/गायिका*
1. मोरे बालमा हो मोरे साजना–2, मैं नैन सजा के लाई...	गीता, साथी
2. हम जागे जग सोए री आली.....	लता मंगेशकर
3. घूँघट हटाए के नजरे मिलाय के बलमा से कह दूँगी बात...	सुधा मुबारक
4. मैं इक शोला आग बबोला रे....	शमशाद, गीताबाली
5. अँखियों को स्नान कराकर मैं दर्शन को आई.....	लता मंगेशकर
6. अजी ओ गोकुल के ग्वाले, हमरो मन हरने वाले....	लता, गीता, साथी
7. सखी हमरो अटल सुहाग श्याम सपने में आए...	लता मंगेशकर
8. बहुत आसान है चिलमन से लगाकर मुस्कुराना.....	लता, रफी

आगरा रोड (1957)

नगीना फिल्म्स, बम्बई

संगीतकार : रोशन

निर्देशक : रवीन्द्र दवे

गीतकार : प्रेम धवन

गीत की पंक्ति	*गायक/गायिका*
1. ये दूनिया है बाबू बड़ी बेईमान....	गीतादत्त
2. दूनिया की नजर है बुरी, जुल्फें न सँवारा करो....	रफी, गीता
3. हम से रिप्पी टिप्पी हो गई.....	रफी, गीता, साथी
4. सुनो सुनाए आज तुम्हे जैसे चम्पा की चमेली....	आशा भौसलें
5. गजब हुआ राम, सितम हुआ राम, दिल खो बैठी....	रफी, गीता
6. सुनो सुनाए तुम्हे आज इक छोटी-सी कहानी....	आशा भौसलें
7. पाकेट में बोतल, हाथों में प्याला....	
8. गुनाहों का चिराग कभी न जल सकेगा.....	रफ़ी, गीता, शमशाद
9. ओ मिस्टर-2, सुनो एक बात ओ मैडम-2.....	गीता, मन्नाडे, साथी

काफी हाउस (1957)

नीति आर्ट प्रोडक्शन्स, बम्बई

संगीतकार : रोशन

निर्देशक : हरी वालिया

गीतकार : शैलेन्द्र, हसरत जयपुर, प्रेम धवन।

गीत की पंक्ति	*गायक/गायिका*
1. जवाँ यह जिन्दगी, यह प्यार का समां.....	आशा भौसलें
2. गहरी-2 नदिया का ठंडा-ठंडा पानी.....	आशा भौसलें
3. धड़के रे जियरा मोरा हाय बड़े जोर का....	आशा भौसलें
4. यूँ देखते हो जैसे हमें जानतें नहीं.....	गीतादत्त
5. घिर आए री कारे बदरा, मैं तो नैनों में डालूँगी कजरा....	सुमन, साथी
6. इस महफिल में आना बच के......	गीतादत्त
7. ये हवा ये फिजा से समां ... झूम-2 के.....	गीतादत्त
8. क्या देखा है, क्या देखेंगे... तोड़ दिया दिल....	आशा भौसलें

दो रोटी (1957)

इस्माईल फिल्म्स, बंबई

संगीतकार : रोशन

निर्देशक : इस्माईल मेनन

गीतकार : ....

गीत की पंक्ति	*गायक/गायिका*
1. सुन लो अजी सुन लो, पते की बात.... रोटी बिन जीवन है काली रात.....	शंकरदास गुप्ता, सुमन कल्यानपुर, साथी
2. तुम्हारे कारन हमार जिया जाए रे....	लता मंगेशकर
3. काली बदरिया मारे नजरिया, मन में छुपा लो जुल्मी साँवरिया...	लता मंगेशकर
4. बड़ी प्यारी कहानी है, मुहब्बत की कहानी भी....	लता, रफी
5. गम की हुई हार, लो जीत गया प्यार....	लता मंगेशकर
6. अश्कों की कहानी क्या कहिए.....	लता मंगेशकर
7. घिर के बरसे ये घटाए तो मजा आ जाए.....	रफी, गीता
8. ये जो नजरे झुकायें जाते हैं.... छुपा कर पीते हैं....	रफी, साथी

अजी बस शुक्रिया (1957)

ईगल फिल्म्स, बम्बई

संगीतकार : रोशन

निर्देशक : मोहम्मद हुसैन

गीतकार : फारूक कैसर, प्रेम धवन, शैलेन्द्र, ऊषा खन्ना।

गीत की पंक्ति	*गायक/गायिका*
1. कड़की तेरा नाम ही क्लर्की.....	आशा, रफी साथी
2. सच कहते हैं जानी वाकर, घर की मुर्गी दाल बराबर....	आशा भौसलें
3. क्या धड़क-2 दिल धड़के, हाँ जी....	आशा, ऊषा खन्ना
4. ओ दाता दे हमको भी एक न्यारा बंगला.....	आशा, रफी
5. बेदर्दी, नजरें मिलाके कह दे, क्या है तेरी मरजी....	लता मंगेशकर
6. सारी-सारी रात तेरी याद सताए....	लता मंगेशकर
7. हो हो होने लगा यह दिल में दर्द कैसा....	आशा, साथी
8. क्या धड़क-धड़क दिल धड़के.....	

आँगन (1959)

फिल्मिस्तान, बम्बई

संगीतकार : रोशन

निर्देशक : ओ०पी० दत्ता

गीतकार : राजेन्द्र कृष्ण

गीत की पंक्ति	*गायक/गायिका*
1. घूँघट से क्याँ नैना झांके जानने वाले जान गए....	
2. तेरे बनेंगे बिगड़े काम, हो सुन भई आत्मा राय....	मन्नाडे, साथी
3. काशी में कोई ढूँढे, कोई हरिद्वार में.....	
4. सितमगर देख ले नजर भर देख ले.....	आशा, गीता
5. ओ हो घूँघट से क्यूँ नैना झाँके, जानने वाले जान गए....	आशा, रफी
6. अँखियों में बसियों राजा होय-होय, धीरे से हँसियो राजा....	आशा भौसलें
7. उजड़ी माँ के मन की अयोध्या... मेरा राम चला बनवास...	आशा भौसलें
8. छुपने की चीज है न छुपाने की चीज है......	आशा भौसलें
9. एक बार भूपति मन माहीं......	

मधु (1959)

माया आर्ट पिक्चर्स, बम्बई

संगीतकार : रोशन

निर्देशक : ज्ञान मुखर्जी व एस० बनर्जी

गीतकार : शैलेन्द्र, नक्श लायलपुरी, प्रेम धवन

गीत की पंक्ति	*गायक/गायिका*
1. धानी चुनर मोरी हाय रे, जानें कहाँ उड़ी जाय रे....	लता मंगेशकर
2. किसी को न बताऊँगी हो चोरी चारी......	लता मंगेशकर
3. तुमसे लगन लगी, हाय ऐसी अगन जागी.....	लता, रफी
4. बता दो कोई कौन गली गए शाम.....	मन्नाडे
5. काहे बनो जी अंजान जादू डार के....	लता मंगेशकर
6. ओ दे के बदनामी जमाने भर की....	आशा, रफी
7. बता दो कोई कौन गली गए शाम.....	लता मंगेशकर

दीप जलता रहें (1959)

फिल्मिस्तान, बम्बई

संगीतकार : रोशन

निर्देशक : दत्ता धर्माधिकारी

गीतकार : शैलेन्द्र, राहिल गोरखपुरी।

गीत की पंक्ति	*गायक/गायिका*
1. डाली पे बैठी थी दस चिड़ियाँ....	आशा भौसले

2. ललला...एक दौर नया दुनिया मैं शुरू.....	आशा, रफी
3. आह ई ही.. ना रो भाई ना रो भाई.....	रफी, विजया
4. छम-4 गीत सुनाए मेरी पायल बाजे.....	आशा भौसले
5. तेरे नयनवा में हमारा जिया खोई गया.....	आशा भौसले
6. देखो जी रस ले गए.....	आशा भौसले

मैंने जीना सीख लिया (1959)

फिल्मिस्तान, बम्बई

संगीतकार : रोशन

निर्देशक : सतीश निगम

गीतकार : आनन्द बक्शी, राहिल गोरखपुरी।

गीत की पंक्ति	*गायक/गायिका*
1. इतनी सी बात पे बिगड़ गए क्यों....	रफी, आशा
2. चन्दा तेरे मामा है, नेहरू तेरे चाचा है.....	आशा भौसले
3. ऐ जी मैंने पूछा, ओ हो मैंने पूछा....	आशा भौसले
4. अजी मैंने पूछा, ओ हो मैंने पूछा....	मु० रफी
5. यह नशा आपका सरकार उतर जाएगा....	आशा भौसले
6. आ हा...मेरे सूरज-2 चाँद सितारे....	आशा भौसले
7. हो-4 हा-4 यह जमी यह गगन.....	आशा भौसले
8. तेरे प्यार को इस तरह से भुलाना......	मुकेश

सी०आई०डी० गर्ल (1959)

शान्ति निकेतन फिल्म्स, बंबई

संगीतकार : रोशन

निर्देशक : रवीन्द्र दूबे

गीतकार : हसरत जयपुरी, आनन्द बक्शी।

गीत की पंक्ति	*गायक/गायिका*
1. लोशे झूठ नहीं, लूट नहीं है, पिशोरी माल वले.....	आशा, रफी
2. अँखियों में दिल खोया, बतियों में दिल खोया.....	आशा भौसले
3. घड़ी बुलन्द मेरी भाभी की पसन्द....	आशा, रफी
4. कर प्यार या चल तू थाने, कि रूप तेरा चोर सोणिए....	
5. इक बात सुन मतवाले, कहते हैं नजर के प्याले....	आशा भौसले
6. जिन्दगी से नाता तोड़ के, कहाँ चला है.....	आशा भौसले
7. दर्दे दिल जरा जरा....	आशा, सुधा

हीरा मोती (1959)

रूपालय, बम्बई

संगीतकार : रोशन

निर्देशक : कृष्ण चोपड़ा

गीतकार : शैलेन्द्र, प्रेम धवन।

गीत की पंक्ति	*गायक/गायिका*
1. नाच रे धरती के प्यारे तेरे अरमानों की दुनिया सामने है तेरे....	लता, हेमन्त, साथी
2. कौन रंग मुंगवा कौन रंग मोतिया (लोक गीत)....	सुधा, सुमन
3. ओ बेदर्दी आ मिल जल्दी, मिलने के दिन आए....	लता मंगेशकर
4. घर में जोगी का भेस, सैया गए विदेश हाय बालम...	आशा, ऊषा मंगेशकर
5. इक दिन ये आँसू बनेंगे सितारे, कभी न कभी दिन आएंगे हमारे. ...	लता मंगेशकर
6. तू दुनिया में सर को उठा के चल....	गुलाम मुहम्मद, साथी

बरसात की रात (1960)

श्री विजय भारती फिल्म्स, बम्बई

संगीतकार : रोशन

निर्देशक : प्यारे लाल सन्तोषी

गीतकार : साहिर लुधियानवी

गीत की पंक्ति	*गायक/गायिका*
1. जिन्दगी भर नहीं भूलेगी वो बरसात की रात....	मु० रफी
2. मैने शायद तुम्हें पहले भी कभी देखा है.....	मु० रफी
3. मुझे मिल गया बहाना देरी दीद का, कैसी खुशी लेके आया, चाँद इद का.....	लता मंगेशकर
4. मायूस तो हूँ वादे से तेरे कुछ आस नहीं और आस भी है...	मु० रफी
5. अदा बिजली..निगाहें नाज़ के मारों का हाल क्या होगा..	आशा, सुधा, शंकर शंभू, साथी
6. न खंजर उठेगा...जी चाहता है चूम लूँ अपनी नजर को मैं....	आशा, सुधा, बलवीर, बंदे हसन, साथी
7. न तो कारवां की तलाश है न हम सफर की तलाश है....(भाग-1)	मन्नाडे, आशा, सुधा, बातिश, साथी
8. यह हे इश्क इश्क, जाँसोज की हालत को...(भाग-2)	रफी, मन्नाडे, बातिश
9. यह है इश्क इश्क इश्क....(भाग-3)	रफी, साथी
10. ज़िदगी भर नहीं भूलेगी वो बरसात की रात.....	लता मंगेशकर
11. गरजत बरसात सावन आयो रे....	सुमन, कमल बारोट

बाबर (1960)

फिल्मिस्तान, बंबई

संगीतकार : रोशन

निर्देशक : हेमेन गुप्ता

गीतकार : साहिर लुधियानवी

गीत की पंक्ति	*गायक/गायिका*
1. हसीनों के जलवे परेशान रहते, अगर हम न होते, अगर हम न होते.....	रफी, आशा, साथी
2. सलामे हसरत कबूल कर लो मेरी मुहब्बत कबूल कर लो...	सुधा मल्होत्रा
3. पयामे इश्क मुहब्बत हमें पसन्द नहीं...	सुधा मल्होत्रा
4. तुम एक बार मुहब्बत का इम्तहान तो लो.....	मु० रफी
5. दुःख सह के जो सुख पहुँचाती है.... तुम माँ हो तुम ऐसा न करो....	सुधा मल्होत्रा

वारंट (1961)

शान्ति निकेतन फिल्म्स, बम्बई

संगीतकार : रोशन

निर्देशक : केदार कपूर

गीतकार : प्रेम धवन, आनन्द बक्शी।

गीत की पंक्ति	*गायक/गायिका*
1. नैनों में क्यो आन बसे दो नैन तुम्हारे....	लता, मुकेश

2. होठों पे हँसी पलकों पे हया आँखों में शरारत रहती है....	लता मंगेशकर
3. बेटा अपनी जान पे खेले तू किस खातिर....	ऊषा खन्ना, विजया, महेन्द्र कपूर
4. ले गया दिल निकाल के बिन पूछे....	आशा भौसले
5. ओ बेईमान, मैंने तुझे पहचान लिया....	आशा भौसले
6. निगाहों में ये मस्तियाँ क्यों, अदाओं में ये शोखिया क्यों...	गीता दत्त

आरती (1962)

राजश्री प्रोडक्शन्स, बम्बई

संगीतकार : रोशन

निर्देशक : फणि मजूमदार

गीतकार : मजरूह सुलतानपुरी

गीत की पंक्ति	*गायक/गायिका*
1. न भँवरा न कोई गुल, अकेला हूँ में तेरा बुलबुल....	आशा, रफी
2. बने हो तो एक खाक़ से तो दूर क्या करीब क्या....	लता मंगेशकर
3. आपने याद दिलाया तो मुझे याद आया, कि दिल पे पड़ा था कोई गम का साया...	लता, रफ़ी
4. वो तीर दिल पे चला जो तेरी कमान में है....	आशा, रफी
5. कभी तो मिलोगी, कही तो मिलोगी, बहारों की मंजिल राही....	लता मंगेशकर

6. अब क्या मिसाल दूँ मैं तुम्हारे शबाब की....	मु० रफी
7. बार-बार तोहे क्या समझाए पायल की झंकार। क्या तेरे बिन साजन लागे न जिया हमार....	लता, रफ़ी
8. प्यार की बोलियाँ बोलती...उई माँ....	आशा, रफी
9. आ जा० आ जा....	सुमन, रफी

सूरत और सीरत (1962)

शोभना पिक्चर्स, बम्बई

संगीतकार : रोशन

निर्देशक : बहल

गीतकार : शैलेन्द्र

गीत की पंक्ति	*गायक/गायिका*
1. बाजे पग पैजनी बाजे मृदंग संग मुरलिया...प्रेम लगन मन में बसा ले.....	आशा भौसले
2. बहुत दिया देने वाले ने तुझको आँचल ही न समाए तो क्या कीजे....	मुकेश
3. गीत मेरा सुनाए जगाए तुझे, प्यार के पालने में झुलाए तुझे.... (गीतकार : साहिर लुधियानवी)	लता मंगेशकर
4. जैसे कोरट में हाकिम की चल रे कलम...पग पायल बजाती सैया छम छम छम....	आशा, साथी

वल्लाह क्या बात है (1962)

नीति पिक्चर्स, बम्बई

संगीतकार : रोशन

निर्देशक : हरी बालिया

गीतकार : प्रेम धवन आनन्द बक्शी।

गीत की पंक्ति	*गायक/गायिका*
1. महफिल में जो आए तुम जादू सा छा गया....	आशा भौसले
2. यो बिजली है हम शोला...ओ हो यारो हुस्न इश्क से ये पहली मुलाकात है, अहा हा वल्लाह क्या बात है....	मु० रफी
3. तेरी मेरी इक जिन्दगी, आ के मिल जा रे दिलवा....	आशा भौसले
4. हमसे भी तो तनिक सरकार बातों कर लो जी.....	मु० रफी
5. कांटों के साए में फूलों का घर है, फूलों के घर पे जो तेरी नजर है....	मन्नाडे
6. गमे हस्ती से बस बेगाना होता, खुदाया काश में दिवाना होता...	मु० रफी
7. एक तो सूरत प्यारी और ऊपर से ये नाज़...	आशा, रफी
8. खनके तो खनके क्यो खनके जब रात को चमके तारे...	आशा, रफी, साथी

जिन्दगी और हम (1962)

परवेज पिक्चर्स, बम्बई

संगीतकार : रोशन

निर्देशक : पंडित आनन्द कुमार

गीतकार : शिव कुमार

गीत की पंक्ति	*गायक/गायिका*
1. हम तेरी लगन से मगन बहुत भटके, तू मिले सनम तो....	
2. हम तेरी लगन में मगन बहुत दिन भटके, दु:ख पाया हमने नाम सनम का रट के...	लता मंगेशकर
3. धीरे से गगरी उतार रे, मेरा धुल-धुल जाय सिंगार...	लता मंगेशकर
4. मतवाली मुरलिया बाजी रे आधी रात, मतवाली-2 मुरलिया बाजी रे.....	लता मंगेशकर
5. बिन लिया रे बेईमान मेरा दिल, टूट न जाए बेईमान मेरा दिल.....	लता मंगेशकर
6. तू हमको देख और हमारी नजर से देख, प्यारी अदा से देख... (गीतकार : वीर मुहम्मद पुरी)	लता मंगेशकर
7. जा रे जा मेरी छोड़ चुनरिया, अब मैं न्यारी झुलूंगी.....(पार्श्व गायक : लता मंगेशकर, सुमन हेमाडी, सुधा मल्होत्रा)	लता मंगेशकर

कॉमर्शियल पायलट ऑफिसर (1963)

दीपक ज्योति, बम्बई

संगीतकार : रोशन

निर्देशक : ....

गीतकार : आनन्द बक्शी

गीत की पंक्ति	*गायक/गायिका*
1. नशीली हवा है समां है गुलाबी....	आशा, रफी
2. आ जा रसिया मोरे मन बसिया....	सुमन कल्याण
3. दुनिया की परवा न यार कर....	उषा मंगेशकर
4. दुनिया में होनी लू लू...	कमल बारोट
5. शराब का सहारा ले के...	मु० रफी
6. कान में झुमके...	सुमन, रफी

दिल ही तो है (1963)

रावल फिल्म्स, बम्बई

संगीतकार : रोशन

निर्देशक : पी०एल० संतोषी एवं सी०एल० रावल।

गीतकार : साहिर लुधियानवी

गीत की पंक्ति	*गायक/गायिका*
1. दिल जो भी कहेगा मानेंगे दुनिया में हमारा दिल ही तो है...	मुकेश
2. तुम अगर मुझको ना चाहो तो कोई बात नहीं....	मुकेश

3. चुरा ले ना तुमको ये मौसम सुहाना, खुली वादियों में अकेली न जाना....	सुमन, मुकेश
4. लागा चुनरी में दाग छुपाऊँ कैसे, घर जाऊँ कैसे....	मन्नाडे
5. गुस्से में जो निखरा है उस हुस्न का क्या कहना....	मुकेश
6. तुम्हारी मस्त नजर गर इधर नहीं होती....	लता, मुकेश
7. राज़ की बात है महफिल में कहे.. निगाहें मिलाने को जी चाहता है...	आशा, साथी
8. यूँही दिल ने चाहा था रोना रूलाना, तेरी याद तो बन गई इक फसाना	सुमन कल्याणपुर
9. भूले में मोहब्बत कर बैठा, नादां था बेचारा दिल ही तो है...	मुकेश
10. तुम्हारी मस्त नजर गर इधर नहीं होती... परदा उठे सलाम हो जाए	आशा, मन्नाडे, साथी

ताजमहल (1963)

पुष्पा पिक्चर्स, बम्बई

संगीतकार : रोशन

निर्देशक : एम० सादिक

गीतकार : साहिर लुधियानवी

गीत की पंक्ति	*गायक/गायिका*
1. जो बात तुझमें है तेरी तस्वीर में नहीं...	मु० रफी
2. पाँव छू लेने दो फूलों को इनायत होगी...	लता, रफी
3. जो वादा किया वो निभाना पड़ेगा... (भाग–1/हर्ष)	लता, रफी

4. अपने चेहरे से वो...जुर्मे-उल्फ़त पे हमे लोग सजा देते हैं....	लता मंगेशकर
5. चाँदी का बदन सोने की नजर, उस पर ये नजाकत क्या कहिए....	आशा, रफी, मन्नाडे, महेन्द्र, साथी
6. खुदाए बरतर तेरी ज़मी पर, जमी की खातिर यह जंग...	लता मंगेशकर
7. हुस्न से है दुनिया हँसी, इश्क से है दिल का यकीं ये जो नही...	आशा, साथी
8. ना ना नारे ना ना, हाथ न लगाना, तोसे बार-बार कहूँ...	सुमन, मीनू पुरुषोत्तम
9. जो वादा किया वो निभाना पड़ेगा... (भाग-2/करुण)	लता, रफी
10. जो वादा किया वो निभाना पड़ेगा... (भाग-3)	लता, रफी

चित्रलेखा (1964)

पुष्पा पिक्चर्स, बम्बई

संगीतकार : रोशन

निर्देशक : केदार शर्मा

गीतकार : साहिर लुधियानवी

गीत की पंक्ति	*गायक/गायिका*
1. काहे तरसाए जियरा, यौवन ऋतु सजन जा के ना आए....	उषा मंगेशकर, आशा
2. सखी री मेरा मन उलझे, तन डोले, अब चैन पड़े तब ही जब..	लता मंगेशकर

3. आली री रोको न कोई, करने दो मुझको मनमानी....ऐरी जाने न दूंगी मैं तो अपने रसिक को नैनों में रख लूँगी...	लता मंगेशकर
4. लागी मनवा के बीच कटारी कि मारा गया ब्रह्मचारी...(भाग-1)	मन्नाडे
5. संसार से भागे फिरते हो, भगवान को तुम क्या पाओगे...	लता मंगेशकर
6. छा गए बादल नीलगगन पर, धुल गया कजरा साँझ ढले...	आशा, रफी
7. मन रे तू काहे न धीर धरे, ओ निरमोही मोह न जाने जिनका...	मु० रफी
8. मोहे बावला बना गई वाकी बतियाँ... (भाग-2)	मन्नाडे

दूज का चाँद (1964)

फिल्मेशिया, बम्बई

संगीतकार : रोशन

निर्देशक : नितिन बोस

गीतकार : साहिर लुधियानवी

गीत की पंक्ति	*गायक/गायिका*
1. विनती सुनो मेरी अवधपुर के बसैया....	गीता, मन्नाडे, साथी
2. महफिल से उठ जाने वालो तुम लोगों पर क्या इल्जाम....	मु० रफी
3. सजन सलोना माँग लो जी कोई निकला है दूज का चाँद...	आशा, लता

4. फूल गेंदवाला न मारों, लगत करेजवा में चोट...	मन्नाडे
5. चाँद तकता है इधर आओ कही छूप जाए, कही लागे ना नजर...	सुमन, रफी
6. सुन ऐ माहजबी मुझे तुझसे इश्क नहीं....	रफी, साथी
7. झाँकती है मेरी आँखों से कजा मन्थम के मुझे मत छेड़...	श्यामा हेमाडी, सुमन
8. पथं निहारूँ डगरबुहारूँ..बडे बरखा फुहार करे जियरा पुकार...	लता मंगेशकर
9. लो अपना जहाँ दुनियावालों, हम इस दुनिया को छोड़ चले....	आगा सिंह 'मस्ताना'

बेदाग (1965)

एं०आर०प्रोडक्शन्स, बम्बई

संगीतकार : रोशन

निर्देशक : आर० भट्टाचार्य

गीतकार : शकील बंदायूनी

गीत की पंक्ति	*गायक/गायिका*
1. निकोलासा, निकोलासा, मेरे संग झूम ले जरा सा...	आशा, साथी
2. आँखों आँखों में न जाने क्या इशारे हो गए, मुस्कुरा कर तुमने देखा, हम तुम्हारे हो गए...	आशा, रफी
3. मैंने ऐ जाने वफा तुमसे मुहब्बत की है, तुमने एक दर्द मुझे देके कयामत की है...	सुमन, रफी

4. बेधड़क डालो रंग, डालो-डालो कि मलो अबीर गुलाल आज होली है.... — आशा, पुरुष स्वर, साथी
5. हाय रे मै तो प्रेम दीवाना, मेरा दर्द न जाने कोय... — मन्नाडे
6. जिन्दगी के मोड़ पर जो कोई रास्ता मिला, तेरी गली से जा मिला.... — मु० रफी
7. साँची तुम्हारी प्रीत हो राम, जग का प्यार हे झूठा.... — मु० रफी

भीगी रात (1965)

माया मूवीटोन, बम्बई

संगीतकार : रोशन

निर्देशक : कालीदास

गीतकार : मजरूह सुलतानपुरी

गीत की पंक्ति	*गायक/गायिका*
1. उफ् उफ् ओ तेरा बाँकपन, तू ही तो जहाँ में नहीं गुलबदन.... तू मेरा जो नहीं, फिर मुझको क्या...	आशा, साथी
2. मुहब्बत से देखा खफा हो गए है, हँसी आजकल के खुदा हो गए है....	मु० रफी
3. ऐसे तो न देखो कि बहक जाए कही हम...	सुमन, रफी
4. जाने वो कौन है क्या नाम है उन आँखों का, दिल पे अंजाम सी तस्वीर बना देती है...	मु० रफी

5. दिल जो न कह सका, वही राज़े-दिल कहने की रात आई	लता मंगेशकर
6. दिल जो न कह सका, वही राज़े-दिल कहने की रात आई...	मु० रफी

नई उमर की नई फसल (1965)

श्री विश्वभारती फिल्म्स, बम्बई

संगीतकार : रोशन

निर्देशक : आर० चन्द्र

गीतकार : नीरज

गीत की पंक्ति	*गायक/गायिका*
1. आज की रात बड़ी शोख बड़ी नटखट है...	मु० रफी
2. आज की रात बड़ी शोख बड़ी नटखट है, आज तो तेरे बिना...	आशा, रफी
3. देखती ही रहो आज दर्पन न तुम, प्यार का ये मुहूर्त निकल जाएगा...	मुकेश
4. श्री शुभ सुहाग की रात, मधुर मधु छलक रहा था कण-कण में... (गीतकार : मनमोहन तिवारी)	मन्नाडे
5. टू टू ऽ ऽ इसको भी अपनाता चल, उसको भी अपनाता चल...	मु० रफी
6. मेरो सैयाँ गुलबिया का फूल, हमारी रंग केसरिया...	सुमन, मीनू पुरुषोतम
7. स्वपन झड़े फूल से, गीत चुभे झूल से...कारंवा गुजर गया...	मु० रफी

दादी माँ (1966)

प्रसाद प्रोडक्शन्स, बंबई

संगीतकार : रोशन

निर्देशक : एल०वी० प्रसाद

गीतकार : मजरूह सुलतानपुरी

गीत की पंक्ति	*गायक/गायिका*
1. अ हा चले आए रे हम तो चले आए रे सबसे बचा के अँखिया..	लता मंगेशकर
2. उसको नहीं देखा हमने कभी पर इसकी जरूरत क्या होगी, माँ, ऐ माँ ऐ माँ तेरी सूरत से अलग भगवान की सूरत क्या होगी.....	मन्नाडे, महेन्द्र
3. संत लोग फरमा गए जो इस जग में कलजुग आएगा....	पूरन, मन्नाडे, साथी
4. जाने न दूँगा, जाने न दूँगा, टाँगे के नीचे आ के प्राण दे दूँगा....	आशा, मन्नाडे
5. जाता हूँ मैं मुझे अब ना बुलाना, मेरी याद भी अपने दिल में ना लाना, मेरा है क्या मेरी मंजिल न कोई ठिकाना....	मु० रफी
6. मैंने और क्या किया बलम यही तो कह दिया....	आशा, महेन्द्र
7. सूरत सोया सोए उजाले...आ जा निंदिया तू आ....	लता मंगेशकर
8. शीर्षक संगीत	

देवर (1966)

डीलक्स, फिल्म्स, बम्बई

संगीतकार : रोशन

निर्देशक : मोहन सहगल

गीतकार : आनन्द बक्शी

गीत की पंक्ति	*गायक/गायिका*
1. जो आप आए तो दिल को करार आ जाए...दुनिया में ऐसा कहाँ सबका नसीब है, कोई-कोई अपने पिया के करीब है....	लता मंगेशकर
2. काजल वाले नैन मिला के कर डाला बेचैन, किसी मतवाली ने अरे रे रे लूट लिया रे झाँझरवाली ने....	मु० रफी
3. मैंने झरोके से क्यो झाँका..मैं मर गई, मुश्किल में पड़ गई जान...	उषा मंगेशकर, आशा
4. आया है मुझे फिर याद वो जालिम गुजरा जमाना बचपन का...	मुकेश
5. हाय रूठे सैयाँ हमारे सैयाँ क्यों रूठे, ना तो हम बेवफा ना तो हम झूठे, रूठे सैयाँ	लता मंगेशकर
6. बहारों ने मेरा चमन लूट कर, खिजा को यह इल्जाम क्यों दे दिया...	मुकेश

ममता (1966)

चारु चित्र, कलकत्ता

संगीतकार : रोशन

निर्देशक : असित सेन

गीतकार : मजरूह सुलतानपुरी

गीत की पंक्ति	*गायक/गायिका*
1. हमने उनके सामने पहले तो खंजर रख दिया..चाहे तो मोरा जिया....	लता मंगेशकर
2. रहें न रहें हम महका करेंगे बन के कली बन के बहार बनके सबा...	लता मंगेशकर
3. रहते थे कभी जिनके दिल में हम जान से प्यारों की तरह....	लता मंगेशकर
4. छुपा लो यूँ दिल में प्यार मेरा कि जैसे मंदिर में लौ दिए की.....	लता, हेमन्त
5. हम गवनवा न जइवे हो बिना झुलनी...	लता मंगेशकर
6. सकल बन गगन पवन चलत पुरवाई री माई....	लता मंगेशकर
7. विकल मोरा मनवा उन बिन हाय, आए न सजनवा, रूत बीती जाए...	लता मंगेशकर
8. रहें न रहें हम महका करेंगे बन के कली, बन के सवा,	सुमन रफी
9. इन बहारों में अकेले ना फिरो, राह में काली घटा रोक न ले...	आशा, रफी
10. शीर्षक संगीत वाद्य संगीत	

बहू बेगम (1967)

सनमकदा, बंबई

संगीतकार : रोशन

निर्देशक : एम० सादिक

गीतकार : साहिर लुधियानवी

गीत की पंक्ति	*गायक/गायिका*
1. पड़ गए झूले सावन रूत आई रे, सीने में हूक उठे...	लता, आशा, साथी
2. हम इंतजार करेंगे तेरा कयामत तक, खुदा करे कि कयामत हो....	आशा, रफी
3. अर्जे-शौक आँखों में है..वाकिफ हूँ खूब इश्क के तर्जे-बयाँ से मैं...	रफी, मन्नाडे, साथी
4. अब जां-बलब हूँ..ऐसे में तुझको ढूंढ के लाऊँ कहाँ से मैं....	रफी मन्नाडे, साथी
5. निकले थे कहाँ जाने के लिए पहुँचे है कहाँ मालूम नहीं...	आशा भौसले
6. दुनिया करें सवाल तो हम क्या जवाब दे...	लता मंगेशकर
7. हम इंतजार करेंगे तेरा कयामत तक, खुदा करें कि कयामत हो...	मु० रफी
8. लोग कहते हैं कि तुझसे किनारा कर ले, तुम जो कह दो...	मु० रफी
9. सिर्फ अपने ख्यालों की परछाईया हैं या कोई जलवे-नाज़ पर्दे में..	

नूरजहाँ (1967)

जैनिथ प्रोडक्शन्स, बम्बई

संगीतकार : रोशन

निर्देशक : एम० सादिक

गीतकार : शकील बदायूंनी

गीत की पंक्ति	*गायक/गायिका*
1. आई बादे-बिहारी ले के दर्द जवानी, अल्लाह कितने प्यारे दिन आ गए...	सुमन, साथी
2. मुहब्बत हो गई है मेरे मेहरबाँ को किसी ना मेहरबाँ से..	आशा भौसले
3. शराबी-शराबी ये सावन का मौसम, खुदा की कसम खूबसूरत न होता....	सुमन कल्याणपुर
4. आप जब से करीब आए है, प्यार के रंग दिल पे छाए है...	आशा, रफी
5. आ गया लब पे अफसाना-ए-आशिकी, अब किसी भी फसाने की परवा नहीं...	आशा, उषा, मंगेशकर
6. रात की महफिल सूनी-सूनी, आँखे पुरनम दिल नाकाम...	लता मंगेशकर
7. वो मुहब्बत वो वफांए, किस तरह हम भूल जाएँ...	मु० रफी
8. सलाम पहले तो कुछ बेकरार हो के कहा..किसी से न कहना....	आशा भौसले

अनोखी रात (1968)

एल०बी० फिल्म्स, बम्बई

संगीतकार : रोशन

निर्देशक : असित सैन

गीतकार : इन्द्रीवर

	गीत की पंक्ति	*गायक/गायिका*
1.	महलों का राजा मिला कि रानी बेटी राज करेगी, खुशी-खुशी कर दो विदा, तुम्हारी बेटी राज करेगी....	लता मंगेशकर
2.	मिले न फूल तो काँटों से दोस्ती कर ली, इसी तरह से बसर हमने जिन्दगी कर ली....(गीतकार : क़ैफ़ी आजमी)	मु० रफी
3.	ना ना ना ना ना, मेरी बेरी के बेर मत तोड़ो, कोई काँटा, चुभ जाएगा.....	आशा भौसले
4.	ओह रे ताल मिले नदी के जल में नदी मिले सागर में, सागर में, सागर मिले कौन से जल में, कोई जाने ना....	मुकेश, साथी
5.	दुल्हन से तुम्हारा मिलन होगा, ओ मन थोड़ी धीर धरो, बाँहों में चाँदी का बदन होगा ओ मन थोड़ी धीर धरो....	मुकेश

राजा बेटा

रमन स्टूडिओज

संगीतकार : रोशन

निर्देशक : ....

गीतकार : ....

गीत की पंक्ति	*गायक/गायिका*
1. मेरा लाड़ले....	लता मंगेशकर
2. दीवाना दिल मस्ताना दिल...	आशा भौसले
3. जाने यह कैसा इशारा....	आशा भौसले
4. मैं तो दिल ऐसे को....	आशा, साथी

संगीतकार रोशन की प्रतिनिधि रचनाएँ
लोकप्रिय कव्वालियाँ :

क्र०सं०	*फिल्म*	*बोल*	*पार्श्व स्वर (गायक/गायिका)*
1.	नेकी और बदी	हमें न रोको हमें उनके पास जाने दो	अमीरबाई
2.	घर-घर में दीवाली	अगर ऐ दिल तू लैला के गले का हार हो जाए	बातिश व साथी
3.	बरसात की रात	अदा बिजली...निगाहें नाज़ के मारों का हाल क्या होगा	आशा, सुधा, शंकर शंभू व साथी
4.	बरसात की रात	न खंजर उठेगा..जी चाहता है चूम लूँ अपनी नज़र को मैं	आशा, सुधा, बल्बीर बंदे हसन व साथी
5.	बरसात की रात	न तो कारवाँ की तलाश है, न तो हम सफर की तलाश है... (भाग-1)	मन्नाडे, आशा, सुधा, बातिश व साथी

6. बरसात की रात	ये इश्क-इश्क है इश्क-इश्क (भाग-2) जांसोज की हालत	रफी, मन्नाडे, सुधा, बातिश व साथी
7. बरसात की रात	ये इश्क-इश्क है इश्क-इश्क (भाग-2)	रफी व साथी
8. बाबर	हसीनों के जलवे परेशान रहते अगर हम न होते	रफी, आशा व साथी
9. दिल ही तो है	राज़ की बात है महफिल में कहे... निगाहें मिलाने को जी चाहता है	आशा व साथी
10. दिल ही तो है	तुम्हारी मस्त नज़र गई इधर नहीं होती... परदा उठे सलाम हो जाए	आशा, मन्नाडे व साथी
11. ताजमहल	चाँदी का बदन सोने की नज़र उस पर ये नज़ाकत क्या कहिए	आशा, रफी, मन्नाडे, महेन्द्र कपूर व साथी
12. बहू बेगम	अरी शौक आँखों में है... वाकिफ़ हूँ खूब इश्क के तर्जे बयाँ से मैं	रफी, मन्नाडे व साथी
13. बहू बेगम	अब जाँ बलब हूँ...ऐसे में तुझको ढूंढ के लाऊँ कहाँ से मैं....	रफी, मन्नाडे व साथी

शास्त्रीय संगीत पर आधारित लोकप्रिय रचनाएँ :

1. नौ बहार	ऐरी मैं तो प्रेम दीवानी, मेरा दरद न जाने कोय	लता
2. नौ बहार	कजरारी मतवारी मदभरी दो अँखियाँ	राजकुमारी
3. नौ बहार	देखो जी मेरा जिया चुराए लिए जाए	लता
4. रागरंग	ऐरी आली पिया बिन	लता
5. मधु	बता दो कौन गली गए शाम	लता (एकल) मन्नाडे (एकल)
6. बरसात की रात	गरजत बरसत सावन आयो रे	सुमन कल्याणपुर, कमल बारोट
7. जिन्दगी और हम	छीन लिया रे बेईमान मेरा दिल टूट न जाए बेईमान मेरा दिल	लता

8. दिल ही तो है	लागा चुनरी में दाग छुपाऊँ कैसे, घर जाऊँ कैसे	मन्नाडे
9. चित्रलेखा	काहे तरसाए जियरा यौवन ऋतु जाके न आए	ऊषा व आशा
10. चित्रलेखा	सखी री मेरा मन उलझे तन डोले	लता
11. चित्रलेखा	ऐ री जाने न दूंगी, मै तो अपने रसिक को नैनन में रख लूंगी।	लता
12. चित्रलेखा	छा गए बादल नीलगगन पर धुल गया कजरा सांझ ढले	आशा व रफी
13. चित्रलेखा	मन रे तू काहे न धीर धीरे	रफी
14. दूज का चाँद	फुलगैंदवा न मारो	मन्नाडे
15. बेदाग	हाय रे मैं तो प्रेम दीवाना मेरा दर्द न जाने कोय	मन्नाडे
16. ममता	चाहे तो मोरा जिया ले ले	लता
17. ममता	सकल बन गगन पवन चलत पुरवाई	लता
18. ममता	विकल मोरा मनवा उन बिन हाय	लता

लोक प्रिय एकल गीत :

1. नेकी और बदी	हमें भाने लगे, दिल लुभाने लगे	राजकुमारी
2. बावरे नैन	सुन बैरी बलम सच बोल रे	राजकुमारी
3. बावरे नैन	तेरी दुनिया में दिल लगता नहीं	मुकेश
4. हम लोग	बहे अँखियों से धार जिया मेरा बेकरार	लता
5. अनहोनी	मैं दिल हूँ एक अरमान भरा	तलत
6. नौबहार	किसी सूरत लगी दिल की बहल जाए	तलत
7. शीशम	एक झूठी सी तसल्ली वो मुझे देके चले	मुकेश
8. संस्कार	मुहब्बत के झूठे सहारों ने लूटा	तलत
9. काफ़ी हाऊस	इस महफिल में आना बचके	गीता दत्त

10.	अजी बस शुक्रिया	सारी-सारी रात तेरी याद सताए	लता
11.	मैंने जीना सीख लिया	तेरे प्यार को इस तरह से भुलाना	मुकेश
12.	बरसात की रात	मुझे मिल गया बहाना तेरी दीद का	लता
13.	आरती	कभी तो मिलोगी, कहीं तो मिलोगी बहारों की मंजिल	लता
14.	सूरत और सीरत	बहुत दिया देने वाले ने तुझको	मुकेश
15.	दिल ही तो है	तुम अगर मुझको न चाहो कोई बात नहीं	मुकेश
16.	दिल ही तो है	यूंही दिल ने चाहा था रोना रूलाना	सुमन
17.	दिल ही तो है	भूले से मोहब्बत कर बैठा	मुकेश
18.	भीगी रात	दिल जो न कह सका वही राज़े दिल कहने की रात आई	लता (एकल) रफी (एकल)
19.	नई उमर की नई फसल	कारवां गुज़र गया गुबार देखते रहे	रफी
20.	चित्रलेखा	संसार से भागे फिरते हो	लता
21.	देवर	दुनिया में ऐसा कहाँ सबका नसीब है	लता
22.	नूरजहाँ	शराबी-शराबी में सावन का मौसम	सुमन
23.	अनोखी रात	महलों का राजा मिला	लता

लोकप्रिय युगल गीत :

1.	बावरे नैन	ख्यालों में किसी के इस तरह आया नहीं करते	गीता व मुकेश
2.	मल्हार	बड़े अरमानों से रखा है बलम तेरी कसम	लता व मुकेश
3.	आरती	आपने याद दिलाया तो मुझे याद आया	लता व रफी
4.	दिल ही तो है	चुरा ले ना तुमको ये मौसम सुहाना	सुमन व मुकेश

5. ताजमहल	जो वादा किया वो निभाना पड़ेगा	लता व रफी
6. दूज का चाँद	चाँद तकता है इधर आओ कहीं छुप जाए	सुमन व रफी
7. दादी माँ	उसको नहीं देखा हमने कभी पर इसकी जरूरत क्या होगी	मन्नाडे व महेन्द्र
8. बहू बेगम	हम इंतजार करेंगे तेरा कयामत तक	आशा व रफी
9. ममता	छुपा लो यूँ दिल में प्यार मेरा	लता व हेमन्त
10. ममता	इन बहारों में अकेले ना फिरो	आशा व रफी

लोकप्रिय गज़लें :

1. बरसात की रात	जिन्दगी भर नहीं भूलेगी वो बरसात की रात	रफी
2. बरसात की रात	मैंने शायद तुम्हें पहले भी कहीं देखा है	रफी
3. बरसात की रात	मायूस तो हूँ वादे से तेरे कुछ आस नहीं	रफी
4. बाबर	सलामे हसरत कबूल कर लो	सुधा मल्होत्रा
5. बाबर	पयामें इश्क मुहब्बत हमें पसंद नहीं	सुधा मल्होत्रा
6. आरती	अब क्या मिसाल दूँ मैं तुम्हारे शबाब की	रफी
7. ताजमहल	जो बात तुझमें है तेरी तस्वीर में नहीं	रफी
8. ताजमहल	पांव छू लेने दो फूलों की इनायत होगी	लता व रफी
9. ताजमहल	जुर्मे उल्फ़त पे हमें लोग सज़ा देते हैं	लता
10. देवर	आया है मुझे फिर याद वो ज़ालिम	मुकेश
11. देवर	बहारों ने मेरा चमन लूटकर	मुकेश
12. ममता	रहें न रहें हम महका करेंगे	लता
13. ममता	रहते थे कभी जिनके दिल में	लता
14. बहू बेगम	दुनिया करे सवाल तो हम क्या जवाब दें	लता
15. अनोखी रात	मिले न फूल तो कांटों से दोस्ती कर ली	मुकेश

लोक संगीत पर आधारित रचनाएँ :

	फ़िल्म	गीत	गायक
1.	बेदर्दी	ओ सर से चुनरिया रामा होए,	शमशाद बेगम
2.	रागरंग	ओ मणियापुर के छैला मैं रूप गाँव की छोरी	लता, त्रिलोक व साथी
3.	माशूका	झिनक झिनक झनक होली	सुरैया, मुकेश व साथी
4.	चाँदनी चौक	बन्नों के हाथ भरी मेंहदी	लता, आशा, मीना व साथी
5.	कॉफी हाऊस	घिर आए री कारे बदरा मैं तो नैनों में डालूँगी कज़रा	सुमन व साथी
6.	आँगन	आँगन में बसियों राजा होए	आशा
7.	मधु	धानी चुनर मोरी हाय रे जाने कहाँ उड़ी जाय रे	लता
8.	हीरा मोती	कौन रंग मुंगवा, कौन रंग मोतिया	सुधा व सुमन
9.	हीरा मोती	आ बेदर्दी आ मिल जल्दी	लता
10.	आरती	बार-बार तोहे क्या समझाए	लता व रफी
11.	जिन्दगी और हम	धीरे से गगरी उतार रे	लता
12.	ताजमहल	ना ना नारे ना ना हाथ न लगाना	सुमन व मीनू पुरुषोत्तम
13.	दूज का चाँद	सजन सलोना मांग लो जी कोई	आशा व लता
14.	दूज का चाँद	लो अपना जहाँ दुनिया वालो	आसा सिंह मस्ताना
15.	बेदाग	बेधड़क डालो रंग डालो डालो	आशा और साथी
16.	नई ऊमर की नई फसल	मेरो सैंया गुलबिया का फूल	सुमन व मीनू पुरुषोत्तम
17.	देवर	रूठे सैंया हमारे सैंया क्यूं रूठे	लता
18.	ममता	हम गबनबा न जइबे हो बिना झुलनी	लता
19.	बहू बेगम	पड़ गए झूले सावन रूत आई रे	लता, आशा व साथी

20. अनोखी रात	ओ रे ताल मिले नदी के जल में	मुकेश
21. अनोखी रात	ना ना मेरी बेरी के बेर मत तोड़ो	आशा

विविध/भजन :

1. नेकी और बदी	जमुना तट पर नटवर गिरधर श्याम	राजकुमारी व फिरोज दस्तूर
2. नौबहार	ऐ री मैं तो प्रेम दिवानी	लता
3. टकसाल	सबसे प्यारा, सबसे न्यारा प्रभुजी नाम तुम्हारा	रफी व लता
4. टकसाल	ब्रज के नन्दलाल, राधा के साँवरिया	लता
5. रंगीन रातें	अँखियों को स्नान कराकर मैं दर्शन को आई	लता
6. रंगीन रातें	अजी ओ गोकुल के ग्वाले हमरो मन हरने वाले	लता, गीता व साथी
7. आंगन	काशी में कोई ढूँढे कोई हरिद्वार में	लता, गीता व साथी
8. मधु	बता दो कौन गली गए शाम	मन्नाडे (एकल) लता (एकल)
9. सूरत और सीरत	प्रेम लगन मन में बसा ले	आशा
10. दादी माँ	संत लोग फरमा गए जी इस जग में कलजुग आएगा	पूरन, मन्नाडे व साथी

हास्य गीत :

1. शीशम	इस पाँच मन के दिल हो गया शेंटी फलैट	किशोर कुमार
2. मालकिन	धोती और पतलून में इक दिन हुई लड़ाई	किशोर, रफी व रामकमलानी
3. चाँदनी चौक	कुतुबमीनार पर चढ़कर कभी चार बजे कभी पाँच बजे	सुन्दर व शमशाद

4. छोरा छोरी	जोर गरम बाबू मुलायम मज़ेदार	आशा व सीता
5. आगरा रोड	हम से रिप्पी टिप्पी हो गई	रफी, गीता व साथी
6. अजी बस शुक्रिया	सच कहता है जानी वाकर	आशा
7. चित्रलेखा	लागी मनवा के बीच कटारी	मन्नाडे

सहगान :

1. आगोश	मिल जुल के काटो, दुःख सुख बाँटो रे	हेमन्त, मीरचंदानी व साथी
2. मालकिन	खुशनसीब होगा हमसा न इस जहाँ में	मुकेश, किशोर व रामकमलानी
3. बाप बेटी	कोयल बोले कू पपीहा बोले पी	लता व सखियाँ
4. बाप बेटी	अँधेरे से उजाले की तरफ ले जायें हम	लता व सखियाँ
5. रंगीन रातें	अजी ओ गोकुल के ग्वाले हमरो मन हरने वाले	लता, गीता व साथी
6. दो रोटी	सुन लो जी अजी सुन लो पते की बात	शंकरदास गुप्ता, सुमन व साथी
7. अजी बस शुक्रिया	कड़की तेरा नाम ही क्लर्की	आशा, रफी व साथी
8. हीरा मोती	नाच रे धरती के प्यारे तेरे	लता, हेमंत व साथी

इस सब विवरण को देखने के पश्चात हमारे मस्तिष्क पर यही छाप अंकित होती है कि रोशन द्वारा संगीतबद्ध फिल्में काफी प्रसिद्ध हुई क्योंकि उनमें सदा बहार गीतों का खजाना खोजा जा सकता है। अल्पकाल में इतना योगदान हर दृष्टि से सराहनीय है। इसी योगदान ने उन्हें अपने समय के श्रेष्ठ फिल्म संगीतकारों में स्थान दिलाया। इसी सम्बन्ध में एक जाने माने फिल्म पत्रकार की यह टिप्पणी उद्धृत करने योग्य है, ''जिस धंधे में इधर-उधर से माल खींचा जाता है और मौलिकता की सबसे पहले आहुति दी जाती है, उसमें रोशन ने मुख्य रूप से अपनी शैली को निश्चित रूप दिया है।'' *

* राजू भारतन, 'मेलोडीज़ एण्ड मेमोरीज़', फिल्मफेयर, बम्बई, 22 दिसम्बर, 1967, पृ०23.

अध्याय : 4

चयनित गीतों का सांगीतिक विश्लेषण

"गीत और संगीत युगों से मन में हैं, झंकार जगाते
गीत प्रीत के, विरह-मिलन के, जीवन का संगीत कहाते
अमर रागिनी वाले स्वर हैं, अमर गीत युग का बन जाते
इन गीतों के रचनाकारो को रस-प्रेमी भूल न पाते।"

—*सरस्वती कुमार दीपक*

पिछले अध्याय में संगीतकार रोशन के योगदान को उजागर करते हुए उनके द्वारा संगीतबद्ध की गई सभी फिल्मों की विस्तृत तालिका दी गई है और उसके बाद कुछ चुने हुए गीतों का विधानुसार वर्गीकरण प्रस्तुत किया गया है। इतना अध्ययन करने के बाद यह प्रासंगिक हो जाता है कि उनके कुछ विशिष्ट गीतों का सांगीतिक विश्लेषण किया जाये। इस उद्देश्य से मैंने कुछ ऐसे गीतों को चुना है जो अपने समय में नहीं बल्कि आज भी लोकप्रियता के शिखर पर रहे हैं। इस सामग्री को देखकर ही यह कहा जा सकता है कि रोशन का स्थान उन संगीतकारों में है जो इस विषय के व्यावहारिक ज्ञान के अतिरिक्त उसके सैद्धान्तिक ज्ञान से भी लैस थे।

नौबहार

गायिका : लता
गीतकार : सत्येन्द्र अस्थैया

ऐ री, मैं तो प्रेम दीवानी मेरा दरद न जाने कोय।
ना मैं जानूँ, आरती वन्दन, ना पूजा की रीत।
है अनजानी दरस दीवानी, मेरी पागल प्रीत॥
लिये री मैंने दो नैनों के दीपक लिये संजोये।
ऐ री, मैं तो प्रेम दीवानी मेरा दर्द न जाने कोय॥

आशा के फूलों की माला, सांसो के संगीत।
इन पर फूली चली रिझाने, अपने मन का मीत॥
लिये री मैंने नैन डोर में सपने लिये पिरोय।
ऐरी मैं तो प्रेम दीवानी मेरा दरद ना जाने कोय॥

संगीत भक्ति का अभिन्न अंग रहा है। जितने अच्छे भक्त हुए हैं वे सभी संगीत के ज्ञाता व साधक थे। कबीर, सूर, तुलसी, मीरा आदि के प्रत्येक पद में वह भाव है कि मनुष्य आनंद विभोर हो जाता है। वैसे छन्दोबद्ध शब्दों द्वारा अपने इष्टदेव अथवा किसी अन्य देवी-देवता की आराधना, स्मरण तथा वंदन भजन कहलाता है। लेकिन भारतीय संगीत में ठुमरी, दादरा, गज़ल, कजरी इत्यादि की भाँति संगीत की एक शैली विशेष को भजन कहते हैं। परमार्थिक दृष्टि से अन्य गायन-शैलियों की अपेक्षा भजन गायन गायक तथा श्रोता दोनों के लिये विशेष कल्याणप्रद है। साधारण गायन से जहाँ मात्र मनोरंजन होता है, वहाँ भजन-गायन के साथ-साथ भगवद् भजन भी होता रहता है।

फिल्म "नौबहार" का प्रस्तुत भजन मीरा की बहुत ही प्रसिद्ध रचना है। मीरा के सभी पदों में भाव-बाहुल्य के साथ-साथ संगीतात्मकता का भी पूर्ण संयोजन हुआ है। गीतकार सत्येन्द्र अत्थैया ने इसे अपने भावों के साथ समन्वित कर बड़ी सुन्दर रचना की है। प्रस्तुत भजन विरहिणी नायिका की भावनाओं का दर्पण है। ऐसी नायिका जो अपने प्रियतम के दर्शनों के लिये व्याकुल है और उनके दर्शनों के लिये वह विभिन्न प्रकार के जतन करती है। साहित्यिक दृष्टि से देखा जाये तो इसमें विभिन्न प्रकार की सुन्दर कल्पनाओं का समावेश किया गया है। विरही नायिका की भावनाओं को उजागर करने के लिये नैनों के लिये 'दीपक', साँसों के लिये 'फूल' और नैन डोर में सपने पिरोना जैसे उपमानों का बहुत सुन्दर उपयोग किया गया है। वैसे संगीत की आत्मा को उभारने के लिये शृंगार के वियोग पक्ष से संबंधित गीत अधिक प्रभावशाली रहते हैं। संयोग की तुलना में विरह भाव दीर्घजीवी होता है। विरही का निजी दुख उदात्त बनकर संसार भर को अपने में समेट सकता है। संयोग सुख दो व्यक्तियों का संयुक्त सुख है जबकि वियोग की पीड़ा अकेले को भोगनी पड़ती है। अकेले भोगने की विशिष्टता विरहपूर्ण गीत के भाव के आस्वादन को हर व्यक्ति के लिये अलग-अलग संभव बना देती है। भावनाओं को अत्यधिक तरंगित करने में वियोग (विप्रलम्भ शृंगार) सर्वाधिक प्रभावशाली है और यही कारण है कि भारतीय संगीत में शृंगार रसात्मक गीतों की इतनी अधिकता है। भावनाओं के प्रबल होने पर हृदय से स्वत: गीतों की रचना हो जाती है और फिर उसे किसी न किसी राग में बैठा दिया जाता है।

रोशन ने गीत के अनुरूप ही इसकी धुन बनायी है। लता की निर्दोष रसीली आवाज इस गीत की वेदना को पूरी तरह मूर्त रूप दे सकी है। रोशन ने अपनी फिल्मों

में सर्वाधिक गीत लता से गवाये और विशेष रूप से शास्त्रीय संगीत पर आधारित गीतों में लता की आवाज का प्रयोग किया। लता की आवाज में शास्त्रीय गायन की बारीकियों के साथ जो दर्द और रस है वह इस गीत के वातावरण निर्माण में पूरा सहयोग देता है। लता के दस सर्वाधिक प्रिय गीतों में इस गीत की स्वर-रचना मुख्यत: राग भीमपलासी को आधार मानकर की गई है। प्रारंभ में तथा बीच-बीच में राग पीलू के स्वरों का अत्यन्त मार्मिक प्रयोग हुआ है क्योंकि अश्रु-विगलता विरहिणी की पीड़ा को प्रकट करने में इस राग की आत्मा जितनी सक्षम है, संभवत: उतनी किसी अन्य राग की नहीं।

प्राय: देखने में आता है कि रागों पर आधारित फिल्मी गीत शास्त्रीय नियमों से पूरी तरह नहीं बँधा करते। धुन का स्वभाविक विकास और अपेक्षित प्रभाव की जरूरत संगीतकार को नियमों से छूट लेने को मजबूर करती है। वैसे तो प्रस्तुत रचना में राग शुद्धता का काफी ध्यान रखा गया है लेकिन कहीं-कहीं शुद्ध निषाद का प्रयोग किया गया है। ऐसा करना कुछ संगीतज्ञ भीमपलासी में निषिद्ध मानते हैं। किन्तु इसका उपयोग इस गीत में भाव को तीव्र करने में सहायक हुआ है। गीत के प्रारंभ में बाँसुरी पर जो आलाप लिया गया है उसमें पीलू के स्वरों की झलक मिलती है। इन स्वरों में कोमल धैवत व शुद्ध निषाद का प्रयोग किया गया है।

स — — — — — — —, गम पनि संगं मंपं धंपं मंगं मंपंमं

गं — — — रें गं मं रें मं (गं)-रें सरें गरें सं नि — —

— प ध प म — पध नि — — सं — सरें गरें सरें मं रें मं

(गं) सरें गरें सं नि — सं — — —

अधिकांश गीत के बोल भीमपलासी के मुख्य स्वर समुदायों ग म प नि ध प, ध नि ध प, ग म पनि सां गरेंसां, निसामग रेसा पर आधारित हैं। गीत के बीच-बीच में आरोहात्मक स्वरों में पनिसां रें गं रें सां जहाँ इस प्रकार रिषभ का प्रयोग हुआ है, वहाँ पीलू की छाया आती है। रोशन ने कहीं-कहीं पर शुद्ध निषाद का प्रयोग बखूबी किया है जो गीत की खूबसूरती में चार चाँद लगा देता है।

'नौबहार' रोशन की प्रारंभिक फिल्मों में से एक थी। उनकी प्रारंभिक फिल्मों के गीतों को सुनकर ऐसा लगता है कि वह वाद्यवृन्द की अधिकता में विश्वास नहीं रखते थे। उनकी पूरा ध्यान गीत की धुन पर रहता था। कम वाद्यों के प्रयोग से ही गायक के गले से धुन का सर्वश्रेष्ठ परिणाम प्राप्त कर लेते थे। इस गीत को सुनकर मालूम होता है कि इसमें वाद्य-संगीत अधिक मात्रा में प्रयोग नहीं किया गया है। प्रमुख वाद्यों में बाँसुरी, वायलिन, तबला व मंजीरा है। चूँकि प्रस्तुत भजन श्रीकृष्ण को समर्पित है अत: धुन निर्माण में संगीतकार ने बाँसुरी को सर्वप्रथम स्थान दिया है। गीत के प्रारंभ

में बाँसुरी पर आलाप लिया गया है। गीत के बीच म्यूजिक में और बोलों के बीच-बीच में बाँसुरी को फिलर के तौर पर इस्तेमाल किया गया है जो भजन की मिठास को और अधिक बढ़ा देता है।

प्रस्तुत रचना में रोशन ने पार्श्व संगीत पर बहुत कम जोर दिया है। गीत के प्रारंभिक चरण में बाँसुरी पर छोटा सा आलाप है। तत्पश्चात् गाने की स्थायी के बाद तुरन्त अन्तरा शुरू हो जाता है। दूसरे अन्तरे से पूर्व केवल स्थायी की लाईन वाला म्यूज़िक बजा दिया गया है। तबले पर कहरवा ताल का प्रयोग किया गया है लेकिन पूरे गीत में ठेके में कोई बदलाव नहीं किया गया है। दोनों अन्तरों की धुन अलग रखकर संगीतकार ने गीत में विविधता पैदा कर दी है। प्रथम अन्तरे की पहली लाईन पंचम से तार षडज को जाती है तो दूसरे अन्तरे की प्रथम लाईन मध्यम से प्रारंभ होकर मध्य सप्तक के षडज की ओर अवरोहात्मक रूप से आती है। गीत में प्रथम चार लाइनों की पुनरावृत्ति की गई है। एक प्रकार से अन्तरे के बोलों से गीत का आरंभ होता है।

यह भजन रोशन की प्रारंभिक कृतियों का एक उत्तम उदाहरण है। और आज भी संगीत प्रेमियों के हृदय में स्थान बनाये हुए है। राजू भारतन के शब्दों में ''ऐ री मैं तो प्रेम दीवानी'' ऐसी प्रस्तुति है जो लता के दस विशेष योगदानों में गिनी जाती है जो शोकतम चिंतन के मधुरतम क्षणों का प्रतीक है।[1]

बरसात की रात

गायक-गायिका : मन्नाडे, बातिश, रफ़ी, आशा, सुधा व साथी

गीतकार : साहिर

न तो कारवां की तलाश है, न तो हम सफ़र की तलाश है
मेरे शौके रबा़ना अदाब को, तेरी रहगुज़र की तलाश है

मेरे नामुराद जनून का है इलाज कोई तो मौत है
जो दवा के नाम पे ज़हर दे उसी चारागर की तलाश है

तेरा इश्क है मेरी आरज़ू तेरा इश्क है मेरी आबरू
तेरा इश्क मैं कैसे छोड़ दूँ मेरी उम्र भर की तलाश है

ये इश्क इश्क है इश्क इश्क, ये इश्क इश्क है इश्क
जॉसोज की हालत को जॉसोज ही समझेगा

1. राजू भारतन, 'मेलॉडीज एंड मैमोरीज', फिल्मफेयर, बम्बई, 22 दिसम्बर 1967

मैं शमां से कहता हूँ महफिल से नहीं कहता क्योंकि
ये इश्क इश्क है इश्क-इश्क, ये इश्क इश्क है इश्क

वहशतो दिल रसनो दार से रोकी न गई
किसी खंजर किसी तलवार से रोकी न गई
इश्क मजनूं की वो आवाज है जिसके आगे
कोई लैला किसी दीवार से रोकी न गई

बहुत कठिन है डगर पनघट की
अब क्या भर लाऊं मैं जमुना से मटकी
मैं जो चली जल जमुना भरन को देखो सखी री
अब लाज राखो मोरे घूंघट पट की

अल्लाह ओ रसूल का फरमान इश्क है
यानि हबीब इश्क है कुरान इश्क है
गौतम का और मसीब का अरमान इश्क है
ये कायनात जिस्म है और जान इश्क है
इश्क सरमत इश्क ही मंसूर है
इश्क मूसा इश्क कोहेनूर है
खाक को बुत और बुत को देवता करता है इश्क
इंतहा ये है कि बंदे को खुदा करता है इश्क

फिल्म 'बरसात की रात' की प्रस्तुत कव्वाली का ऐतिहासिक दृष्टि से बड़ा महत्त्व है। रोशन के संगीत निर्देशन में सजी इस कव्वाली की धुन बहुत प्रचलित हुई। इसमें शब्दों व सुरों का ऐसा संतुलित संगम दिखाई दिया जिसकी लोकप्रियता ने फिल्मी जगत में तहलका मचा दिया। यद्यपि इससे पूर्व भी हिन्दी फिल्मों में कव्वालियों का प्रयोग हुआ था। लेकिन कव्वाली इतने संगठित व लोकप्रिय रूप में चित्रपट पर पहली बार सामने आयी।

फिल्म 'बरसात की रात' का कथानक पूर्णतः कव्वाली से संबंधित था। कव्वाली की अपार लोकप्रियता का प्रमुख कारण था कि इसकी धुन व शब्द पक्ष तो बहुत सबल था ही साथ ही रजत पट पर इसकी अदायगी भी बेहद आकर्षक थी। फिल्मांकन में मंच पर कलाकारों द्वारा कव्वाली की प्रस्तुति थी। आजकल की उछलकूद से बिल्कुल भिन्न जैसी अदायगी संगीत और शब्दों का उचित रूप प्रदान करने के लिये आवश्यक है, कुछ वैसी ही इसमें थी।

साहिर कृत प्रस्तुत रचना में श्रृंगार परक भावनाओं का समावेश बहुलता से किया

गया है। रचना में उर्दू के साथ हिन्दी के शब्दों का भी समावेश किया गया है जो कव्वाली की रचना के लिये जरूरी भी है लेकिन भाषा बड़ी सरल और साधारण है। कव्वाली के बोलों में मानव जीवन में इश्क यानि प्रेम की महत्ता को प्रदर्शित किया गया है। कव्वाली की पंक्ति ''ये इश्क इश्क है इश्क इश्क'' सुनते ही फिल्म का स्मरण हो उठता है। प्रारंभ में यह कव्वाली लौकिक भावों से भरी हुई है लेकिन धीरे-धीरे इसमें आध्यात्मवाद की ओर झुकाव बढ़ता है जो अन्त में पूर्णतः आध्यात्मिक रूप में धारण कर लेता है।

कव्वाली समूह गान है और प्रकृतिनुसार इसमें कई गायक-गायिकाओं का समावेश रहता है। इस कव्वाली में पुरुष स्वरों में मन्नाडे, बातिश व रफ़ी की आवाजों का उपयोग किया गया है और महिला स्वरों में आशा व सुधा की। इस संबंध में रोशन की यह विशेषता उजागर होती है कि वह पार्श्व गायक-गायिकाओं के चयन के बारे में बहुत सूझबूझ से काम लेते थे। यद्यपि उनकी फिल्मों के अधिकतम गीत लता ने गाये लेकिन जहाँ तक कव्वालियों का संबंध है, उसमें उन्होंने आशा की आवाज का उपयोग किया। संभवतः उन्हें आशा की आवाज़ की शोखियाँ व चुलबुलाहट कव्वालियों के लिये उपयुक्त लगी होगी। इसी प्रकार जहाँ ग़ज़लों में उन्होंने रफ़ी की आवाज को प्रधानता दी, कव्वालियों में पेशेवर कव्वालों जैसे शंकर शम्भू, बन्दे हसन आदि की आवाजों का प्रयोग किया। इसी प्रकार प्रस्तुत कव्वाली में मन्नाडे व बातिश की आवाजों का प्रयोग करके चार चाँद लगा दिये।

प्रस्तुत रचना को सुनने पर इसमें विभिन्न रागों की छाया दिखाई देती है, लेकिन कोई राग विशेष नहीं है। मुख्यतः खमाज अंग अपनाया गया है। स्थायी में तीव्र म का प्रयोग भी किया गया है। अतः मिश्र खमाज कहना अधिक उपयुक्त होगा। साथ ही कोमल नि का प्रयोग ''म ग म नि̱ ध नि̱ ध प'' इस स्वरावली में जहाँ-जहाँ भी हुआ है वहाँ छायानट का आभास मिलता है।

कव्वाली का प्रयोग इससे पहले न तो किसी फिल्म में इतना अच्छा हुआ और शायद न ही कभी होगा। फिल्मी कव्वाली के क्षेत्र में इस फिल्म का संगीत यदि सर्वश्रेष्ठ माना जाये तो शायद यह अतिश्योक्ति न होगी। कव्वाली को प्रस्तुति के लिये जो भी अवयव जरूरी होते हैं वह सभी इसमें मौजूद थे। कव्वाली के प्रारंभ से ही भारी वाद्यवृन्द का प्रयोग, फिर तिहाईयाँ लगाकर आलाप से शुरूआत होती है।

नि़

ग — — — — — रेसा — — — — — — सां — —

आ ऽ ऽ ऽ ऽ ऽ ऽऽ ऽ ऽ ऽ ऽ ऽ ऽ ऽ ऽ ऽ

नि़सा गम पनि सां — — — — रे सां नि̱ — — सांनि,सां —

आऽ ऽऽ ऽऽ ऽ ऽ ऽ ऽ ऽ ऽऽ ऽ ऽ ऽ ऽऽ ऽ ऽ

गरें, गं — — — — — — —सांसांगंगं पंमंगरें सांनिधप मगरेसा

ऽऽ ऽ ऽ ऽ ऽ ऽ ऽ * * आऽऽऽ ऽऽऽऽ ऽऽऽऽ ऽऽऽऽ

नि
सा — निनि निध, नि धनि, — धप —धप म ध
प मग — — —

ऽ * आऽ ऽऽ ऽ ऽऽ ऽ ऽऽ ऽ ऽऽ ऽ ऽ ऽऽ ऽ * *

जिस प्रकार पेशेवर कव्वाल एक ही पंक्ति में बोल-बनावों, आलापों तानों इत्यादि से विविधता पैदा कर देते हैं। वैसा ही प्रयोग यहाँ प्रथम पंक्ति "न तो कारवां की तलाश है" से ही प्रारंभ हो गया है। इस रचना की प्रस्तुति में संगीतकार ने आर्क्रेस्ट्रा द्वारा, तालियों द्वारा तथा कई गायक-गायिकाओं व कोरस का प्रयोग करके भराव पैदा किया है। वाद्य-वृन्द में सितार, सारंगी, हारमोनियम, तबला, ढ़ोलक का मुख्यत: प्रयोग है।

चूँकि फिल्म संगीत की अपनी कुछ मान्यताएँ होती हैं। यहाँ कम समय में यथासंभव अच्छे से अच्छा प्रदर्शन करना होता है। उस दृष्टि से यह कव्वाली स्वयं में पूर्ण है जिसमें नमूने के तौर पर सारी आवश्यक चीजों का प्रयोग किया गया है। अत: साहित्य, संगीत व प्रस्तुतिकरण की दृष्टि से यह परम्परागत कव्वालियों का अद्वितीय उदाहरण है।

बरसात की रात

गायिका : सुमन कल्याणपुर व कमल बरौत

गीतकार : साहिर

गरजत बरसत सावन आयो रे,
लायो न संग में हमरे बिछड़े बलमवा, सखी का करूं हाए।

रिमझिम-रिमझिम मेहा बरसे, तरपे जियरवा मीन समान,
पड़ गयी फीकी लाल चुनरिया, पिया नहीं आये॥

पल-पल छिन-छिन पवन झकोरे, लागे तन पर तीर समान,
नैनन जल सों गीली कजरिया, अगन लगाये।

भीषण निदाघ से संतप्त वसुधा की एकमात्र शांति जलधर की वारि-धारा बादलों के पंखों पर उड़कर आती है और फिर चली जाती है। परन्तु संसार को भानुज्वाला से बचाने वाला यही पावस, विरहाग्नि को प्रज्जवलित करके वियोगी के हृदय से 'आह'

का धुआँ निकालने का कारण बनता है। विरह अथवा वियोग एक टीस है परन्तु भयंकर होते हुये भी यह टीस कितनी मीठी है, इसे कोई हृदयवाला ही समझेगा। वर्षा से उद्दीप्त, हृदय की इस अन्तरतम सांघातिक, किन्तु मधुर वेदना को कालिदास ने 'मेघदूत' में देखा था। प्रकृति के प्रांगण में घटित होने वाली घटनाओं के साथ मानव हृदय का अद्‌भुत साम्य है। तभी तो, जब वसंत पुष्पाधर-चुम्बन के लिये आ पहुँचता है, अथवा जब घनघोर घटाओं में दामिनी की तड़प से उद्विग्न होकर आकाश रो उठता है, तब मानव विचलित हो उठता है, विशिष्ट मनोदशा के अनुसार घनघोर घटाओं के उमड़ते हुये उल्लास या वेदना के साथ जब मानव-हृदय स्पन्दन करने लगता है, तब तड़ित की तड़क में उसे अपनी ही वेदना की अनुभूति होती है। इसका परिणाम यह होता है कि अंतस्थल के उल्लास का वेग अथवा विरह के ज्वालामुखी का यह उद्‌गार मल्हार के विभिन्न रूपों में दृष्टिगोचर होने लगता है। फिल्म 'बरसात की रात' का प्रस्तुत गीत मुख्यतः राग गौड़ मल्हार पर आधारित है। रोशन द्वारा संगीत निर्देशित शास्त्रीय संगीत पर आधारित यह अत्यंत उत्तम रचना है। शास्त्रीय संगीत फिल्मों में जाकर ऐसे ही गीतों की सर्वग्राहय मधुरता के कारण लोकप्रिय हो गया है।

साहिर कृत प्रस्तुत गीत में प्राचीन परम्परा के अनुरूप वर्षाकालीन गीतों के साथ जुड़ी भारतीय नारी की वियोग दशा का सही चित्रण है। जो अपने प्रियतम की प्रतीक्षा में व्याकुल है और इसकी शिकायत वह वर्षा ऋतु के मेघों से करती है। 'मीन' और 'तीर' जैसे उपमानों का बड़ा सार्थक उपयोग किया है। सम्पूर्ण गीत में प्रयुक्त शब्द वर्षा ऋतु का चित्र उपस्थित करते हैं और विरहिणी नायिका की मनोदशा को व्यंजित करने में सक्षम हैं।[2]

वैसे तो प्रस्तुत गीत मुख्यतः राग गौड़ मल्हार पर आधारित है लेकिन यदा-कदा छायानट का चलन भी झलकता है। मल्हार अंग का मुख्य स्वर-समुदाय ''म रे पप'' का गीत में कई स्थानों पर प्रयोग हैं। साथ ही स्थान-स्थान पर रे ग रे मग, रे रे मम पप ध सां, ध प म आदि स्वर समुदाय गौड़ मल्हार को इंगित करते हैं। कोमल निषाद का प्रयोग मग मनि॒ ध प, म ग म, रे ग म नि॒ ध प इस प्रकार किये जाने पर छायानट की स्वरावली को दिखाता है। तीव्र मध्यम का प्रयोग नहीं किया गया है। लेकिन कोमल निषाद का यहाँ वहाँ प्रयोग माधुर्यवर्द्धक रहा है। गौड़ मल्हार को दिखाते हुये कोमल निषाद का प्रयोग ''सां ध नि॒ प'' इस प्रकार लिया गया है। गीत तीनताल में निषद्ध है। सुमन कल्याणपुर व कमल बरौत के युगल स्वरों में गाया यह गीत आज भी शास्त्रीय संगीत पर आधारित बेहद लोकप्रिय रचनाओं में से एक है।

चूँकि यह गीत पूर्णतया शास्त्रीय शैली पर आधारित है। अतः इसमें स्थान-स्थान पर बोल अलाप और तानों का भी बड़ा सुन्दर प्रयोग है। गीत में 'सावन आयो रे' बोलों

को विभिन्न प्रकार से लिया गया है। स्थायी में इन बोलों में केवल तारषडज तक ही प्रयोग है लेकिन बाद में बोल-बनाव की प्रक्रिया में इन्हीं बोलों में तारमध्यम तक पहुँचकर विविधता उत्पन्न की गई है।

1.	धनि, सां	-नि	ध	प	ग	पध, प म	गम
	साऽ, ऽ	ऽऽ	व	न	आ	योऽ, ऽ रे	ऽऽ
2.	सारें, गं	-रें	गं	• मं	गग	रेंगं सां	नि
	साऽ, ऽ	ऽऽ	व	न	आऽ	ऽऽ यो	ऽ
	धनि	निसां	-ध	प	ग	पध, प म	गम
	ऽऽ	साऽ	ऽव	न	आ	योऽ, ऽ रे	ऽऽ

गीत के अन्तिम चरण में इन्हीं बोलों पर प से गं को मींड ली गयी है

ग	—	गंमं	रें	सां	नि	रें	सां
सा	ऽ	ऽऽ	व	न	आ	ऽ	यो

संगीत का अन्त बेहद प्रभावशाली बन पड़ा है। 'लायो' पर छोटी सी तान ली गयी है—

"प	नि	सां	रें	सां	सां"
ला	ऽ	ऽ	ऽ	यो	ऽ

इसके पश्चात् निम्न प्रकार संगीत का अन्त किया गया है—

— सं नि सां	— नि ध नि	— ध प ध	— प म मध
ऽ सं ग में	ऽ ह म रे	ऽ बि छ ड़े	ऽ ब ल मऽ
धप मध पम रेसा	सा रे म प	ध नि ध सांनिधनि	— ध म प
वाऽ ऽऽ ऽऽ ऽऽ	स खी का ऽ	क रुं ऽ हाऽ ऽऽ	— ए रे ऽ
सं — — —	— — — —		
हा ऽ ऽ ऽ	ऽ ऽ ऽ ए		

रोशन के संगीत निर्देशन में 1960 में बनी यह प्रथम फिल्म थी जिसके गीतों को बहुत लोकप्रियता मिली और इसी के बाद उनका नाम समकालीन अग्रगणी संगीतकारों की श्रेणी में लिया जाने लगा। फिल्म के सभी गीतों की धुनें तो बेहद मधुर हैं ही साथ ही इन्हें कर्णप्रिय व लोकप्रिय बनाने में आर्केस्ट्रा का ही बहुत योगदान है। इस फिल्म

की कव्वालियों व गीतों के निर्माण में उन्होंने भरपूर आर्केस्ट्रा का प्रयोग किया है। प्रस्तुत गीत में प्रयुक्त प्रमुख वाद्यों में सारंगी, सुरमंडल, जलतरंग, सरोद, तबला इत्यादि हैं। इस प्रकार रोशन द्वारा संगीतबद्ध प्रस्तुत रचना शास्त्रीय संगीत पर आधारित बेहतरीन गीतों में से एक है।

आरती

गायक–गायिका : रफ़ी व लता
गीतकार : मजरूह सुल्तानपुरी

बार–बार तोहे क्या समझाये पायल की झन्कार — क्या
तेरे बिन साजन लागे ना जियरा हमार

छुप–छुप के करता है इशारे चंदा सौ–सौ बार, क्या
आ तोहे सजनी ले चलूँ नदिया के पार

चंदा ऊपर चाँदनी आई संभल–संभल
इन लहरों पर मन मेरा गया मचल–मचल
एक बात कहता हूँ तुमसे ना करना इन्कार — क्या
आ तोहे सजनी ....

ना बीते ये रात हम मिलते ही रहें
बस तारों की छाँव में चलते ही रहें
नाम तेरा ले लेके पुकारे धड़कन का हर तार — क्या

संगीतकार रोशन ने लोकसंगीत की शैली को शास्त्रीय संगीत के साथ समन्वित कर अनेक उत्तम गीतों की रचना की। वह लोकधुनों का कल्पनापूर्ण व मानवप्रेरित इस्तेमाल करके अद्भुत मेलॉडी का सृजन करते थे। शास्त्रीय संगीत की शैली में उनका एक अनूठा अंदाज था—ठुमरी अंग का। ठुमरी अंग में उनका कमाल का रंग था। कभी-कभी किसी फिल्म के गीत में वह यह अंग लाते थे तो उसका रूप ही अलग होता था। फिल्म 'आरती' के प्रस्तुत गीत में लोक संगीत की शैली को ठुमरी अंग से मिलाते हुये उन्होंने स्वरों को इस ढंग से प्रयोग किया है कि जब हम इस रचना को पंचम से देखते हैं तो बागेश्री लगता है। जब हम मूल सा से देखते हैं तो लगता है जैसे खमाज में ठुमरी गायी जा रही हो। इन दोनों रागों को मिलाकर अगर हम पंचम को सा मानते हैं तो बागेश्री का जो अंग खुलता है उससे लगता है कि बागेश्री को उन्होंने किस खूबसूरती से सजाया

है और सा पर आते हैं तो जैसे मिश्र खमाज का रूप मिलता है।[3] गीत का यदि मिश्र खमाज की दृष्टि से विश्लेषण करें तो इसमें हमें दोनों मध्यम व दोनों निषाद प्रयुक्त सुनायी पड़ते हैं। गीत में एक स्थान पर तीव्र मध्यम व शुद्ध निषाद का प्रयोग बड़ी कुशलता से धुन की मधुरता व प्रवाह बनाये रखते हुये किया है—

नि सां ध प मं प सां नि ध

पा य ल की ऽ झ न कार

इसी प्रकार एक अन्य स्थान पर शुद्ध निषाद फिलर में बड़ी खूबसूरती से इस स्वर समूह में प्रयोग किया गया है—

सां, सां नि रें सां

चूँकि गीत का मुख्य आधार खमाज अंग है। अत: गीत में तथा आर्केस्ट्रा में शुद्ध खमाज की स्वरावली मुख्यत: आती रहती है—

ग म प सां नि॒ ध नि॒ प ध म ग

रोशन के कई गीतों को सुनने के पश्चात् उनके संगीत की एक विशेषता यह भी नज़र आती है कि वे कहीं-कहीं फिलर के रूप में सितार व बाँसुरी को मिलाकर बड़ा सुन्दर स्वर समुदाय प्रस्तुत करते हैं। जैसे इस गीत की प्रथम लाईन में ही ''बार बार तोहे क्या समझाये'' के पश्चात् ''म, नि॒ ध नि॒ ध प , रे ग प'' बाँसुरी व सितार के प्रयोग से प्रस्तुत यह फिलर रोशन के इसी अंदाज का अच्छा उदाहरण है।

हर संगीतकार अपने प्रदेश की कुछ विशेषताओं को अपनाता है और इसलिये यह स्वाभाविक है कि उसके संगीत में वहाँ के प्रवाह की कुछ न कुछ झलक दिखाई दे किन्तु रोशन के योगदान के बारे में यह महत्त्वपूर्ण तथ्य उजागर होता है कि उन्होंने जन्म से पंजाबी होते हुये भी अपने को ऐसी विशिष्टता से अछूता रखा। संभवत: वह उत्तर प्रदेश के लोकसंगीत के प्रवाह से अधिक प्रभावित हुये क्योंकि उन्होंने मैरिस कॉलेज में शिक्षा पाई थी। लेकिन इसके साथ यह तथ्य भी उजागर होता है कि उत्तर प्रदेश की लोकधुनों में शास्त्रीय संगीत के प्रवाह को बनाये रखा जो इस गीत में झलकता है।

लोकधुनों का प्रयोग कई संगीतकारों ने अपनी फिल्मों में किया है लेकिन वांछित परिणाम प्राप्त करने के लिये यह जरूरी है कि लोकधुन की वास्तविकता को बनाये रखने के लिये या तो पश्चिमी वाद्ययंत्रों का प्रयोग न किया जाये या उतनी ही मिलावट की जाये जितने से उसका असली रूप न मरे। साथ ही उस प्रदेश के उन वाद्यों का भी प्रयोग प्रचुर मात्रा में किया जाये जो उसकी मूल ध्वनि में योग देते हों और वातावरण निर्माण

में सही भूमिका अदा करें। इस दृष्टि से देखें तो प्रस्तुत गीत में पूर्णतया भारतीय शैली को अपनाया गया है। गीत का प्रारंभ उत्तर प्रदेश की लोकधुन का आधार लेकर होता है। जिस प्रकार संगीत, वातावरण व आवाज का प्रयोग नौटंकी की धुनों में होता है वैसा ही यहाँ भी तेज़ लय की ढोलक जिसमें थाप पर विशेष जोर हो तथा हारमोनियम का प्रयोग किया गया है।

मजरूह सुल्तानपुरी द्वारा रचित प्रस्तुत गीत शृंगार रस के संयोग पक्ष से संबंधित है जिसमें नायक-नायिका की उल्लासित भावनाओं का चित्रण है। गीतकार ने विभिन्न प्राकृतिक उपादानों के माध्यम से प्रेम भावनाओं को प्रदर्शित किया है। लता व रफ़ी ने इसे बेहद खूबसूरती से गाया है और उन कोमल भावनाओं को सशक्त अभिव्यक्ति प्रदान की है।

गीत कहरवा ताल में निबद्ध है। रोशन ने इसे अपने अनूठे तरीके से सजाया है। गीत में कई स्थानों पर रिद्म का ब्रेक किया है, कहीं पे रिद्म डबल की है। कहीं संगीत में रिद्म फास्ट की है। कहीं-कहीं पर रिद्म में कट दिया है। जैसे स्थायी के समाप्त होते ही सितार पर अन्तरे का म्यूजिक शुरू होता है, वहाँ कुछ क्षण तबला नहीं बजाया जाता, फिर पिकअप लिया गया है।

गीत में प्रयुक्त प्रमुख वाद्यों में सितार, बाँसुरी, सुरमंडल, तबला आदि है। गीत में दोनों अन्तरों की धुन समान तथा आर्केस्ट्रा का म्यूज़िक समान है। संगीतकार की कार्यशैली की विशिष्टताओं को उजागर करता प्रस्तुत गीत बेहद लोकप्रिय रचनाओं में से एक है।

ताजमहल

गायक-गायिका : रफ़ी व लता
गीतकार : साहिर लुधियानवी

जो वादा किया वो निभाना पड़ेगा
रोके जमाना चाहे रोके खुदाई तुमको आना पड़ेगा,
जो वादा किया वो निभाना पड़ेगा।

तरसती निगाहों ने आवाज दी है
मुहब्बत की राहों ने आवाज दी है
आ ऽऽऽ जाने हया, जाने अदा छोड़ो तरसाना तुमको आना पड़ेगा
जो वादा किया वो निभाना पड़ेगा।

ये माना हमें जां से जाना पड़ेगा
पर ये समझ लो तुमने जब भी पुकारा हमको आना पड़ेगा
जो वादा किया वो निभाना पड़ेगा

हम अपनी वफ़ा पे ना इल्ज़ाम लेगें
तुम्हें दिल दिया तुम्हें जान देगें
आ ऽऽऽ जब इश्क का सौदा किया फिर क्या घबराना हमको आना पड़ेगा
जो वादा किया वो निभाना पड़ेगा।

1960 के दशक में संगीतकार रोशन ने जिस प्रकार का संगीत फिल्मों में दिया उसमें उनका संगीत एक रंग व चमक के साथ उभरकर आया और ऐसे संगीत ने उनकी शैली को विशिष्टता प्रदान की। साथ ही उनकी कार्यशैली की एक विशिष्टता थी— कठिन को सहज और सुरीले ढंग से पेश करना। उनके गीतों की धुनों में ऐसे भाव रहते थे जिसे आम आदमी अपने भीतर महसूस तो करता है लेकिन व्यक्त नहीं कर पाता। जो गीत इस अभिव्यक्ति को उभारने में सफल होता है उसके साथ श्रोता का मन ही मन ऐसा नाता जुड़ जाता है जो कभी नहीं टूटता। फिल्म 'ताजमहल' का प्रस्तुत गीत ऐसे ही सदाबहार गीतों की श्रेणी में अग्रगण्य है। यह एक ऐतिहासिक पृष्ठभूमि पर निर्मित फिल्म थी। उस दौर में उन्होंने कई ऐतिहासिक फिल्मों में संगीत दिया जो बेहद लोकप्रिय हुआ। उनकी बनायी धुनों में लखनऊ की नज़ाकतों व कलाओं का स्पर्श दिखाई दिया जो ऐसी फिल्मों की पृष्ठभूमि के लिये बहुत उपयुक्त रहा।

उपर्युक्त विशेषताओं से युक्त प्रस्तुत गीत बेहद लोकप्रिय हुआ और एक प्रकार से फिल्म हिट होने का सारा श्रेय इसी गीत को दिया गया। यह गीत फिल्म का "थीम सांग" होने की वजह से फिल्म में कई बार प्रयुक्त होता है। लता व रफ़ी की आवाजों ने इसे बेहद खूबसूरती से सजाया है। गीत की धुन में एक प्रकार की मादकता, कोमलता व प्रवाह देखा जा सकता है।

साहिर कृत प्रस्तुत गीत शृंगार के संयोग पक्ष से संबंधित है। नायक-नायिका के मन को अन्तरतम कोमल भावनाओं की बेहद सुन्दर प्रस्तुति की गई है।

यह गीत मूलत: किसी राग विशेष पर आधारित न होकर एक कर्णप्रिय धुन है। गीत की विशेषता यह है कि इसकी धुन तो है ही अच्छी लेकिन इससे भी प्रभावशाली है रिद्म। इसमें जो ब्रेक दिया गया है, जो पिकअप दिया गया है, जो ठेका दिया गया है, वैसी खूबसूरती और प्रभाव बहुत कम गानों में सुनने को मिलता है। गीत कहरवा ताल में निबद्ध है। गायक की आवाज के साथ ढोलक पर रिद्म दी गई है और छल्ले का प्रयोग किया गया है। लता का पीस जहाँ से शुरू होता है वहाँ 'जाना पड़ेगा' पर ढोलक पर जो कट दिया गया है वह सुनने में बहुत मधुर लगता है और यह चीज़ इस

गीत की विशेषता बन गई है। हर अन्तरे के अंत में ढोलक पर थाप लगी है। गायक के साथ ढोलक और गीत के बीच में तथा आर्केस्ट्रा के साथ कांगो पर रिद्म दी गई है। इस प्रकार भारतीय व पाश्चात्य शैली का अच्छा तालमेल बैठाया है। संगीतकार ने आर्केस्ट्रा में प्रमुखत: पियानो, वायलिन, मेंडोलिन, बाँसुरी, ढोलक, गिटार प्रयोग किया है। गीत में कई अन्तरे हैं लेकिन सभी की धुन समान है। लेकिन अन्तरों से पहले म्यूज़िक में विविधता है। बैक ग्राऊण्ड में वायलिन में काउन्टर मेलाडी बजायी है। वायलिन के कई पीस फिलर के तौर पर बड़े मधुर सुनायी पड़ते हैं। 'आना पड़ेगा' व 'जाना पड़ेगा' बोलों की बैक ग्राऊण्ड में वायलिन का पीस "प म प सां नि॒ ध" फिलर का अच्छा उदाहरण है।

गीत को सुनने पर मालूम होता है कि संगीतकार ने इसमें भारतीय व पाश्चात्य शैली को मिलाकर एक नया रूप प्रस्तुत करने का प्रयत्न किया है। प्रस्तुत गीत में पाश्चात्य वाद्यों व रिद्म को भारतीय वाद्यों व रिद्म के साथ समन्वित करके रोशन ने सफलतम परिणाम प्राप्त किया है।

दिल ही तो है

गायक : मन्नाडे
गीतकार : साहिर लुधियानवी

आ ....
लागा चुनरी में दाग छुपाऊँ कैसे, घर जाऊँ कैसे

हो गई मैली मोरी चुनरिया, कोरे बदन सी कोरी चुनरिया
आऽजाके बाबुल से नजरें मिलाऊँ कैसे, घर जाऊँ कैसे

भूल गई सब वचन विदा के, खो गई मैं ससुराल में आके
आ ऽ जाके बाबुल से नज़रें मिलाऊँ कैसे, घर जाऊँ कैसे

कोरी चुनरिया आत्मा मोरी मैल है मायाजाल,
वो दुनिया मोरे बाबुल का घर ये दुनिया ससुराल
हो जाके बाबुल से नजरे मिलाऊँ कैसे, घर जाऊँ कैसे

फिल्म '**दिल तो ही है**' की प्रस्तुत रचना शास्त्रीय संगीत पर आधारित गीतों की कड़ी में एक बेहतरीन प्रस्तुति है। रोशन ने अपनी फिल्मों में शास्त्रीय संगीत प्रचुरता से प्रयोग किया और कई आकर्षक मधुर व भावपूर्ण धुनें संगीत प्रेमियों के समक्ष रखी। कुछ इसी प्रकार की विशेषताओं से युक्त प्रस्तुत गीत आज भी बेहद लोकप्रिय है तथा

रोशन की बनायी मधुरतम धुनों में से एक है। मन्नाडे की आवाज में गीत बहुत उपयुक्त रहा है क्योंकि विशुद्ध शास्त्रीय संगीत की पृष्ठभूमि पर बने गीतों में उनकी आवाज अधिक निखर उठती है। संगीतकार ने अपनी विशेषतानुसार गीत को जगह-जगह पर आलाप, तान, मुरकी आदि संगीत के विभिन्न अलंकारों द्वारा सजाया है तथा मन्नाडे की आवाज ने गीत को बहुत सुन्दर अभिव्यक्ति दी है।

साहिर द्वारा रचित प्रस्तुत गीत अपने आप में एक अनूठी कृति है। ऐसी काव्य-रचना फिल्मी गीतों में बहुत कम प्रयोग हुई है। प्रस्तुत गीत में नायिका के विभिन्न मनोभावों लज्जा, शोक, व्यथा, पीड़ा आदि का बड़ा भावपूर्ण चित्रण है। गीत के अन्तिम चरण में 'तराना' का समावेश किया है जिससे यह फिल्म संगीत की एक विशिष्ट न भूलने योग्य रचना बन गई है।

प्रस्तुत गीत की स्वरावली मिश्र भैरवी पर आधारित है। स्थायी सुनते ही यह स्पष्ट हो जाता है कि इसमें भैरवी के कोमल स्वर रिषभ, गन्धार, धैवत व निषाद के अतिरिक्त यदा-कदा शुद्ध रिषभ, शुद्ध धैवत व शुद्ध निषाद का भी प्रयोग हुआ है जिससे इसमें मिश्र भैरवी का अंग आ गया है। तृतीय अन्तरे के बोल है ''कोरी चुनरिया आत्मा मोरी मैल है माया जाल'' संगीतकार ने अपनी कुशलता से 'मैल' शब्द पर ली गई छोटी सी तान में शुद्ध रिषभ प्रयोग किया है—

ध	नि	सां	रें	गं
मै	ऽ	ऽ	ऽ	ल

गीत में 'लागा चुनरी में दाग' के पश्चात् कई स्थानों पर सारंगी का एक पीस लिया गया है जिसमें शुद्ध निषाद का प्रयोग बड़ी खूबसूरती से किया गया है—

''ग प ध नि सां''

गीत में कहरवा ताल का प्रयोग किया गया है लेकिन संगीतकार ने अपनी प्रकृतिनुसार पूरे गीत में ठेके में बहुत विविधता पैदा की है। ठेके के साथ घुँघरूओं की ध्वनि गीत में नृत्य का वातावरण पैदा करती है। स्थान-स्थान पर 'लागा' शब्द पर कट देकर और 'दाग' पर तीन थाप देकर ठेका उठाने की क्रिया बहुत कर्णप्रिय लगती है। गीत के अंतिम चरण में तराने के बोलों के साथ तीनताल का प्रयोग इसकी प्रमुख विशेषता है। अंत में लय बहुत तेज होती जाती है और तराने के बोलों के साथ गीत का समापन हो जाता है।

रोशन ने इस गीत में आर्केस्ट्रा का अच्छा प्रयोग किया है। सारंगी, सितार, संतूर, बाँसुरी, वायलिन सभी प्रमुख वाद्यों को यथास्थान दिया है। 1960 के दशक की फिल्मों में उनका संगीत सुनकर ऐसा लगने लगता है कि समय की माँग के साथ उन्होंने अपने

संगीत में वाद्यों की संख्या बढ़ा दी और विशेषकर शास्त्रीय संगीत पर आधारित रचनाओं में भारी आर्केस्ट्रा का प्रयोग अपनी रचनाओं में करने लगे।

ममता

गायिका : लता मंगेशकर
गीतकार : मजरूह सुल्तानपुरी

रहते थे कभी जिनके दिल में हम जान से भी प्यारों की तरह,
बैठे है उन्हीं के कूचे में हम आज गुनहगारों की तरह

दावा था जिन्हें हमदर्दी का खुद आके न पूछा हाल कभी,
महफिल में बुलाया है हमपे हँसने को सितमगारों की तरह

बरसों से सुलगते सीने पे अश्कों के दो छीटें दे न सके
तपते हुये दिल के जख्मों पर बरसे भी तो अंगारों की तरह

सौ रूप धरे जीने के लिये बैठे हैं हज़ारों ज़हर पिये,
ठोकर न लगाना हम खुद हैं गिरती हुई दीवारों की तरह

डॉ० बशीर बद्र के अनुसार 'इन्सान, जिन्दगी और खुदा' तीनों की दास्तान ग़ज़ल में मिलती है। लेकिन हमारी ग़ज़ल गायिकी में अधिकतर उन्हीं शेरों को लिया गया है जिसमें गुस्सा न हो बल्कि एक धीमी-धीमी सी सुलगती हुई आग हो, मुहब्बत जिसकी बुनियाद हो या फिर दुनिया में इन्सान जो मुहब्बत करता है, जिस शख्स से मुहब्बत करता है, उस बात का ज़िक्र हो। फिल्म 'ममता' की प्रस्तुत ग़ज़ल मजरूह सुल्तानपुरी द्वारा रचित है और आज तक फिल्मी संगीत की बेहतरीन ग़ज़लों में से एक मानी जाती है। ग़ज़ल की लोकप्रियता की कुछ ठोस वजह है। एक तो यह कि इसके शब्द ग़ज़ल की चमत्कारिता के साथ प्रेम में मिले धोखे की पीड़ा को उभारते हैं और साथ ही ऐसे भावों के प्रदर्शन के लिये प्रस्तुत ग़ज़ल में लता की आवाज भी बेहद मुफ़ीद रही है। संगीतकार द्वारा पूरी ग़ज़ल में लता के गले से निकलवाई गई छोटी-छोटी नामालूम हरकतों की खूबसूरती देखने लायक है। गले की स्वाभाविक व बेहद कोमल मुरकियों के प्रयोग से ग़ज़ल में चार चाँद लग गये हैं।

ग़ज़ल के लिये उपयुक्त राग वे हैं जिनमें सरसता, सरलता व मधुरता हो। ग़ज़ल गायिकी में शास्त्रीयता का पुट देने के लिये ऐसे राग अधिक उपयुक्त होते हैं जिनमें शास्त्रीयता के साथ-साथ श्रृंगार-परक भावनाओं का भी समावेश हो। वैसे तो रागों पर

आधारित फिल्मी गीत शास्त्रीय नियमों में पूरी तरह नहीं बँधा करते। धुन का स्वाभाविक विकास और अपेक्षित प्रभाव की जरूरत संगीतकार को नियमों से छूट लेने को मजबूर करती है। प्रस्तुत ग़ज़ल की स्वर रचना में मुख्यत: खमाज व तिलंग अंग अपनाया गया है। चूँकि ये राग शृंगारपरक भावनाओं को प्रदर्शित करने में सक्षम हैं, अत: ग़ज़ल की अदायगी इनके स्वरों में ढलकर बहुत आकर्षक बन पड़ी है। दोनों निषादों का प्रयोग हुआ है। ग़ज़ल को सुनने पर ऐसा लगता है कि इसकी धुन में एक प्रकार का बहाव है। रचना को जिस स्वभाविक तरीके से विकसित किया है वह संगीतकार की कलात्मक सृजनशीलता की ऊँची मिसाल है।

स्थायी के प्रारंभिक बोलों 'रहते थे कभी जिनके दिल में' में खमाज का पुट मिलता है। ग़ज़ल के अधिकांश स्वरांशों में "ग म नि॒ ध प ग म ध प" स्वरावली का ज्यादा प्रयोग है। ग़ज़ल की तीनों अन्तरों की धुन रोशन ने अपनी अधिकांश रचनाओं की तरह यहाँ भी समान रखी है। ग़ज़ल के अन्तरों के बीच-बीच में म्यूज़िक ज्यादा नहीं दिया गया है। प्रथम व तीसरे अन्तरे से पूर्व सारंगी पर जो पीस दिया गया है उसमें खमाज में कोमल गन्धार का प्रयोग किया गया है। अत: यहाँ मिश्र खमाज का स्वरूप सामने आता है।

ग़ज़ल में कई जगह पर एक छोटी सी तान बड़ी सफाई, सुरीलेपन व भाव-प्रवणता के साथ ली गयी है जो ग़ज़ल की एक खूबी है। इसमें तिलंग अंग झलकता है—

"ग म प नि सां"
ह ऽ ऽ ऽ म

इस ग़ज़ल की अहमियत इसलिये भी है कि इसका आर्क्रेस्ट्रेशन संगीतकार ने बहुत सोच समझकर किया है। सितार, सारंगी, तबला, बाँसुरी आदि गिने-चुने वाद्यों को बड़े नपे तुले ढंग से प्रयोग किया है कि उसकी प्रशंसा करनी ही पड़ती है। हर वाद्य को उचित जगह पीस मिला है। ठेका कहरवा में हैं लेकिन इसमें विविधता रहती है। चूँकि फिल्म की कई रचनाओं के फिल्मांकन में तवायफ़खाने के दृश्य हैं, इसलिये उसी के अनुरूप संगीतकार ने सारंगी का प्रयोप अधिक किया है।

इस प्रकार की लोकप्रिय व बेहतरीन ग़ज़लों ने फिल्म संगीत की विविधता में नया आयाम जोड़ा है। इनके द्वारा फिल्म संगीत में जो नवीनता आयी उससे फिल्म संगीत बहुत समृद्ध हुआ है।

ममता

गायिका : लता मंगेशकर
गीतकार : मजरूह सुल्तानपुरी

हम गबनबा न जइबे हो बिना झुलनी

अंबुआ की डारी पड़ रहे झुलना
अचरा से उलझे लहरिया, हो बिना झुलनी
हम गबनबा न जइबे हो बिना झुलनी

सकल बन गगन चलत पुरवाई रे, माई
ऋतु बसंत आई फूलन छाई बेलरिया
डार-डार अंबुवन की कुहरिया रही पुकार
और मेघवा बूंदन झर लाई

विकल मोरा मनवा उनबिन हाए
आए न सजनवा रूत बीती जाये

भोर पवन चली बुझ गये दीपक
चली गई रैन सिंगार की
केस पे बिरहा की धूप ढली
अरी, एरी कली अंखियन की पड़ी कुम्हलाये

युग से खुले हैं पट नैनन के मेरे
युग से अंधेरा मोरा आँगना
हो, सूरज चमका न चाँद खिला
अरी, एरी जला रही अपना तनमन हाए

संगीतकार रोशन शास्त्रीय संगीत में पूर्णतया निपुण थे। उन्होंने फिल्मों में जिस प्रचुरता से शास्त्रीय संगीत का प्रयोग किया है, उतना बहुत कम संगीतकारों ने किया। लोकसंगीत रूपी प्रेरणादायिनी शक्ति से प्रभावित होकर अपनी फिल्मों में शास्त्रीय संगीत को इतना सरल व मधुर बना दिया कि वह लोकसंगीत जितना सहज व सरल हो गया। यह उनके हुनर व कला की विशेष बात थी। उनके द्वारा संगीत निर्देशित फिल्म 'ममता' ने 1966 की सर्वश्रेष्ठ फिल्म का एवार्ड प्राप्त किया था और फ़िल्म के संगीत को इस गौरव का पूरा-पूरा श्रेय जाता है। इस फिल्म में जो संगीत समाहित किया गया है उसमें सौन्दर्य, अनुराग, वियोग-संयोग सभी रसों का निरूपण हुआ है। इस फिल्म के गीतों को शास्त्रीय, उपशास्त्रीय व लोकसंगीत का त्रिवेणी संगम कहें तो समीचीन होगा।

संगीतकार रोशन ने अपने संगीत में यथासमय जो नये-नये प्रयोग किये उनका एक श्रेष्ठ उदाहरण प्रस्तुत गीत भी है। प्रस्तुत गीत में लोकसंगीत व शास्त्रीय संगीत की शैली को मिलाकर एक नवीन रूप में प्रस्तुत किया गया है। मजरूह सुल्तानपुरी द्वारा लिखित इस रचना के प्रथम चरण के प्रारंभिक शब्दों में लोकभाषा का पुट है। गीतकार ने ब्रज को लोकभाषा का आधार लेकर शब्द रचना की है।

गीत की रचना शैली में ठुमरी अंग झलकता है। स्वर-रचना में मुख्यत: राग माँझ खमाज को आधार बनाया गया है। मध्यम पर न्यास राग की विशेषता है प्रस्तुत गीत में राग का स्वरूप इन स्वरों में इस प्रकार दिखायी देता है—

ग म प नि सां, नि सां, नि̱ ध प ध, ग प म, रे ग रे प म

प्रस्तुत रचना तीन अंशों में विभक्त है जिनमें शास्त्रीय संगीत का निर्वाह भली भाँति हुआ है। गीत को शास्त्रीय गायन के तरीके से ही गाया गया है। शास्त्रीय गायन में जिस प्रकार तानपूरे की ध्वनि परमावश्यक होती है, उसी प्रकार इन तीनों अंशों में तानपूरों का प्रयोग हुआ है। शास्त्रीय गायन में जिस प्रकार केवल एक या दो वाद्यों की संगति होती है उसी प्रकार प्रथम अंश में तानपूरे की ध्वनि के साथ केवल सारंगी का अच्छा प्रयोग है। स्थायी के बाद बीच में रंजकता बढ़ाने की दृष्टि से सारंगी का छोटा सा पीस दिया गया है।

चूँकि गीत के फिल्मांकन में तवायफ़खाने का दृश्य है, इसलिये प्रभावोत्पादन के लिये संगीतकार ने सारंगी का प्रयोग किया है। इसके अतिरिक्त, गीत के प्रारंभ में सुरमंडल की झन्कार भी बड़ी मधुर प्रतीत होती है। कहीं-कहीं पर बाँसुरी का नामालूम सा प्रयोग सुनायी देता है।

गीत के द्वितीय अंश में वर्षा ऋतु का चित्रण है। रचना बहार राग पर आधारित है। राग शुद्धता का पूर्ण ध्यान रखा गया है। प्रस्तुतिकरण बिल्कुल वैसा ही है जैसा कि किसी राग की बंदिश को प्रस्तुत करते समय किया जाता है। तबले पर द्रुत तीनताल का प्रयोग है। प्रारंभ परवावज, सुरमंडल व तानपूरे की झंकार से युक्त लता के द्वारा गायी द्रुत तान से होता है—

रांनि	रेसां	नि̱प	सांनि̱	पप	नि̱नि̱	पम	पप	मग̱	मम	रेनि़	स	—	ग̱म	धनि	सं-
आ	ऽऽ	ऽऽ	ऽऽ	ऽऽ	ऽऽ	ऽऽ	ऽऽ	ऽऽ	ऽऽ	ऽऽ	ऽ	ऽ	ऽऽ	ऽऽ	ऽ

गीत के तीसरे अंश में विरही नायिका की मनोदशा का चित्रण है जो प्रियतम के विछोह में व्याकुल है। कली, सूरज, चाँद, पवन जैसे प्रतीकों के सहारे रचना में कल्पनाशीलता और भावों का सुन्दर समन्वय किया गया है। स्वर रचना से जोगिया व पीलू के स्वरों का हल्का सा आभास मिलता है। प्रारंभ आलाप से होता है और पार्श्व में तानपूरे की ध्वनि आती रहती है—

सा ग म ध — — निध म पम गम — — प
आ ऽ ऽ ऽ ऽ ऽ ऽऽ ऽ ऽऽ ऽऽ ऽ ऽऽ ऽ

इस अंश में ताल कहरवा प्रयोग की गई है। संगीतकार ने दोनों अन्तरों की धुन समान रखी है। प्रथम अन्तरे के पश्चात् सारंगी पर दिया गया म्यूज़िक इस प्रकार है—

नि गं
— ध नि रें — — — निध म — सांनि सारें सां — मं

पिछले दो अंशों के मुकाबले तीसरा अंश उभरता हुआ जान पड़ता है। साथ ही इसकी प्रकृति भी कुछ भिन्न है। इसलिये संगीतकार ने इसमें सितार का प्रयोग भी किया है। मूलतः यह गीत किसी एक राग में निबद्ध न होकर कई रागों का मिश्रण है और गीत के तीनों अंश अलग-अलग प्रकार के श्रोता को प्रभावित करते हैं। अतः इसे कर्णप्रिय धुन कहना सुविधाजनक होगा।

यूँ तो रोशन द्वारा संगीतबद्ध किये गये गीतों की कुल संख्या सैंकड़ों में है लेकिन जिन चुने हुए गीतों का सांगीतिक विश्लेषण किया गया है उनमें इस तत्त्व को ध्यान में रखा गया है कि संगीत की सभी विधाओं को समाहित किया जाये। यदि ''ऐ री मैं तो प्रेम दीवानी'' (नौ बहार) भजन है तो ''बार-बार तोहे क्या समझाये पायल की झंकार'' (आरती) में लोकसंगीत का रंग देखा जा सकता है, यदि ''ना तो कारवां की तलाश है'' (बरसात की रात) कव्वाली है तो ''रहते थे कभी जिनके दिल में'' (ममता) गजल की बेहतरीन प्रस्तुती है। वैसे तो उनके योगदान में इन सभी विधाओं के प्रयोग की भरमार है लेकिन यहाँ जिन चुने हुए गीतों को लिया गया है वह उस सारे योगदान का सराहनीय सार कहा जा सकता है।

संदर्भ

1. राजू भारतन, 'मेलॉडीज एंड मैमोरीज', फिल्मफेयर, बम्बई, 22 दिसम्बर 1967.
2. Capation Willard ने अपने सुप्रसिद्ध ग्रन्थ 'Treatise on the Music of Hindustan' में H.H. Wilson की पुस्तक से ये पंक्तियाँ उद्धृत की हैं ……… "The commencement of the rainy season being peculiary delightful in Hindustan for the poets to the expected return of such persons as they are at this time absent from their family and homes. Numerous songs in these Mallar ragas describe the clouds, the thunder. the rain and the peacock in particular. Several songs describe the condition of ladies at home who are separated from their lovers and husbands."
   विशम्भरनाथ भट्ट, 'राग गौड़ मल्हार', संगीत कादंबिनी, पृ० 215.
3. पं० हरिप्रसाद चौरसिया के कथन के आधार पर, कार्यक्रम-संगीत सरिता हमारे फिल्म संगीतकार व उनकी रचनायें, 5वीं कड़ी, 10 अप्रैल 1994, आकाशवाणी दिल्ली से प्रसारित।

अध्याय : 5

रोशन व उनके समकालीन संगीतकार

फूल खिले हैं गुलशन-गुलशन,
अपनी झोली, अपना दामन,
—जिगर

विभिन्न फिल्म संगीतकारों के संगीत की शैली चाहे भिन्न-भिन्न हो, किन्तु प्रभाव और गुणों में उतनी भिन्नता नहीं होती; उनमें कहीं न कहीं पर समानता के लक्षण दिखायी देते हैं। संगीत का मौलिक रूप एवं उसके सृजनात्मक तत्त्व सभी स्थानों के संगीत में समान होते हैं। संगीत के परमाणुओं में मानव की वृत्तियों को प्रशस्त करने के साथ आत्मिक शक्ति का अविर्भाव करने की क्षमता भी निहित है। चारित्रिक उत्थान करने व वासनाओं पर विजय प्राप्त करने सर्वोत्तम साधन संगीत ही है।

इस ललित कला की गहराई मापी नहीं जा सकती। ज्यों-ज्यों इसकी गहराई में उतरा जाये, त्यों-त्यों पथ प्रशस्त एवं परिमार्जित होता जाता है। फिल्मों में सातों ललित कलाओं का संगम होता है। सभी कलाओं के लालित्य व सौन्दर्य के मिश्रण से जो नई कृति तैयार होती है उसकी संवेदन शक्ति भी दर्शक पर अभूतपूर्व होती है। इसलिये आज श्रोताओं व दर्शकों के दिलोदिमाग पर अधिकार करने वाली फिल्म की अपेक्षा अन्य कोई कला या माध्यम नहीं है। भरतमुनि के नाट्य की सर्वश्रेष्ठ कल्पना को भी फिल्मों में आज पीछे छोड़ दिया है। आज जनमानस के दिल और मन पर फिल्म की जितनी सशक्त और भरपूर पहुँच है, उतनी अन्य किसी संदेश-वाहन की नहीं। ललित कलाओं के जितने चित्र व विचित्र स्वरूप चिताकर्षक रंगों में फिल्म के पर्दे पर खिले हैं, अन्यत्र कहीं संभव नहीं हैं। फिल्मी गीतों के मधुर संगीत ने देश के कोने-कोने में अपनी गूँज फैला दी है। वे बच्चे, जवान, वृद्ध सभी की जुबान पर छा गये हैं। पुरातनवादियों की अनेक उपेक्षाओं, तिरस्कारों और घृणा के बावजूद अपनी सरलता, भाव प्रवणता व जनमन रंजकता के कारण आज फिल्मों गीत संगीत अत्यंत लोकप्रिय है।[1]

चित्र-पट संगीत की कुछ प्रतिष्ठित विभूतियाँ

हिन्दी फिल्मों के इतिहास पर विहंगम दृष्टिपात करने से यह ज्ञात होता है कि पार्श्व गायन, जिसे अब अर्द्ध शताब्दी से भी अधिक समय बीत चुका है और जो अब फिल्म निर्माण का एक अनिवार्य अंग बन चुका है, बाद में शुरू हुआ। सवाक् फिल्म के प्रारंभिक चरण में जो अभिनय-कलाकार अभिनय करते थे वे स्वयं गीत भी गाते थे, महिला हो या पुरुष। निस्सन्देह पार्श्वगायन पद्धति ने फिल्म निर्माण संबंधी अनेक कठिनाइयों को सरलतापूर्वक दूर कर दिया है। पहले पार्श्वगायन एवं वादन हेतु जो संगीत तैयार किया जाता था, उसका शब्द विन्यास, संगीत-योजना और प्रयुक्त होने वाला वाद्ययन्त्र अधिकतर भारतीय होते थे, जिनसे भारतीय जनमानस का विशेष और प्रगाढ़ परिचय होने से एक आत्मीयपूर्ण लगाव होना स्वाभाविक था। समय बदलने के साथ-साथ व्यसनों, शौक, विचारों और अभिरूचियों में भी परिवर्तन आया। पार्श्व संगीत में भी चुनिंदा विदेशी वाद्यों का प्रयोग भी होने लगा। धुनें भी कुछ उसी प्रकार की तैयार की जाने लगीं। आज संगीत निर्देशकों के आर्केस्ट्रा में दर्जनों वाद्यों का समूह रहता है। उन विदेशी वाद्यों के शोर भरे स्वर में यह तलाश करनी पड़ती है कि भारतीय वाद्य कौन सा और कितना बज रहा है।[2]

फिल्म संगीत को अनेक प्रकार के उतार-चढ़ावों तथा अटपटी स्थितियों में से होकर निकलना पड़ता है जैसे कोई नदी समुद्र तक अपनी यात्रा पूरी करने में कई पहाड़ी बाधाओं को तोड़ती हुई आगे बढ़ती है। श्रोता व दर्शक जो किसी सभागार में बैठकर फिल्म संगीत से क्षणिक आनन्द लेते हैं उन्हें इन उतार-चढ़ावों तथा अटपटी स्थितियों के बारे में ऐसा बहुत कम आभास होता है कि जो गीत संगीत आखिरकार उन तक पहुँचा, वो कैसे पहुँचा।[3]

फिल्म का संगीत तैयार करने में गायकों व वादकों की बड़ी टोली कार्यरत रहती है। तब कहीं जाकर बड़े परिश्रम के बाद वह चीज़ तैयार होकर सामने आती है जिसे फिल्म संगीत कहते हैं। इस बड़ी टोली का 'प्रधान' वही व्यक्ति होता है जो संगीत-निर्देशक कहलाता है। यह सच है कि संगीत संयोजन का सारा दारोमदार संगीत-निर्देशक पर है। नेकनामी या बदनामी भी उसी के पल्ले पड़ती है। ठीक है कि उसके सहयोगी व सहकर्मी कलाकारों का भी कुछ कम कार्य नहीं होता है, लेकिन पूरे संगीत का सेहरा संगीत-निर्देशक के सर बंधता है।

Naushad

S.D. Burman

Madan Mohan

Shanker and Jaikishen

O.P Nayyar

Salil Chowdhury

C. Ramchandra

Roshan

यदि भारत में फिल्मी संगीत की आश्चर्यजनक प्रगति के कारणों की समीक्षा की जाये तो ये तथ्य विदित होगा कि जो बड़े-बड़े संगीतकार इस क्षेत्र में आये वे देश के अलग-अलग प्रान्तों से आये और अपने साथ अपने-अपने क्षेत्रों के संगीत की विशिष्टतायें भी लाए। इस प्रकार, बम्बई का फिल्म जगत सभी प्रमुख प्रान्तों के संगीत की धाराओं का संगम बन गया। जैसे नौशाद व एस०एन० त्रिपाठी यू०पी० से आये, सी० रामचन्द्र व बसन्त देसाई महाराष्ट्र से, अनिल बिस्वास व सचिनदेव बर्मन पूर्वी बंगाल से, सलिल चौधरी व हेमन्त कुमार पश्चिमी बंगाल से, चित्रगुप्त बिहार से, खेमचन्द प्रकाश राजस्थान से, कल्याणजी-आनन्द जी व जय किशन गुजरात से, शंकर आन्ध्र से और मदन मोहन, हुसनलाला भगतराम, हंसराज बहल, ओ०पी० नैय्यर, रोशन, जयदेव व गुलाम हैदर (जो देश के विभाजन के बाद पाकिस्तान चले गये) पंजाब से। इस लम्बी सूची को देखने से यह धारणा भी बनती है कि अधिकतर बड़े कलाकार पंजाब व बंगाल से आये क्योंकि स्वतंत्रता से पूर्व की अवधि में लाहौर व कलकत्ता संगीत व थियेटर के प्रमुख केन्द्र थे। जाने माने पत्रकार दिलीप पदगांवकर ने लता मंगेशकर को 'कोकिला कंठी' की संज्ञा देते हुये यह सिद्ध किया है कि यदि आज लता के गीतों में इतनी चकित करने वाली विविधता है तो उसका यही कारण है कि उन्होंने ऐसे सभी बड़े कलाकारों के निर्देशन में गीत गाये हैं।[4]

यद्यपि महान फिल्म संगीतकारों की सूची काफी विस्तृत है लेकिन किसी महान संगीतकार के योगदान का समालोचनात्मक विश्लेषण करने से पूर्व यह उपयुक्त होगा कि उसके समकालीन कुछ बड़े कलाकारों के बारे में सूक्ष्म विवरण प्रस्तुत किया जाये। ऐसा करने से ही यह कहना संभव हो सकेगा कि अन्य समकालीन कलाकारों की अपेक्षा उस महान कलाकार के योगदान के क्या विशिष्ट लक्षण हैं। एक प्रकार से संक्षिप्त तुलनात्मक विवेचन ही किसी मान्य निष्कर्ष तक पहुँचा सकता है। इसी को ध्यान में रखते हुये मैंने रोशन के योगदान पर आने से पहले कुछ महत्त्वपूर्ण समकालीन संगीत निर्देशकों पर इस प्रकार विहंगम दृष्टिपात करने का प्रयास किया है।

नौशाद

संसार में चन्द लोग अपने जीवनकाल में चिर-स्मरणीय हो जाते हैं और उनमें निश्चितत: नौशाद अली एक हैं। जब भारतीय फिल्म संगीत विकसित हो रहा था तब उसे एक निश्चित दिशा देने में उन्होंने बहुत महत्त्वपूर्ण भूमिका निभाई। 'मेला', 'बाबुल', 'दीदार', 'बैजू बावरा', 'शबाब', 'उड़न खटोला', 'मदर इंडिया', 'सोहनी महिवाल', 'मुग़ले आज़म', 'कोहिनूर', 'गंगा जमना', 'सन ऑफ इंडिया', 'मेरे महबूब', 'लीडर', 'साज़ और आवाज़' जैसी अनेकों फिल्मों में हिट संगीत देने का उन्हें श्रेय प्राप्त है। उनकी सदा यह विशेषता रही कि वे अपनी धुनों को सुसज्जित

वाद्यवृन्द से मिला देते थे। साथ ही उन्होंने एक समय पर दो या तीन फिल्मों से ज्यादा का काम नहीं लिया जिससे उनके कार्य की गुणवत्ता व स्तर में कभी गिरावट नहीं आई।

नौशाद की सफलता का मुख्य कारण यही रहा कि उनके गीतों की धुनें शास्त्रीय हिन्दुस्तानी संगीत पर आधारित होती थीं। साथ ही गीत का चयन व उसे प्रस्तुत करने की उनकी शैली भी अनोखी थी। उनके विचार में "शास्त्रीय संगीत कभी पुराना नहीं हो सकता। इसमें एक ऐसा आकर्षण एवं माधुर्य होता है जो चिरनवीन कहा जा सकता है। शास्त्रीय संगीत हमारी संस्कृति का अभिन्न और अति प्राचीन अंग है। यह हमारे मन व उद्वेगों में रमा हुआ है। हमारे रक्त कणों में यह विद्यमान है। जब तक हम भारतीय हैं, यह हमारी आत्मा पर छाया ही रहेगा। मुझे विश्वास है कि शास्त्रीय संगीत पर आधारित होने के कारण मेरी बनाई सभी धुनें जनता को भा सकीं और जनमन को इतना आकर्षित कर सकीं।"[5] 'मुग़ले आज़म' की सफलता का रहस्य यही था। फिल्म का संगीत देते समय उन्होंने यह ध्यान रखा कि दरबारी कानड़ा सम्राट अकबर का प्रिय राग था। इसी कारण, इस चित्र में नौशाद के संगीत का आधार यही राग रहा है। चित्र का आरम्भ ही इसी के स्वरों से होता है। पार्श्व संगीत में इसी राग के स्वर निहित हैं। नीरसता से बचने के लिये तथा गीतों को अधिकाधिक सरल, आकर्षक व लोकप्रिय बनाने की दृष्टि से नौशाद ने रागों की विभिन्नता का भी पूरा ध्यान रखा है। 'खुदा निगेहबां हो तुम्हारा' और 'प्रेम जोगन बन जाऊँ' राग साहनी में, 'बेकस पर करम कीजिये' राग केदार में निबद्ध है। शास्त्रीय संगीत पर आधारित उनके बनाये अन्य गीतों में 'बैजू बावरा' में 'मन तड़पत हरि दर्शन को आज' (मालकोश), 'ओ दुनिया के रखवाले' (दरबारी कानड़ा), 'लीडर' में 'एक शहंशाह ने बनवा के हसीं ताजमहल' (ललित), 'आज गावत मेरो मन झूमके' (देसी), 'शबाब' में 'मन की बीन मतवारी बाजे' (बसंत बहार) आदि उल्लेखनीय हैं। उन्होंने अपने संगीत में उ०प्र० के लोकसंगीत का बहुत अच्छा प्रयोग किया। लोकधुनों में भी उन्हें महारत हासिल है। 'गंगा जमुना' में 'तोरा मन बड़ा पापी सांवरिया रे', 'नैन लड़ गये हैं' और गुजरात की धुन गरबा पर आधारित 'ढूंढों ढूंढों रे साजना' लोकधुनों के उत्तम उदाहरण हैं।

एस०डी० बर्मन

फिल्म जगत के सुविख्यात व सम्मानीय कलाकार व संगीत निर्देशक हुए एस०डी० बर्मन। समय के साथ जो चिर नवीनता, मौलिकता, माधुर्य व सजीवता का समन्वय उनके संगीत में दिखाई दिया वह अजर व अमर है। उनका संगीत थमा हुआ पानी नहीं बल्कि बहती हुई सरिता था, जो न कभी बासी हुआ न होगा। संगीत के क्षेत्र में वे सदैव नए-नए प्रयोग करते रहे। उनकी अधिकांश रचनाओं में प्रयोगों की झलक

स्पष्ट दिखाई देती है। उनका संगीत जन साधारण के लिये होते हुये भी कला के स्तर से नीचे नहीं आया। स्वभाव से ही संगीत प्रेमी भारतीय नागरिक, कभी भी संगीत के सच्चे माधुर्य को नहीं भूले और उन्होंने अपने संगीत की मधुरता को बनाये रखने का पूरा प्रयास किया।[6] 'शबनम' में उनका संगीत बहुत प्रभावशाली रहा। इस चित्र ने जगह-जगह सिल्वर जुबली मनाई। 'सज़ा', 'बाज़ी', 'जाल', 'प्यासा', 'कागज के फूल', 'सुजाता', 'देवदास', 'नौ दो ग्यारह', 'बुजदिल', 'मुनीमजी', 'फ़न्टूश', 'पेईंग गेस्ट', 'टैक्सी ड्राईवर' आदि का संगीत बरसों बीतने पर भी नया लगता है।

बर्मन ने संगीत में प्रभावात्मकता लाने के लिये गीतों को उनके भाव के अनुरूप ही स्वर दिया। 'अरमान' में 'चाहे जितना मुझे तुम बुलाओ जी' बड़ी सुंदरता से स्वरित हुआ। 'भरम तेरी वफ़ाओं का' अत्यंत गम्भीर स्वरों में गाया गया है। वे स्वयं गायक भी थे। 'सुजाता' में उनका गाया गीत 'सुन मेरे बंधु रे' अत्यंत लोकप्रिय हुआ। मुक्तकंठ से स्वर विभोर होकर उन्होंने इसे गाया तथा वह गीत जन साधारण से लेकर संगीतज्ञ तक सभी के हृदय पर एक स्थायी प्रभाव छोड़ गया। उनके पुराने गीतों में 'मशाल' में 'ऊपर गगन विशाल' अपनी किस्म का अद्वितीय गीत है। उनके हास्य रस के गीत भी कम नहीं हैं। पर उनका हास्य शिष्ट हास्य है। उनके हास्य गीतों पर मन मुक्त होकर हँसता है। 'बाज़ी' का हर गीत हिट साबित हुआ था। गीता दत्त इन गीतों को गाकर प्रकाश में आई। 'आज की रात पिया दिल न तोड़ो', के स्वरों में गीत जैसा ही अनुरोध है। 'जाल' का हर गीत प्रेम की विभिन्न अनुभूतियों से ओत-प्रोत था। 'ये रात ये चाँदनी' में बड़ी वेदना एवं बड़ी कसक भरी है। 'दे ही चुके हम दिल, नजराना दिल का' में बड़ी शोखी व चंचलता है।

सचिन दा को अमर बनाने के लिये चित्र 'प्यासा' का संगीत पर्याप्त है। 'आज सजन मोहे अंग लगा लो' में कंठ, स्वर व गीत का ऐसा मनोहारी संगम है जो बहुत कम सुनने को मिलता है। सभी गीतों में संगीत इतना संयम व इतनी निपुणता से दिया गया है कि वह सीधा हृदय पर असर करता है। हेमन्त कुमार की शान्त गम्भीर आवाज में गाया हुआ 'जाने वो कैसे लोग थे जिनके' इतना लोकप्रिय हुआ कि शायद ही किसी तरुण श्रोता ने इसे दोहराया न हो। 'कागज के फूल' में बर्मन ने यह सिद्ध कर दिया कि कोरस रचना एवं भावपूर्ण संगीत रचना में शायद ही कोई उनके बराबर है। 'बिछड़े सभी बारी-बारी' बनाकर उन्होंने अपनी कला का सिक्का जमा लिया। 'वक्त ने किया' में प्रेम की विभिन्न अनुभूतियों का अपूर्व चित्रण है।

बर्मनदा स्वयं सधे हुये गायक थे। बचपन से ही वह लोकसंगीत की दुनिया में पले थे और लोकसंगीत उनकी रग रग में समाया हुआ था। गीतधुन बनाने की उनकी अपनी विशेषता थी। उन्होंने अपने संगीत में लोकध्वनि का अच्छा प्रयोग किया। उनके

गीतों में शुरू से अन्त तक बंगाल के लोकसंगीत की ध्वनि बनी रही और उसकी सही निर्वाह भी हुआ। उनकी लोकसंगीत पर आधारित सुप्रसिद्ध रचनाओं में 'सुन मेरे बंधु रे' (सुजाता), 'मेरे साजन हैं उस पार' (देवदास) 'वहाँ कौन है तेरा' (गाइड) आदि हैं। बंगाल में मांझियों का चित्र इस गीत में साकार उभर आता है—'भंवरा, धीरे से जाना बगियन में'। वह आशावादी व्यक्ति थे और हर सफलता से उत्साह प्राप्त करते थे। व्यवसाय के रूप में अपनाने के बावजूद भी उन्होंने संगीत के सम्मान को बनाये रखा और उसकी मधुरता में चार चांद लगाकर उसे जनसाधारण तक पहुँचाया।

मदनमोहन

सिने जगत के एक अत्यंत लोकप्रिय व बहुमुखी प्रतिभावान संगीतकार थे मदनमोहन जिन्होंने 'आशियाना' 'अदालत', 'अनपढ़', 'आँखे' जैसी फिल्मों में उत्तम संगीत दिया और संगीत के क्षेत्र में प्रशंसनीय ढंग से सफलता पाई। प्रारंभिक दौर में उनकी धुनों का अपना विशिष्ट रूप नहीं होता था और उनमें मौलिकता के चिन्ह का अभाव भी होता था, लेकिन कालान्तर में उनकी 'देख कबीरा रोया', 'गेट वे ऑफ इंडिया', 'बाप बेटे' और 'संजोग' जैसी फिल्मों ने यह दिखाया कि उनकी शैली परिपूर्ण थी। उसमें हल्का शास्त्रीय संगीत भी प्रायः खुले रूप में दिखाई दिया। 'मेरा साया', 'असलियत', 'लैला मजनू', 'साब बहादुर', 'शराफत छोड़ दी मैंने', 'दस्तक' आदि फिल्मों में उनके संगीत ने बहुत लोकप्रियता अर्जित की। ऐसा कहा जा सकता है कि उन्होंने कुछ समय के लिये स्वयं को पाश्चात्य धुनों व रिद्मों के जाने पहचाने शोर शराबे में लगभग डुबो दिया था। ऐसा लगने लगा था मानो उनकी छवि ऐसे ही रंग से दब गई हो। लेकिन थोड़े समय बाद उन्हें सफलता के इस छोटे मार्ग की कमियाँ दिखाई देने लगीं। कुछ समय के लिये वह अज्ञात रहे, किन्तु जब धीरे-धीरे लोगों का हॉट म्यूज़िक के प्रति आकर्षण कम हुआ, तो वह अपने को शुद्ध गुण और कार्यकुशलता से भरे हुये संगीत रचयिता सिद्ध करने में सफल हुये।

मदनमोहन को ग़ज़लों का विशिष्ट संगीतकार होने का श्रेय प्राप्त है। उनकी बनायी धुनों की सबसे बड़ी विशेषता यह है कि गीत के प्रत्येक शब्द की रग रग में स्वर और ताल मिले रहते हैं और हर पंक्ति स्वर, लय, उच्चारण-अनुपात, आक्रेस्ट्रा आदि की दृष्टि से अपनी सम्पूर्णता में अनुभूति को जागृत करने की क्षमता रखती है। उनकी धुनों में आद्यंत ऐसा तारतम्य रहता है जिससे श्रोता की तल्लीनता वांछित नहीं होती। ग़ज़लों के क्षेत्र में उनका आधिपत्य था। 'वो भूली दासतां लो फिर याद आ गई' तथा 'भूलो हुयी यादों मुझे इतना न सताओ' (संजोग), 'आपके पहलू में आके रो दिये' (मेरा साया), 'आपको प्यार छुपाने की बुरी आदत है' (नीला आकाश), 'तुम्हारी ज़ुल्फ़ के साये में शाम कर लूंगा' (नौनिहाल), 'आपकी नज़रों ने समझा प्यार के काबिल मुझे'

(अनपढ़), 'वो चुप रहे तो मेरे दिल के दाग जलते हैं' (जहाँआरां), 'यूं हसरतों के दाग मुहब्बत में धो लिये', और 'उनको ये शिकायत है कि हम' (अदालत) आदि उनकी बनायी बेहतरीन ग़ज़लों के कुछ उदाहरण हैं।

मदनमोहन पश्चिमी संगीत के विरोधी नहीं थे, अपितु भारतीय फिल्मों में उसका प्रयोग करने के विरूद्ध थे क्योंकि भारतीय फिल्मों में अधिक स्वजातीय, अनुकूल तथा स्थायी संगीत मूलतः भारतीय संगीत के प्रयोग का अवसर हर संगीतकार को मिलता है। उनके शब्दों में, "मुझे सच्ची खुशी तब होती है जब मैं भारतीय धुन वास्तव में अपनी धुन जैसी कि 'आशियाना', 'भाई-भाई' फिल्मों में है, बनाता हूँ। जब भी मुझे रॉक संगीत तैयार करना होता है तो मैं खुश नहीं रहता, क्योंकि मैं जो संगीत तैयार कर रहा होता हूँ वह मेरा नहीं होता—और न वह मेरे देश का होता है। इतना ही नहीं वह संगीत प्रायः फिल्म की भावना की दृष्टि से भी उपयुक्त नहीं होता।"[7]

शंकर-जयकिशन

इस जोड़ी ने 'बरसात', 'बादल', 'आवारा', 'नगीना', 'काली घटा' और 'मयूर पंख' जैसी फिल्मों में चमचमाती धुनें देकर अपना नाम कमाया और संगीत प्रेमियों द्वारा की जाने वाली आशाओं को पूरा किया। उनके गीत मेलाडियों से भरे थे, और वाद्यवृन्द से सजे थे जिन्होंने श्रोताओं को मन्त्रमुग्ध कर दिया। 'दाग', 'शिकस्त', 'बूट पालिश', 'पतिता', 'श्री 420', 'सीमा', 'चोरी-चोरी', 'न्यू देहली', 'कठपुतली', 'यहूदी', 'अनाड़ी', 'छोटी बहन', 'दिल अपना और प्रीत पराई', 'उजाला', 'जिस देश में गंगा बहती है', 'जब प्यार किसी से होता है', 'जंगली', 'हरियाली और रास्ता' जैसी फिल्मों में उन्होंने अत्यंत मधुर संगीत दिया। उनकी कुछ फिल्मों का संगीत पिट भी गया जैसे 'किस्मत का खेल', 'बागी सिपाही', 'कालेज गर्ल' और 'करोड़पति', किन्तु कुछ ऐसी भी फिल्में बनीं जो पिट गयीं, लेकिन उनका संगीत हिट हुआ जैसे 'आह', 'औरत', 'नया घर' और 'पटरानी'।

उन्होंने अपने संगीत में शास्त्रीय संगीत को भी स्थान दिया। उनकी हमेशा यही कोशिश रहती थी कि हर फिल्म में एक न एक शास्त्रीय गीत जरूर होना चाहिये। 'बसंत बहार' फिल्म में शास्त्रीय आधार पर गीतों की रचना करके उन्होंने यह सिद्ध कर दिया कि वे इस कला में भी किसी से पीछे नहीं हैं। फिल्म के गीत 'जा जा रे बालमवा' (बागेश्वरी), 'सुर न सधे क्या गाऊँ मैं' तथा 'केतकी गुलाब जूही चंपक बन फूले' (बसंत बहार) पूर्णतया शास्त्रीय रागों पर आधारित हैं और आज भी लोकप्रिय बने हुये हैं। भैरवी जय किशन का प्रिय राग था। वे इसी राग में ज्यादातर धुनें बनाते थे। गीतों की अदायगी का ढंग, वाद्यवृन्द का संतुलन व श्रोता के दिलो दिमाग पर लम्बे समय तक असर कायम करने की क्षमता अनूठी थी।

शास्त्रीय संगीत को विदेशों में ज्यादा से ज्यादा लोकप्रिय बनाने के लिये उन्होंने 'रागाज़ इन जाज़ स्टाइल' नामक रेकार्ड बनाकर एक अनूठा प्रयोग किया। समय की माँग के साथ-साथ उन्होंने संगीत को एक नयी दिशा प्रदान करनी शुरू कर दी। वे पाश्चात्य शैली की ओर झुकते चले गये और आर्केस्ट्रा के क्षेत्र में उन्होंने कई नई बातें पैदा की। उनके बनाये गीतों में यह विशेषता दिखाई देती है कि उनमें आर्केस्ट्रा फिलर के तौर पर इस्तेमाल नहीं किया गया है बल्कि गीत के बराबर ही उसे महत्त्व का दर्जा दिया गया है। यही कारण था कि उनके संगीत का स्तर कभी कम नहीं हुआ, उसकी माँग रत्ती भर नहीं घटी और वह श्रोताओं में हमेशा लोकप्रिय रहे।

उनके बनाये सदाबहार गीतों में 'बरसात में हम से मिले तुम', 'जिया बेकरार है', 'हवा में उड़ता जाये' (बरसात), 'आजा सनम मधुर चाँदनी में हम' (चोरी-चोरी), 'बोल री कठपुतली' (कठपुतली), 'सब कुछ सीखा हमने' (अनाड़ी), 'होटों पे सच्चाई रहती है' (जिस देश में गंगा बहती है), 'बहारों फूल बरसाओ' (सूरज), 'अजी रूठकर अब किधर जाइयेगा' तथा 'बेदर्दी बालमा तुझको' (आरज़ू), 'तुझे दिल की बात बता दूँ' (मैं सुंदर हूँ), 'जिन्दगी एक सफर है सुहाना' (अंदाज़) आदि हैं।

वसंत देसाई

एक अद्वितीय कर्मठ, बौद्धिक एवं सरस संगीतकार के रूप में वसन्त देसाई 'झनक-झनक पायल बाजे' के संगीत सृष्टा के रूप में देश के सामने आये। 'दो आँखे बारह हाथ', 'तूफान और दिया', 'गूँज उठी शहनाई', 'दो फूल', 'पृथ्वीराज चौहान' आदि के संगीतकार को भारत में कौन नहीं जानता। देसाई रूढ़िवादी न होकर प्रयोगवादी थे। वो बिना सोचे समझे संगीत न देकर भाव एवं स्वर की जड़ में पहुँचने का प्रयत्न करते थे। वो स्वर का रूप नहीं, स्वर की आत्मा को देखने का प्रयास करते थे। वो उभारने वाला संगीत देने के पक्ष में थे और इसमें उन्हें किसी शैली, किसी यंत्र एवं किसी नियम का बंधन नहीं अच्छा लगता। उन्होंने सन् 1945 के आसपास फिल्मों में संगीत देना प्रारंभ किया। उनके पुराने चित्रों में 'अयोध्या का राजा', 'अमृत मंथन', 'अमर ज्योति', 'वाहन', 'शोभा', 'आँख की शरम', 'मंजू' आदि अपने समय के सफल चित्र रहे। 'शकुंतला' का संगीत अपने समय का अत्यंत सफल संगीत रहा। 'शकुन्तला' की सरल, मधुर व आकर्षक धुनें सभी के कण्ठों से फूट पड़ी थीं। 'कमल है मेरे सामने कमल है मेरे हाथ' की याद तो आज भी रस वर्षा करने लगती है। 'दहेज', 'डॉ० कोटनीस की अमर कहानी', 'पर्वत पर अपना डेरा' आदि चित्रों के साथ उनकी सफलता बढ़ती गई।

'झनक-झनक पायल बाजे' ने जनता के सामने शास्त्रीय संगीत का सरलतम रूप रख दिया। राग अड़ाना में बद्ध 'झनक-झनक पायल बाजे' अपनी क्लिष्ट शैली के

बावजूद भी प्रत्येक के मन को छू गया। देसाई का संगीत अन्तरा से फूटा हुआ लगता है। राग देश में बद्ध 'सैंया जा ....', मालगुंजी में 'नैन सो नैन', भैरवी में 'मेरे ऐ दिल बता', 'सब जग छोड़ दिया', 'पिया ते कहाँ', मालकोष में 'निरबल से लड़ाई बलवान की' आदि इतने मधुर, सरस व सुरुचिपूर्ण गीत हैं कि इनकी जितनी भी सराहना की जाये कम है। 'दो आँखे बारह हाथ' का भजन 'ऐ मालिक तेरे बन्दे हम' किसी नास्तिक के दिल में भक्ति की लहर भर देने के लिये पर्याप्त है।

'गूँज उठी शहनाई' फिल्म के माध्यम से केदार, बिहाग, भैरवी आदि अनेकों शास्त्रीय रागों का सरल एवं शास्त्रीय रूप जनता के सम्मुख आया। इस चित्र के संगीत में मुख्य बात यह थी कि शहनाई पर प्रस्तुत अनेकों रागों के बीच-बीच में उसी राग पर आधारित, उसी चित्र में प्रयोग हुए गीत बज उठते थे, और इस प्रकार प्रत्येक व्यक्ति का आकर्षण शास्त्रीय संगीत की ओर बना रहता था। 'दो फूल' का बचपन भरा, अल्हड़, मासूम संगीत मन पर छा जाता है। 'कान्हा न छेड़ो बाँसुरी', 'तड़प के कटी', 'रूठी जाये रे', 'हाय घबराये रे बिन तेरे मेरा मन' आदि गीत मन को हिला देते हैं। 'दो फूल' में प्रतिध्वन्यात्मक संगीत का प्रयोग करके संगीतकार ने चित्र की पहाड़ी पृष्ठभूमि को और भी आकर्षक बना दिया है। 'पृथ्वीराज चौहान' का कल्याण में देवदासी नृत्य का संगीत चमत्कार पूर्ण है। मियांमल्हार के रूपकताल में बद्ध 'ना बरसो बादल' अपूर्व व करूण रस से ओतप्रोत है और इसके विपरीत 'जननी जन्मभूमि' आदि युद्ध के वातावरण के गीत अपना प्रभाव डालने वाले हैं।

देसाई ने संगीत को आत्मा में बसाया, अपना दास नहीं बनाया। उनको शब्दों में, "मैं आलोचना से नहीं डरता, आलोचना की वास्तविकता ग्रहण करता हूँ और अपने पथ पर अपनी कल्पनाओं के आधार पर बहता जा रहा हूँ।" उनके संगीत के पीछे निश्चित ध्येय था कि संगीत को स्वस्थ मनोरंजन, स्वस्थ विकास एवं अक्षय शक्ति का साधन बनाकर भारतीय कला को अनमोल रूप दिया जाए।[8]

ओ०पी० नैय्यर

रोशन के समकालीन संगीतकारों में रजतपट के एक अत्याधिक व्यस्त व लोकप्रिय निर्देशक ओ०पी० नैय्यर हैं। उन्होंने समय-समय पर ऐसी धुनें बनाई जिनका जादू सिने दर्शकों के सर चढ़कर बोला है। दलसुख पंचोली के 'आसमान' चित्र में जब नैय्यर को संगीत-निर्देशन का भार सौंपा गया, उस समय वे भारतीय शास्त्रीय संगीत के अनन्य भक्त थे। इस चित्र में उन्होंने जो धुनें बनाई, उन सभी में भारतीय शास्त्रीय संगीत का सफल सम्मिश्रण था। चित्र प्रदर्शित होने के पश्चात् इस दिशा में उनके प्रयास की प्रशंसा की गई, किन्तु स्वयं उन्होंने अनुभव किया कि कुछ समझदार लोग भले ही ऐसे संगीत की दाद दें, जनता ने उनका स्वागत नहीं किया। इस दिशा में और भी गहराई से विचार करने

के बाद वे इस निष्कर्ष पर पहुँचे कि अच्छी चीज़ वही है जो चले। और तब उन्होंने सामान्यत: अपनी लोकप्रियता की वेदी पर अपनी गुणवत्ता को चढ़ा दिया।

जहाँ ओ०पी० अपनी ढोलक की रिद्म के जादू से लोकप्रियता की चोटी पर चढ़े, वहीं जल्दी उतर भी गये। सफलता की मदिरा के नशे में आकर उन्होंने तीन वर्षों की छोटी अवधि के भीतर करीब तीस फिल्मों में एक ही प्रकार का संगीत भर दिया। फल यह हुआ कि एक ही प्रकार की चटपटी रिद्म और वाद्यवृन्द श्रोताओं के लिये उबाने वाला हो गया। 'आसमान' की असफलता के बाद 'बाज़', 'आरपार' और 'मिस्टर एंड मिसेज 55' में वो पूरी तरफ अपनी रचनाओं में इधर उधर का मसाला मिलाने लगे और उन्होंने उसी हिलोरें पैदा करने वाली रिद्म को कई फिल्मों में बड़ी सफलता से प्रयोग किया और 'मंगू', 'मुसाफिरखाना', 'हम सब चोर हैं', 'हावड़ा ब्रिज', 'नया अंदाज़', 'मुजरिम', 'श्रीमती 420', 'सी०आई०डी०', 'नया दौर', 'तुमसा नहीं देखा', 'फागुन' और 'रागिनी' में एकदम उन्हें बहुत सफलता मिली और वे संगीत-निर्देशक के रूप में बहुतों के चहेते बन गये।

पंजाब की धरती से आने वाले इस संगीतकार की धुनों में वहाँ का प्रभाव स्पष्ट दिखाई देता है। वे पंजाब की लोकधुनों को बिना किसी हेर-फेर के उनके मूल रूप में देना पसन्द करते थे। ''इक परदेशी मेरा दिल ले गया ....'' (फागुन), यह गीत प्रसिद्ध कीर्तन ''सतनाम-सतनाम-सतनाम जी'', ''बैगुरु-बैगुरु-बैगुरुजी'' की धुन में निबद्ध है। उन्होंने पंजाब के लोकसंगीत के सभी प्रकारों में भाँगड़ा की धुन को अत्यधिक लोकप्रियता प्रदान की। एक ही धुन की पुनरावृत्ति इसका मूल कारण मानी जाये तो इसकी प्रसिद्धि की बात स्पष्ट हो जायेगी जैसे—

सर पे टोपी लाल, हाथ में रेशम का रूमाल,
ओय तेरा क्या कहना (तुमसा नहीं देखा)

मेरे हाथ में जो तेरा हाथ, जो हो दिन रात
तो फिर क्या बात, मेरी जाँ बल्ले-बल्ले (कश्मीर की कली)[9]

ओ०पी० नैय्यर के संगीत में ढोलक की एक विशेष प्रकार की रिद्म का जादू था। उनके गीतों में यह विशेषता गीत सुनते ही साफ समझ में आ जाती है जैसे 'नया दौर' में—

''उड़े जब-जब जुल्फें तेरी, कवारियों का दिल मचले''

तथा

''रेशमी सलवार, कुरता जाली का, रूप सहा नहीं जाये नखरे वाली का''

नैय्यर के बारे में लोगों का कहना था कि वे प्राय: विदेशी धुनों को ज्यों का त्यों

उठा लेते थे। किन्तु नैय्यर का स्वयं यह कहना था कि किसी भी विदेशी धुन को ऐसे रूप में ले आना, जिसे भारतीय दर्शक पसन्द करें, भी सरल कार्य नहीं है। 'बाबू जी धीरे चलना प्यार में जरा सम्हलना' (आरपार), 'मेरा नाम चिंचिं चू' (हावड़ा ब्रिज), 'अंटम फंटम छोड़ दो बाबू' (हम सब चोर हैं) तथा 'ऐ दिल है मुश्किल' (सी०आई०डी०)। इन सभी गीतों में विदेशी धुनों का पुट है। नैय्यर के संगीत के बारे में गुरूदत्त ने एक बार कहा था, "नैय्यर शब्दों को नहीं संवेदनाओं को लयबद्ध करते हैं।"[10]

सलिल चौधरी

प्रतिक्षण सृजन करने वाले व स्वरलहरियों के साथ हरदम खेलने वाले संगीत निर्देशक थे सलिल चौधरी। उन्होंने अपने संगीत में भारतीय मेलाडी का अच्छा प्रयोग किया।[11] 'दो बीघा जमीन', 'अमानत', 'नौकरी', 'आवाज', 'ताँगेवाली' 'एक गाँव की कहानी', 'जागते रहो', 'परिवार' और 'मुसाफिर' जैसी फिल्मों में उनके गीत बहुत लोकप्रिय हुये। शास्त्रीय संगीत पर आधारित भी उन्होंने अनेक रचनायें तैयार कीं। उदाहरण के लिए, 'परिवार' में 'जा तोसे नहीं बोलूँ' (हँस ध्वनि), 'छाया' में 'छम छम नाचत आई बहार' (बसंत बहार) तथा 'रखिया बंधावो भैया सावन आया रे' (माँड) आदि। लोकसंगीत में उन्हें महारत हासिल थी। अपनी फिल्मों में उन्होंने लोकसंगीत का अच्छा प्रयोग किया। इसी कारणवश उनकी फिल्म 'मधुमती' सफल हुई और हिन्दी फिल्मोद्योग में उनकी विशेष पहचान बनी। इस फिल्म में 'कैसो रे पापी बिछुआ' लोकगीत बहुत प्रसिद्ध हुआ। 'सुहाना सफर और ये मौसम हसीं' गीत बहुत लोकप्रिय हुआ। 'मधुमती' के बाद इस संगीतकार की रचनाओं में ऐसे ही महान लक्षणों की अपेक्षा की गई। लेकिन आश्चर्य की बात यह है कि 'परख' और 'माया' दो फिल्मों को छोड़कर उनके संगीत में कोई चमक-दमक न आ सकी। 'हनीमून', 'उसने कहा था', 'छाया', 'काबुलीवाला', 'मेम दीदी', 'हाफटिकिट', 'चार दीवारी' और 'झूला' में उनके गीत लोकप्रिय न हो सके, जबकि वे इस योग्य थे। अपने संगीत में उन्होंने अन्य भाषाओं की प्रचलित लोकधुनों का भी प्रयोग किया यथा 'ओ सजना बरखा बहार आई, रस की फुहार लाई, अंखियों में प्यार लाई' (परख)। यह धुन पहले बंगला के प्रसिद्ध गीत के रूप में लोकप्रिय हो चुकी थी। लेकिन संगीतकार ने इसे हिन्दी कृत्य में उसी संगीत के साथ ध्वनिबद्ध कर दिया, जो उनका अपना ही कृत्य है।[12]

सी० रामचन्द्र

रोशन के समकालीन संगीतकारों में एक नाम चितलकर रामचन्द्र का है जिनकी पन्द्रह से भी ज्यादा ऐसी फिल्मों की जगह-जगह रजत जयन्ती मनाई गई जिनमें संगीत

का विशेष रूप से योगदान था। उन्होंने भारतीय फिल्मों में विदेशी संगीत का पर्याप्त प्रयोग किया। फिल्म संगीत में पाश्चात्य संगीत का एहसाह कराने वाली फिल्म 'शहनाई' (1947) का गीत 'आना मेरी जान संडे के संडे' पाश्चात्य संगीत पर आधारित पहला गीत होने के कारण इसका ऐतिहासिक महत्त्व है। इस गाने की धुन, 'गोआनी बटलर' की हूबहू नकल थी पर स्वर ताल भारतीय थे।[13] 'मिस्टर जान ओ बाबा खान' (बारिश), 'गोरे गोरे ओ बाँके छोरे' (समाधि), 'ईना मीना डीका' (चलती का नाम गाड़ी) जैसे कई रचनायें पाश्चात्य शैली पर आधारित थीं। अलबेला के 'गोआ' छाप संगीत ने अपने समय में धूम मचा दी थी।

विदेशी संगीत का प्रयोग करने के अतिरिक्त उन्होंने लोकसंगीत को भी अपने संगीत में उचित स्थान दिया। 'नदिया के पार' के गीत आज भी अत्यंत मधुर, सुरीले व सहज लगते हैं। आकर्षक ग्राम्य शैली में बने गीत 'आई पुरवाई के बहार ले चल नदिया के पार', 'दिल लेके भागा' कभी पुरानी नहीं पड़ेगे। पंजाब की बहुप्रचलित लोकधुन 'हीर' पर आधारित गीत 'ऐ बादे सबा आहिस्ता चल, यहाँ सोई हुई है अनारकली' और 'रात भर का मेहमां अंधेरा', 'किसे रोके रूका है सवेरा' (सोने की चिड़िया) गीत अपने आप में अनूठे प्रतीत होते हैं। [14] 'कवि' में 'मैं पी के नहीं आया', 'शतरंज' में 'बदली में छिपे चाँद ने हमसे कुछ कहा है', 'अमरदीप' में 'देख हमें आवाज न देना' तथा 'मेरे मन का बावरा पंछी' आदि गीत साधारण शैली में होते हुये भी आकर्षक हैं। गीत को प्राकृतिक शैली में बिना खींचतान के, बिना तोड़े मरोड़े प्रस्तुत करना उनकी विशेषता थी।

'अनारकली' के संगीत ने सी० रामचन्द्र को सर्वाधिक व्यवहारिक सफलता दी। यदि उस समय 'बैजूबावरा' के संगीत ने नौशाद को सफलता की चोटी पर पहुँचाया तो सी० रामचन्द्र को उसी ऊँचाई तक पहुँचाने में 'अनारकली' के संगीत का योगदान रहा। गीत एवं पार्श्व संगीत दोनों ही दृष्टियों से यह चित्र अत्यंत सफल हुआ। इसके गीतों में उनकी कम से कम वाद्ययन्त्र प्रयोग करने की शैली और भी निखर उठी।[15] बागेश्री में निबद्ध 'जाग दर्दे इश्क जाग' और अहीर भैरव में 'दुआ कर गमे दिल' को भुला सकना आज भी असम्भव है। 'नवरंग' का संगीत हर दृष्टि से सफल रहा। उनकी एक अद्वितीय रचना है—'रंग दे रे जीवन की चुनरिया' एक बहुत प्रसिद्ध होरी गीत है। 'जा रे हर नटखट' तथा 'आधा है चन्द्रमा रात आधी' और 'तू छिपी है कहाँ' के स्वरों में वह सब कुछ है जो गीत को उच्चतम संगीत का बाना पहना सके।

इस संगीतकार के विषय में एक उल्लेखनीय बात यह है कि वह स्वयं गायक भी थे। उन्होंने अपनी फिल्मों तथा अन्य संगीत-निर्देशकों की फिल्मों में भी कुछ गीत गाये जो काफी लोकप्रिय हुये। जैसे हेमन्त कुमार की फिल्म 'जागृति' में 'आओ बच्चों

तुम्हें दिखायें', 'नास्तिक' में 'देख तेरे संसार की हालत' और 'आज़ाद' में लता के साथ 'कितना हसीं है मौसम' आदि। उनकी रचनाओं में ऐसी समृद्धि और सफाई थी कि उसने श्रोताओं पर फौरन प्रभाव डाला। रिद्म का उस्ताद होने के नाते उन्होंने अपने संगीत में टयूनिंग के प्रभाव और वाद्यवृन्दता के चढ़ाव को ऐसे मिलाया कि उसमें एक प्रकार का रंग और सरसता आ गई और फिल्म संगीत के क्षेत्र में वह महामानव की तरह चढ़ गये। उनकी बहुत लोकप्रिय फिल्मों में 'शहनाई', 'पतंगा', 'सरगम', 'अलबेला', 'परछाई', 'अनारकाली', 'झाँझर', 'शगूफा', 'नास्तिक', 'कवि', 'यास्मीन', 'नवरंग', 'पहली झलक' आदि हैं।

संगीतकार रोशन : एक विशेष अध्ययन

पंजाब के गर्वीले-रंगीले आँगन में जन्म लेने वाले रोशन ने वास्तव में संगीत जगत को रोशन कर दिया, क्योंकि भाग्यवश उनको तख्त और ताज की नहीं बल्कि संगीत की अलौकिक शक्ति मिली।[16] बचपन से ही उन्हें संगीत से विशेष लगाव था मानो उनका संगीत से विशेष रिश्ता था। शायद वह आठ वर्ष के रहे होंगे जब वह उस्ताद मनहर बर्वे के ग्रुप में आये, संगीत की सरगम उन्हीं से सीखी। इसके बाद इस सरगम को उस प्रोत्साहन एवं उन पुरस्कारों व प्रशंसापुष्पों ने बल दिया जो नगर की विभिन्न सभाओं से मिलते रहे। प्रशंसा के पुष्प लिखते रहे और यह बालक अब गीतों की सीढ़ियाँ पार करता हुआ मंच पर जा पहुँचा। मंच पर सफल होकर 'माईक' की दूरी को निकटतर बनाने के लिये भारत की सांस्कृतिक नगरी बम्बई आया। यहाँ आकर भी छलाँग नहीं लगाई। एक ही रात में आकाश का सितारा बनने का स्वरूप नहीं देखा और अपनी साधना को जारी रखा। यहाँ भी यश के कलश छलकने लगे। सुमन की गन्ध और स्वर के विस्तार की सीमा में नहीं बाँधा जा सकता। संगीत के इस पुजारी ने गायकों और संगीतज्ञों को सर्वदा मान दिया। उनकी संगीत की साधना व तपस्या का यह फल उन्हें मिला, यश मिला, सम्मान मिला। उनका विचार था, "प्रत्येक संगीतकार को पहले भारतीय संगीत मन्दिर की देहरी के सामने सर झुकाना चाहिये तभी सफलता मिल सकती है, यश मिल सकता है और कल अपना हो सकता है।"[17]

कव्वाली सम्राट के रूप में

हिन्दी फिल्मों में प्रारम्भ से ही गीत संगीत का अभाव नहीं रहा है। गीतों का जहाँ तक सम्बन्ध है फिल्म संगीतकारों ने लगभग प्रत्येक संगीत क्षेत्र से कुछ न कुछ ग्रहण किया है। शास्त्रीय संगीत, लोकसंगीत, भक्ति संगीत इत्यादि विभिन्न प्रकार के संगीतों को फिल्म की कहानी में यथा आवश्यकतानुसार स्थान प्राप्त हुआ है। अन्य सांगीतिक विधाओं के साथ-साथ फिल्मों के माध्यम से 'कव्वाली' को भी संगीतालोक

में प्रतिष्ठित होने का अवसर मिला। फिल्मों के माध्यम से अनेक संगीतकारों ने कव्वाली की अत्यंत मोहक बंदिशें हमारे सामने रखी हैं।

कव्वाली की उत्पत्ति कौल शब्द से हुई है। कौल का अर्थ है कथन, वचन प्रवचन अथवा विशिष्ट (उक्ति)। कव्वाली का जन्म अजमेर के आसपास का प्रदेश माना जाता है। 'कव्वाली' साहित्य की नहीं बल्कि संगीत की एक विशेष विधा है। अपने रूप में यह आध्यात्मिक काव्य का रूप थी, जो फारसी या उर्दू भाषा में इस्लाम धर्म से संबंधित थी। इसका पाठ या गायन मुस्लिम संतों की समाधियों (दरगाहों) पर विशेष पर्वों (उर्सों) पर हुआ करता था। यह मुसलमानों का सामाजिक व धार्मिक गान है। ऐसा प्रतीत होता है कि हिन्दुओं के कीर्तन और गान के अनुकरण से ही इस गायन शैली की उत्पत्ति हुई। कहा जाता है कि अमीर खुसरो ही इस गायन शैली के प्रवर्तक थे।[18] कालांतर में इसमें वाद्यों का प्रयोग होने लगा। इसका काव्य जो प्रारम्भ में अधिक आध्यात्मिक तथा दार्शनिक था, धीरे-धीरे लौकिक विषयों की ओर बढ़ने लगा और जनसाधारण के समीप आने लगा। समय बीतने के साथ जब कव्वाली साधारण स्तर के श्रोताओं तक पहुँची, तो कालान्तर में 'लौकिक प्रेम' इसका मुख्य विषय बन गया। यद्यपि यह अपने मूल रूप को पूर्णतः खो नहीं पाई, फिर भी इसमें अनेक नए तत्त्व सम्मिलित हो गये और यह भिन्न-भिन्न व नये नये रूपों में सामने आने लगी।[19]

कव्वाली समूह गान है। इसमें एक या अधिक मुख्य स्वरों के साथ कई सहायक स्वर होते हैं। ग़ज़ल को जब वृन्द के द्वारा प्रस्तुत किया जाता है तो वह 'कव्वाली' कहलाती है।[20] स्थायी गाते समय तालियों का प्रयोग तथा अन्तरों की विभिन्न प्रकार से भाव दिखाते हुये ताल रहित प्रस्तुति तथा अन्तरों के पश्चात् बहुत सुन्दर तथा भावपूर्ण ढंग से पुनः स्थायी में आकर ताल वादन का प्रारम्भ, कुछ विशेष प्रकार की तानों तथा आलापों का प्रयोग इत्यादि ऐसे तत्त्व हैं जिनके प्रयोग से आजकल किसी गीत को कव्वाली माना जा सकता है।

प्रारंभ में कव्वालियाँ केवल भक्तिमूलक होती थीं और इसमें केवल एक गायक समूह ही पर्याप्त था, किन्तु जैसे जैसे इसमें मनोरंजन को प्रधानता दी जाने लगी, इसमें एक 'होड़' या 'मुकाबले' का सूत्रपात हुआ जिसके लिये दो अलग-अलग गायक समूहों की आवश्यकता होने लगी और दोनों समूहों के वादकगण (साज़िन्दे) भी अलग-अलग होने लगे। प्रारंभ में केवल पुरुष गायकों का ही कव्वाली पर अधिकार था। लेकिन धीरे-धीरे इस क्षेत्र में महिला कलाकारों का भी आगमन हुआ। सर्वप्रथम स्त्रियों में कव्वाल के रूप में शकीला बानो भोपाली मैदान में आईं। इनकी सफलता देखकर सभी गानेवाली औरतें 'बानो' बन गई और मर्द कव्वाल के मुकाबले में गाने लगीं।[21] इस क्षेत्र में स्त्रियों के प्रवेश के कारण कुछ अन्य तत्त्व भी सम्मिलित हो गये। अभी तक 'मुकाबला' दो

पुरुष कलाकारों तक ही सीमित था। किन्तु अब यह भी सम्भव हो गया कि 'मुकाबले' में एक ओर पुरुष तथा उसके साथी रहे, तो दूसरी ओर स्त्रियाँ तथा उनकी सखियाँ हों। एक तरफ से एक शिकायत पेश की जाती, दूसरा पक्ष उसका निराकरण करता और फिर अपनी शिकायत सामने रखता। जाहिर है कि हुस्नो-इश्क, नाज़ो-अंदाज़, रूठने-मनाने का जो यह सिलसिला कव्वाली में चला, तो कव्वाली लोकप्रियता के उच्च शिखर पर जा पहुँची। इस प्रकार कव्वाली की रचना में तीन घटक अवयव सामने आये—(1) काव्य (शायरी), (2) संगीत (मूसीकी) तथा (3) भाव प्रदर्शन (अदायगी)।

कव्वाली को अधिक लोकप्रियता अर्थात् सही पहचान फिल्मों में आने के बाद मिली। पुरानी फिल्मों में कुछ गीत कव्वाली की तर्ज़ के होते थे। न्यू थियेटर्स के सहगल की गाई हुई ग़ज़लों में कव्वाली का पुट रहता था। फिल्मों से पहले भी पारसी थियेटरों में कव्वालियाँ गायी जाती थीं।[22] फिल्मों में प्रथम प्रसिद्धि प्राप्त कव्वाली 'ज़ीनत' (1945) में आई :

आहें न भरीं शिकवे न किये, कुछ भी न जुबां से काम लिया,
इस दिल को पकड़कर बैठ गये, हाथों से कलेजा थाम लिया।

यह कव्वाली नक्शब-चाराजुई की लिखी थी और हफ़ीज़ खाँ द्वारा स्वरबद्ध हुई। इस कव्वाली में सब स्त्री स्वरों (नूरजहाँ, ज़ोहरा, कल्याणी तथा सखियाँ) का ही प्रयोग किया गया था। अन्य अत्यधिक प्रसिद्ध कव्वालियों में एक कव्वाली 'अलहिलाल' फिल्म की है। यह पुरुष स्वरों (इस्माईल आज़ाद व साथी) में हैं। इसकी धुन के साथ ही इसकी काव्य रचना ने भी इसकी लोकप्रियता में बराबर का ही योगदान दिया है।

''हमें तो लूट लिया मिलके हुस्नवालों ने
काले-काले बालों ने, गोरे-गोरे गालों ने''[23]

किन्तु फिल्म संगीत के क्षेत्र में कव्वाली को लोकप्रियता, सफलता और सही मुक़ाम दिलाने का श्रेय 'कव्वाली सम्राट'[24] रोशन को प्राप्त है। उनकी फिल्म 'बरसात की रात' की कव्वाली ''न तो कारवां की तलाश है, न तो हम सफ़र की तलाश है,'' जिसे साहिर लुधियानवी ने लिखा, मन्नाडे, बातिश, रफ़ी, आशा, सुधा व साथियों ने गाया, बहुत लोकप्रिय हुई।

संगीतकार रोशन ने शास्त्रीय संगीत की विधिवत शिक्षा ली थी। उन्हें सुरों का ज्ञान व उनकी सच्ची परख थी। संगीत की दुनिया के अलावा वह शेरो-शायरी में भी बहुत दिलचस्पी रखते थे।[25] इन सभी कारणों से उनके द्वारा संगीतबद्ध कव्वालियों में शब्दों तथा सुरों का सन्तुलित संगम हुआ। उनकी सांगीतिक शिक्षा उस्ताद अलाउद्दीन खाँ के निर्देशन में हुई थी। इसलिये उन्हें उर्दू का भी अच्छा ज्ञान प्राप्त था। लफ्ज़ों के

उच्चारण तथा उर्दू सभ्यता से वह अच्छी तरह वाकिफ़ थे। इसलिये, उनकी कव्वालियाँ संगीत व स्वर के दोनों पक्षों से सबल थीं तथा रजतपट पर उनकी अदायगी भी आकर्षक थी। कव्वाली से उन्हें कुछ विशेष लगाव था। यह उन्होंने अपनी प्रथम फिल्म 'नेकी और बदी' में अमीरबाई की आवाज में "हमें न रोको, हमें उनके पास जाने दो" कव्वाली देकर प्रदर्शित कर दिया था। यह दूसरी बात है कि इस कव्वाली को लोकप्रियता हासिल न हो सकी।

यद्यपि रोशन की प्रारंभिक फिल्मों के गीतों ने पर्याप्त लोकप्रियता अर्जित की, एक लम्बे समय तक उनकी प्रतिभा को समुचित मान्यता प्राप्त नहीं हो पाई। लेकिन 'बरसात की रात' का संगीत सिनेमा दर्शकों को इतना पसन्द आया कि रोशन का नाम एकदम रोशन हो गया। रोशन 'बरसात की रात' के साथ जीतेजी एक लीजेंड बन गये।[26] साहिर लुधियानवी के बोलों और रोशन की धुनों से सुसज्जित कव्वालियों ने फिल्मी जगत में तहलका मचा दिया। इससे पहले कव्वाली का प्रयोग न तो किसी फिल्म में इतना अच्छा हुआ, और शायद न ही कभी होगा। फिल्मी कव्वाली के क्षेत्र में इस फिल्म का संगीत यदि सर्वश्रेष्ठ माना जाये, तो शायद यह अतिश्योक्ति न होगी।[27] अन्य फिल्मों की तरह इसमें एक दो कव्वालियों के लिये सिचुएशन खोजकर उनमें कव्वाली को फिट करने की कोई समस्या नहीं थी क्योंकि फिल्म का कथानक पूर्णरूप से कव्वाली से संबंधित था। इसके गीतों (कव्वालियों) का शब्द पक्ष भी बहुत उत्कृष्ट था। इसमें पेशेवर कव्वालों (शंकर शम्भू व बन्दे हसन) तथा पार्श्व गायक-गायिकाओं (रफ़ी, मन्नाडे, आशा, सुधा) के स्वरों का प्रयोग किया गया था। प्रत्येक कव्वाली में कहरवा ताल के विभिन्न रूपों का प्रयोग किया गया। अधिकतर कव्वालियाँ इस फिल्म में 'मुकाबले' के रूप में थीं।

एक अन्य बात जो इसमें थी और जो आज की फिल्मी कव्वालियों को देखकर और अधिक याद आती है, वह थी मंच पर कलाकारों द्वारा कव्वाली के कार्यक्रम की प्रस्तुति। आजकल की उछलकूद से बिल्कुल भिन्न जैसी अदायगी संगीत और शब्दों को उचित रूप प्रदान करने के लिये आवश्यक है, कुछ वैसी ही इसमें थी। रोशन ने अनेकों फिल्मों में एक से बढ़कर एक अच्छा संगीत दिया किन्तु वे स्वयं भी इस फिल्म को अविस्मरणीय मानते रहे।[28] इससे पूर्व 'घर-घर में दीवाली' (1955) में भी उन्होंने कव्वाली दी थी—

"अगर ए दिल तू लैला के गले का हार हो जाए"

इसके पश्चात् 'बाबर' (1960) में उनकी एक अच्छी कव्वाली थी—

"हसीनों के जलवे परेशान रहते, अगर हम न होते अगर हम न होते।"

किन्तु ये कव्वालियाँ किसी न किसी कारण लोकप्रिय न हो सकीं। उन्हें लोकप्रियता 'बरसात की रात' में मिली। सच तो यह है कि जब हम फिल्मी कव्वाली की बात छेड़ते हैं तो इस फिल्म के नाम के साथ रोशन का नाम स्वत: मस्तिष्क में घूम जाता है। इस फिल्म की एक कव्वाली की कुछ पंक्तियाँ प्रस्तुत हैं :—

दिल इश्क, जिस्म इश्क है, और जान इश्क है।
ईमान की जो पूछो, तो ईमान इश्क है॥

तेरा इश्क मैं कैसे छोड़ दूँ।
मेरी उम्र भर की तलाश है॥

वहशते दिल रसनोंदार से रोकी न गई।
किसी खंजर किसी तलवार से रोकी न गई॥

इश्क मजनू की वो आवाज है जिसके आगे।
कोई लैला किसी दीवार से रोकी न गई॥

बहुत कठिन है डगर पनघट की,
अब का भर लाऊं जमुना से मटकी॥[29]

साहिर लुधियानवी रोशन के अजीज शायरों में से एक थे। रोशन द्वारा संगीतबद्ध सभी लोकप्रिय कव्वालियों को साहिर ने अलफाज़ दिये जिनमें "न तो कारवां की तलाश है, न तो हमसफर की तलाश है" (बरसात की रात), "चाँदी की बदन सोने की नज़र उसपर ये नज़ाकत क्या कहिये" (ताजमहल), "निगाहें मिलाने को जी चाहता है" (दिल ही तो है), "परदा उठे सलाम हो जाये" (दिल ही तो है) आदि फिल्मी कव्वालियों में अग्रगण्य हैं।

यह शैली अत्यंत रोचक व मनोहर है। किन्तु इसका प्रयोग समझदारी, सुन्दरता और सन्तुलित ढंग से करना ही उचित होगा। अविस्मरणीय कव्वालियों के रचयिता रोशन के शब्दों में, "जहाँ तक मेरा ख्याल है, कहानी या फिल्म में जब तक कोई ठोस वजह न हो, तब तक उसमें कव्वाली नहीं ठूँसनी चाहिए।"[30]

संक्षेप में, रोशन को 'कव्वाली सम्राट' की संज्ञा देना इस कारण उपयुक्त होगा कि इस संबंध में उनका योगदान गुण एवं संख्या दोनों दृष्टियों से अद्वितीय है। केवल नौशाद ही ऐसे संगीतकार है जिन्होंने कुछ फिल्मों में कव्वालियों को दिया और जिन्हें लोकप्रियता भी हासिल हुई यथा 'मुगले आज़म' में "तेरी महफिल में किस्मत आजमाकर हम भी देखेंगे" तथा "जब रात है ऐसी मतवाली फिर सुबह का आलम क्या होगा" आदि। लेकिन उनका योगदान ऐसे उद्देश्य से प्रेरित लगता है मानो इनके हाथों विधा अछूती न रह जाये। हो सकता है कि उन्होंने इस संबंध में जहाँ संभव हो

सका, वहीं अपना योगदान प्रस्तुत करने की चेष्टा की। इसलिए गुण एवं संख्या दोनों ही दृष्टियों से उन्हें इस क्षेत्र में वो विशिष्टता नहीं मिल सकी जिसे रोशन का विशिष्ट योगदान कहा जा सकता है। नौशाद के अलावा इस समय के कुछ अन्य प्रमुख संगीतकारों ने भी यदा-कदा इस क्षेत्र में पदार्पण किया जो प्रयास मात्र लगता है। यथा 'आजाद' में सी० रामचन्द्र द्वारा संगीत-निर्देशित कव्वाली "मरना भी मोहब्बत में किसी काम न आया"। लेकिन रोशन के योगदान को देखते हुए यह कहना अतिशयोक्ति न होगा कि इस क्षेत्र में उनका स्थान अतुल्य है। हम सुरक्षापूर्वक इस निष्कर्ष पर पहुँच सकते हैं कि उन्हें इस विधा में महारत हासिल थी। इसलिए वे जानबूझकर अपनी फिल्म में कव्वाली डालते थे और बड़े मनोयोग से उसे संगीत से सजाते थे।

विशुद्ध शास्त्रीय सांगीतिक रचनाओं के निर्माता के रूप में

संगीतकार रोशन को बचपन से ही संगीत के प्रति गहन लगाव था, साथ ही उन्हें मैहर के उस्ताद अलाउद्दीन खाँ का आशीर्वाद प्राप्त था। ऐसे प्रतिभा सम्पन्न गुरू की कृपा और विधिवत प्राप्त संगीत शिक्षा के प्रभाववश शास्त्रीय संगीत में उनकी गहरी पैठ थी। उन्होंने कई फिल्मों में शास्त्रीय संगीत पर आधारित संगीत दिया और वह बहुत जनप्रिय भी हुआ। रागों की गहरी समझ व उनके पर्याप्त ज्ञान होने के कारण उनकी फिल्मों के गीतों को सुगम धुनों में भी शास्त्रीयता का मधुर अनुशासन अवश्य बना रहा। उनका विचार था, "शास्त्रीय संगीत को जीवित रखने के लिए फिल्म संगीत जरूरी है। बुरा संगीत अपने आप मर जायेगा।"[31] वो घटिया संगीत के खिलाफ थे। उनका यह भी कहना था, "फिल्मों में शास्त्रीय संगीत का प्रयोग परिस्थितियों के अनुसार ही होता है। यदि उसमें विदेशी धुनों का मिश्रण किया जाये तो वह शास्त्रीय नहीं रह सकता। उनका मत था शास्त्रीय संगीत हमारे संगीत की जननी है और उसका यदि ठीक ढंग से प्रयोग किया जाये तो श्रोतागण मन्त्रमुग्ध हो सकते हैं। शास्त्रीय संगीत कभी पुराना नहीं हो सकता। इसमें एक ऐसा आकर्षण व माधुर्य होता है जो चिरकालीन नवीन कहा जा सकता है।[32] यही कारण है कि उनकी बनायी शास्त्रीय संगीत पर आधारित धुनें आज भी लोकप्रिय हैं व चिरकाल तक रहेंगी।

रोशन के विचारानुसार, "फिल्म-निर्माताओं को शास्त्रीय संगीत में कोई विशेष दिलचस्पी नहीं रही है, वे बस धन की बात सोचते हैं। गीत शास्त्रीय हो या न हो, किन्तु वह 'हिट' होना चाहिये, यही उनकी कसौटी है। आजकल एक प्रकार की ऐसी प्रवृत्ति काम कर रही है कि कुछ नया पेश किया जाये और इसी में शास्त्रीय संगीत का आधार कर विविध ढंग से स्वरों का मिश्रण किया जाता है।"[33] उनका यह भी कहना था, "बड़े संगीत निर्देशकों को फिल्म में शास्त्रीय संगीत के प्रयोग के लिये जोर देना चाहिये। इससे अन्य संगीत निर्देशकों के लिये मार्ग प्रशस्त होगा।"[34]

शास्त्रीय संगीत हमारे देश की अमूल्य धरोहर है। हमारी संगीत परम्परा विश्व में बेजोड़ है। हमको परमात्मा तक पहुँचाने वाला यह एक शक्तिशाली माध्यम है। पहले के युग में मनोरंजन के उतने साधन नहीं थे जितने आज हो गये हैं। आज हर मनुष्य कम समय में ही ज्यादा से ज्यादा आनन्द लेना चाहता है। घण्टों चलने वाला एक राग शायद पूर्व युग में मनुष्य के जीवन में समय की अधिकता के कारण रोचक प्रतीत होता होगा, पर आज के श्रोताओं के पास समय की कमी है। शायद इसीलिये तीन चार मिनट के फिल्मी गीत में उनको सुर, कविता, माधुर्य सभी कुछ मिल जाता है।

संगीत निर्देशक रोशन को संभवत: इन स्थितियों का पूर्ण ज्ञान था। इसलिये वे फिल्म की सिचुएशन को ध्यान में रखते हुये धुन बनाते थे और गीत के उतार चढ़ाव व धुन के मूड को ध्यान में रखकर इसके आकेस्ट्रा को निर्धारित करते थे। उनके बनाये गई गीत, जो विशुद्ध शास्त्रीय संगीत पर आधारित हैं, बेहद लोकप्रिय हुये। यथा—'ऐ री मैं तो प्रेम दीवानी मेरा दरद न जाने कोय' (नौबहार), 'ऐ री आली पिया बिन' (रागरंग), 'गरजत बरसत सावन आयो रे' (बरसात की रात), 'लागा चुनरी में दाग छुपाऊँ कैसे' (दिल ही तो है), 'काहे तरसाये जियरा', 'ऐरी जाने न दूँगी', 'मन रे तू काहे न धीर धरे' (चित्रलेखा), 'सकल बन गगन पवन चलत पुरवाई री', 'विकल मोरा मनवा' (ममता) इत्यादि।

फिल्मों में शास्त्रीय संगीत का प्रयोग तथा फिल्म की सिचुएशन दोनों में उचित सामंजस्य बिठाना संगीत-निर्देशक की योग्यता का परिचायक होता है। यदि इस दृष्टि से चलचित्र संगीत की समीक्षा की जाये तो तीन स्थितियाँ देखने में आती हैं। प्रथम, दोनों में सामंजस्य नहीं हो पाता। उदाहरण के लिये 'लीडर' में राग ललित में निबद्ध गीत 'इक शहंशाह ने बनवा के हँसी ताजमहल' फिल्म की सिचुएशन में खरा नहीं उतरता। दूसरे, ये भी देखा जाता है कि कोई गीत शुद्ध राग पर आधारित हो। जैसे— 'सरस्वती चन्द्र' में 'चंदन सा बदन चंचल चितवन' राग यमन पर आधारित होते हुये भी हल्का-फुल्का गीत लगता है जो फिल्म की सिचुएशन से पूरी तरह मेल खाता है। अन्तिम, कोई गीत राग पर आधारित होने के साथ-साथ फिल्म की सिचुएशन से पूरी तरह मेल खाता है और ये भी देखा जाता है कि उसमें शास्त्रीयता का निर्वाह पूरी तरह हुआ है जैसे 'झनक-झनक पायल बाजे' में 'झनक-झनक पायल बाजे पायलिया की रूनक-झुनक पे मनवा मोरा नाचे।'

इस दृष्टिकोण से रोशन के संगीत की समीक्षा करने पर यह विशिष्टता उजागर होती है कि उन्होंने चलचित्र में शास्त्रीय संगीत का पुट देने के साथ-साथ उसे फिल्म की सिचुएशन से मिला दिया। जबकि अन्य संगीतकारों के योगदान में ऐसे इक्का-दुक्का उदाहरण ढूढ़े जा सकते हैं, रोशन के योगदान में ऐसे उदाहरणों की बड़ी संख्या देखी

जा सकती है। इसीलिये ये कहा जा सकता है कि उन्हें शास्त्रीय संगीत से बेहद लगाव था। उनके बनाये गीतों में शास्त्रीयता का निर्वाह पूरी तरह हुआ है। उन्हें शास्त्रीय अंग से गाया गया है तथा शास्त्रीय गायन के विभिन्न उपकरणों से सजाया गया है।

लोकसंगीत का पुट

आमतौर पर दो भाषायें पायी जाती हैं—साहित्यिक भाषा और लोकभाषा। साहित्यिक भाषा पर कृत्रिमता का सूक्ष्म आवरण चढ़ा रहता है। किन्तु लोकभाषा का सम्बन्ध हमारे जीवन की साँस और उस मिट्टी से है जिसमें हम जन्म लेते हैं। सृष्टि के प्रथम प्रभाव में यदि मनुष्य की वाणी को स्वर मिला होगा या यूँ कहें कि मनुष्य ने कुछ गाकर स्वर के आरोह अवरोह की समीक्षा की होगी, तो वह लोकगीतों में ही है। किसी देश का लोकसाहित्य शताब्दियों का सम्बल है, युगों की देन हैं जिसमें उस देश की संस्कृति, देशवासियों के जीवनचरित्र उनके आँसू और हास परिहास सुरक्षित हैं। चूँकि यह साहित्य मानव जीवन की हर साँस से निकलने वाला है, इसलिये इसमें भावों का प्रतिबिम्ब दर्पण की तरह दृष्टिगोचर होता है।[35] लोकगीत परम्पराओं से चले आ रहे जन-जीवन के सुख-दुख व क्रियाकलाप के वे स्वर हैं जो मनुष्य की नादप्रिय प्रवृत्ति के परिचायक हैं। मनुष्य ने संगीत की गूँज कब सीखी? यह तो स्वत: सिद्ध है कि जब उसका जन्म हुआ। लेकिन उस गूँज को स्वर का सन्तुलित रूप कैसे व कब दिया, यह कहने के लिये लोकसंगीत को ही प्रथम माध्यम मानना होगा; फिल्मों के माध्यम से यह और भी अधिक अच्छे रूप में सामने आया है।

हमारे देश के विभिन्न प्रदेशों में लोकगीत और लोकसंगीत के अलग-अलग स्वरूप हैं। भाषा-वैभिन्य के साथ उनकी लय, ताल और राग भी अलग हैं। साथ ही, इनकी गेयता शास्त्रीय और सुगम संगीत के साथ भी जुड़ी हुई है। अभी तक फिल्मों में पंजाब, बंगाल, राजस्थान, गुजरात, महाराष्ट्र और उत्तर प्रदेश का लोकसंगीत ही मुख्य रूप से आया है। रोशन ने अपने संगीत में शास्त्रीय संगीत के साथ लोकसंगीत को भी सम्यक महत्त्व प्रदान किया। वो लोकधुनों का कल्पनापूर्ण और मानव-प्रेरित इस्तेमाल करके अद्‌भुत मेलॉडी का सृजन करते थे।[36] उनके कई गीतों में लोकगीतों का आँचलिक साहित्य अपनी स्वभाविक मधुरिमा के साथ मुखरित हुआ है। उन्होंने लोकगीतों की धुनों को विशिष्ट अंदाज की शास्त्रीय संगीत की शैली में प्रस्तुत किया जिससे उनमें अनोखी मधुरता उत्पन्न हो गयी और वो गीत आज भी कर्णप्रिय है। उत्तर प्रदेश के संगीत की गंध लिये उनकी कुछ रचनायें जैसे 'बार-बार तोहे क्या समझाये पायल की झंकार' (आरती), ''सजन सलोना मांग लो'' (दूज का चांद), ''पड़ गये झूले सावन रूत आई रे'' (बहू बेगम), 'रूठे सैंया हमारे सैंया क्यूँ रूठे' (देवर), 'हम गबनवा न जइबे (ममता) आदि आज भी बेहद लोकप्रिय है। 'अनोखी रात' के सुप्रसिद्ध गीत

'ओ रे ताल मिले नदी के जल में' की प्रारंभिक धुन (कोरस) में बंगाली संगीत का पुट है।[37]

उनकी लोकधुनों में भावनाओं व स्वरलहरियों का मणिकांचन संयोग परिलक्षित होता है। उनके लोकगीतों में ढोलक का विशेष रूप से प्रयोग हुआ है। ढोलक की थाप तथा कोरस का प्रयोग इन लोकगीतों की विशेषता बन गई है। उनकी बनायी धुनें लोकगीतों में रोशन की रुचि का प्रमाण ही नहीं देती, वरन् संगीत के सहृदय श्रोताओं के बीच लोकसंगीत की सरसता और विशेषता का उद्‌घाटन भी करते हैं।

हर फ़नकार जिस वातावरण में रहता और अपना विकास करता है, उसका उसके चिन्तन पर निश्चित प्रभाव पड़ता है। यही कारण है कि फनकारों के योगदान में उनके वातावरण की छाप परिलक्षित होती है। उदाहरण के लिये, नौशाद ने जो लोकधुनें बनायी उनमें उत्तर प्रदेश के लोकसंगीत का रंग देखा जा सकता है। उदाहरणार्थ 'गंगा-जमुना' का गीत "नैन लड़ गई है तो मनवा मा कसक हुई बे करी", 'मदर इंडिया' में "होली आई रे कन्हाई रंग छलके" उत्तरप्रदेश का वातावरण दर्शाती है। इसी प्रकार सचिन देव बर्मन के संगीत में शुरू से अंत तक बंगाल के लोकसंगीत की ध्वनि की छाप बनी रही। उदाहरणार्थ 'सुजाता' में "सुन मेरे बन्धु रे, सुन मेरे मितवा", 'गाईड' में "मेरे साजन हैं उस पार" आदि। ओ०पी० नैय्यर के बारे में भी यही बात खरी उतरती है जहाँ पंजाब के लोकगीतों का रंग देखा जा सकता है। उदाहरणनार्थ 'फागुन' में "इक परदेशी मेरा दिल ले गया", 'तुमसा नहीं देखा' में "सिर पे टोपी लाल, हाथ में रेशम का रूमाल" इत्यादि। सलिल चौधरी ने 'छाया' में मोजार्ट के एक गीत की धुन दी जो भैरवी से काफी मिलती जुलती है। "मौसम बीता जाये" एक रूसी लोकगीत है। इसी प्रकार 'परख' के गीत "ओ सजना, बरखा बहार आई" की धुन बंगाली लोकसंगीत पर आधारित है। लेकिन जब हम इस सन्दर्भ में रोशन के योगदान की समीक्षा करते हैं तो एक नया लक्षण दिखाई देता है और वह यह है कि पंजाबी होने के बावजूद उन्होंने पंजाबी शैली न अपनाकर उत्तरप्रदेश की शैली अपनाई। संभवतः इसका यह कारण हो सकता है कि पंजाब में उनका बचपन बीता, लेकिन युवावस्था में लखनऊ में रहे और मैरिस कॉलेज में शिक्षा पाई।

गीत के अनुसार पार्श्व गायक-गायिकाओं की आवाज का चयन

संगीतकार रोशन ने फिल्म की सिचुएशन और नायक-नायिकाओं को ध्यान में रखते हुये पार्श्व गायक-गायिकाओं की आवाज़ों का चयन किया और सफलतम परिणाम प्राप्त किये। उन्हें गायक-गायिकाओं के गले की बखूबी पहचान थी। इसलिये गायक की क्षमता, गीत के उतार-चढ़ाव व धुन के मूड को ध्यान में रखकर ही वह पार्श्व

गायक-गायिकाओं का चयन करते थे। उन्होंने अपनी फिल्मों में सर्वाधिक गीत लता की आवाज में रिकार्ड कराये। उन्होंने लता की हमेशा प्रशंसा की।[38] मुश्किल से मुश्किल धुनों को वह सहज ही आसान स्वर में गा लेती थीं। इसलिये हर शास्त्रीय गीत में रोशन लता के स्वर का उपयोग अवश्य करते थे। उनकी रचनाओं में मौलिकता को प्रथम स्थान मिलता था। उनके द्वारा संगीतबद्ध और लता की आवाज़ में गायी अनेकों रचनायें आज भी बहुत लोकप्रिय हैं। शास्त्रीय गीतों पर आधारित रचनाओं में "ऐ री मैं तो प्रेम दीवानी" (नौबहार), "ऐ री आली पिया बिन" (रागरंग), "ऐ री जाने न दूँगी", तथा "सखी मेरा मन उलझे तन डोले" (चित्रलेखा), "चाहे तो मोरा जिया लेले", "सकल बन गगन चलत पुरवाई" तथा "विकल मोरा मनवा उन बिन हाय" (ममता) आदि विशेष रूप से उल्लेखनीय हैं। लता की आवाज़ में गाई सदाबहार ग़ज़लों में "जुर्मे उल्फ़त पे हमें लोग सज़ा देते हैं" (ताजमहल), "रहते थे कभी जिनके दिल में" तथा "रहें न रहें हम महका करेंगे" (ममता), "दुनिया करे सवाल तो हम क्या जवाब दें" (बहु बेगम) और सदाबहार गीतों में "जो वादा किया वो निभाना पड़ेगा" (ताजमहल), "कभी तो मिलोगी कहीं तो मिलोगी" (आरती), "दिल जो न कह सका वही राज़े दिल कहने की रात आई" (भीगी रात), "संसार से भागे फिरते हो" (चित्रलेखा), "छुपा लो यूँ दिल में प्यार मेरा" (ममता), "महलों का राजा मिला" (अनोखी रात) आदि सदा स्मरणीय रचनायें हैं।

मुकेश की आवाज़ में दर्द, नैराश्य और बेबसी की भावना की अभिव्यक्ति बहुत मर्मस्पर्शी रूप में होती थी। साथ ही मंद गति वाले और उदासी भरे गीतों में उनकी आवाज़ अपना विशेष प्रभाव छोड़ती थी। रोशन ने अपनी फिल्मों में जो गीत मुकेश से गवाये उन्हें कुछ अलग प्रकार की धुनों में संगीतबद्ध किया। उन्होंने एक बार मुकेश के बारे में यह शब्द कहे थे, "यह गायक सहगल से भी ज्यादा मशहूर होकर सहगल की कमी को पूरा कर देगा, लेकिन शायद इस गायक की कमी कभी पूरी नहीं हो पायेगी।"[39] रोशन के संगीत-निर्देशन में मुकेश के गाये कुछ विशेष गीतों का हम इस प्रकार उल्लेख कर सकते हैं—"तेरी दुनिया में दिल लगता नहीं वापस बुला ले" (बावरे नैन), "एक झूठी सी तसल्ली" (शीशम), "तेरे प्यार को इस तरह से भुलाना" (मैंने जीना सीख लिया), "बहारों ने मेरा चमन लूटकर" और "आया है मुझे फिर याद वो ज़ालिम" (देवर), "मिले न फूल तो काँटों से दोस्ती कर ली" और "ओ रे ताल मिले नदी के जल में" (अनोखी रात)।

आशा भौंसले की आवाज़ में शोखियों और चुलबुलाहट के साथ-साथ एक ख़ास किस्म का रोमानी तसव्वुर है। अनेक लोकप्रिय कव्वालियों में आशा की आवाज़ बेहद प्रभावशाली रही। रोशन ने अपनी सभी लोकप्रिय कव्वालियों "न तो कारवां की तलाश है, न तो हमसफर की तलाश है" (बरसात की रात), "हसीनों के जलवे परेशान रहते,

अगर हम ने होते'' (बाबर), ''निगाहें मिलाने को जी चाहता है'' (दिल ही तो है), ''पर्दा उठे सलाम हो जाये'' (दिल ही तो है), ''चाँदी का बदन, सोने की नजर'' (ताजमहल), ''अर्ज़े-शौक आँखों में है, अब जाँ बलब हूँ'' (बहू बेगम), आदि में आशा की आवाज का प्रयोग किया। उनकी आवाज़ में गायी अन्य लोकप्रिय रचनाओं में ''काहे तरसाये जियरा'' (चित्रलेखा), 'छा गये बादल नीलगगन पर' (चित्रलेखा), ''हम इन्तज़ार करेंगे, तेरा कयामत तक'' और ''पड़ गये झूले सावन रूत आयो रे'' (बहू बेगम), ''इन बहारों में अकेले ना फिरो'' (ममता) आदि हैं।

मन्नाडे स्वयं एक शास्त्रीय गायक हैं। उन्होंने सदैव हिन्दुस्तानी शास्त्रीय संगीत को पवित्र माना और साधना की तरह उसका अभ्यास किया। अपने शास्त्रीय संगीत के प्रशिक्षण को उन्होंने निरर्थक नहीं जाने दिया और सुगम संगीत की लहरों में इस प्रकार सजाया कि औसत श्रोता भी उन्हें याद करके गुनगुनाया करता है। रोशन के संगीत निर्देशन में शास्त्रीय संगीत पर आधारित रचनाओं में ''लागा चुनरी में दाग छुपाऊँ कैसे'' (दिल ही तो है), ''फुल गैंदवा न मारो'' (दूज का चाँद), ''हाय री मैं तो प्रेम दीवाना'' (बेदाग), ''बता दो कौन गली गये शाम'' (मधु) आदि उत्कृष्ट उदाहरण हैं। रोशन द्वारा संगीतबद्ध कुछ हल्के-फुल्के गीत भी मन्नाडे की गायकी के बेजोड़ उदाहरण हैं। उन्हें सुनकर ऐसा लगता है कि इन गीतों को मन्नाडे के अलावा और कोई गायक इतने बेहतर ढंग से शायद ही गा पाता। ऐसे ''गीतों में फुलगैंदवा न मारो'' (दूज का चाँद), ''लागी मनवा के बीच कटारी कि मारा गया ब्रह्मचारी'' (चित्रलेखा), ''उसको नहीं देखा हमने कभी'' (दादी माँ) आदि उत्कृष्ट उदाहरण हैं। रोशन द्वारा संगीतबद्ध अनेक लोकप्रिय कव्वालियों में भी मन्नाडे ने स्वर दिया है।

उर्दू शायरी में गज़ल का अपना विशेष महत्त्व है। गज़ल उर्दू काव्य का सर्वाधिक प्रसिद्ध और सरस रूप है। उसका स्थायी भाव प्रेम है जिसमें रहस्यानुभूति, मस्ती, धार्मिक विद्रोह आदि संचारी रूप में ओत-प्रोत रहते हैं।[40] Ghazal is a piece of verse generally composed in Urdu and steepened in sentiments of passionate sexual love is known as Ghazal.[41] एक शायर ने गज़ल गायिकी के बारे में क्या खूब कहा है, ''गज़ल में बंदिशे अलफाज़ ही नहीं काफ़ी, जिगर का खून भी कुछ चाहिये असर के लिये।'' इस प्रकार गज़ल को समझकर और उसमें खूब डूबकर श्रोताओं को आनन्द देने वाले गायक जब गज़ल गाते हैं तो सुनने वालों पर उनकी मीठी आवाज़ और गाने का तरीका जादू दिखलाने लगता है। जब गायक संजीदा होकर गज़ल प्रस्तुत करता है तो सुनने वाले कई विचारों में खो जाते हैं और यह शेर याद आता है, ''मैं तो गज़ल सुनाके अकेला खड़ा रहा, सब सुनने वाले अपने चाहने वालों में खो गये।''

तलत महमूद गज़लों के माहिर समझे जाते थे और उन्हें 'गज़ल सम्राट' की संज्ञा

दी जाती थी। उनकी आवाज़ में हमेशा एक कोमल हृदय आशिक की बेहद नाज़ुक जज़्बाती मुलायमियत झलकती थी। उनकी आवाज़ महीन थी और उसमें कम्पन भी था। हरकतें भी वह सुविधाजनक ढंग से ले आ पाने में सक्षम थे। उनकी आवाज़ रेशम जैसी मुलायम थी और चिकनी होने के बावजूद श्रोताओं के मनों पर हमेशा अपना असर बनाये रखने में समर्थ थीं।[42] तलत की मखमली आवाज के लिये जो गीत रोशन ने संगीतबद्ध किये, उनमें कुछ इस प्रकार उल्लेखनीय हैं—"मैं दिल हूँ इक अरमान भरा" (अनहोनी)[43], "किसी सूरत लगी दिल की बहल जाये तो अच्छा हो" (नौबहार), "मोहब्बत के झूठे सहारों ने लूटा" (संस्कार), "मेरे ख्यालों में आकर गले लग जा" (गुनाह) इत्यादि।

मोहम्मद रफ़ी की आवाज में एक खास तरह का सोज़ और कशिश थी जो ग़ज़लसराई के लिये बहुत उपयुक्त थी। अगर साहिर की ग़ज़लों में रोशन ने अपने संगीत का रंग भरकर सजाया तो रफ़ी ने उन्हें अपनी आवाज देकर श्रोताओं पर बहुत एहसान किया। "बरसात की रात" की लोकप्रियता ने रोशन को समकालीन संगीत निर्देशकों की श्रेणी में बहुत ऊपर लाकर रख दिया। इस फिल्म की बेहतरीन ग़ज़लों में (जो रफ़ी की आवाज़ में थी), "जिन्दगी भर नहीं भूलेगी वो बरसात की रात", "मैंने शायद तुम्हें पहले भी कहीं देखा है" और "मायूस हूँ तेरे वादे से कुछ आस नहीं और आस भी है" हैं। इसके अलावा, उनकी आवाज में "अब क्या मिसाल दूँ मैं तुम्हारे शबाब की" (आरती), "जो बात तुझमें है तेरी तस्वीर में नहीं" तथा "पाँव छू लेने दो फूलों को इनायत होगी" (ताजमहल) आदि फिल्मों की ग़ज़लें भी बेहद लोकप्रिय हुईं। सदाबहार गीतों में "मन रे तू काहे न धीर धरे" (चित्रलेखा)[44], "आपने याद दिलाया तो मुझे याद आया" (आरती), "जो वादा किया वो निभाना पड़ेगा" तथा "पाँव छू लेने दो" (ताजमहल), "कारवां गुज़र गया गुबार देखते रहे" (नई उमर की नई फसल), "हम इन्तजार करेंगे तेरा कयामत तक" (बहू बेगम) इत्यादि उत्कृष्ट उदाहरण हैं।

संगीत की विधाओं में ग़ज़ल का अपना स्थान है जिसमें उर्दू भाषा के शब्दों का स्पष्ट उच्चारण करना जरूरी है। इसलिए संगीतकार को किसी गायक या गायिका का चयन करने से पहले यह भी देखना पड़ता है कि वे ग़ज़ल के शब्दों का सही उच्चारण कर सकेंगे या नहीं। किसी किसी गजल में दर्द भरी आवाज का लाना जरूरी हो जाता है ताकि ग़मग़ीन वातावरण को ठीक तरह से बनाये रखा जा सके। रोशन ने इस ओर भी पूरा ध्यान दिया उन्होंने मुकेश, रफ़ी व लता की आवाजों में अनेक रचनायें प्रस्तुत की। लेकिन उन्हें इस क्षेत्र में वो मुक़ाम हासिल न हो सका जिसके लिये मदनमोहन की प्रशंसा की जाती है।

रोशन के संगीत निर्देशन में सुमन कल्याणपुर की आवाज में गाये हुये गीतों में ''गरजत बरसत सावन आयो रे'' (बरसात की रात), ''यूँ ही दिल ने चाहा था रोना रूलाना'' और ''चुरा ले न तुमको ये मौसम सुहाना'' (दिल ही तो है), ''शराबी-शराबी ये सावन का मौसम'' (नूरजहाँ) लोकप्रिय रचनायें हैं। राजकुमारी की आवाज में गाये हुये गीत ''हमें भाने लगे, सपनों की दुनिया बसाने लगे'' (नेकी और बदी), ''सुन बैरी बलम, सच बोल रे इब क्या होगा'', तथा ''ख्यालों में किसी के इस तरह आया नहीं करते'' (बावरे नैन) आज भी लोकप्रिय हैं।

रोशन के संगीत निर्देशन में गाने वाले अन्य पार्श्व गायक-गायिकाओं में पं० फीरोज़ दस्तूर, अमीरबाई कर्नाटकी, शिवदयाल बातिश, सुधा मल्होत्रा, कमल बारोट, हेमन्त कुमार, शमशाद बेगम, गीता दत्त इत्यादि के नाम भी उल्लेखनीय हैं। रोशन ने अपनी फिल्मी संगीत यात्रा में करीब 406 गीत रिकार्ड कराये जिनमें 25 युगल गीत हैं। उनके संगीत निर्देशन में लता ने 104, आशा ने 47, रफ़ी ने 30 और मुकेश ने 24 एकल गीत गाये।[45]

संगीतकार किसी गीत की केवल धुन ही नहीं बनाते बल्कि उन्हें यह भी देखना पड़ता है कि फिल्म में क्या सिचुएशन है और उसमें किस पार्श्व गायक या पार्श्व गायिका की आवाज का प्रयोग उपयुक्त होगा। वे यह भी देखते हैं कि चित्रपट पर अभिनयकर्ता कौन है तथा किस वातावरण में संगीत दिया जाना है। यही कारण है कि उन्हें अनेक प्रकार की विधाओं का प्रयोग करना पड़ता है तथा पार्श्व गायन के लिये कलाकारों का चयन करना पड़ता है। सचिनदेव बर्मन के संगीत में बंगाली धुनों का स्पर्श था। उन्होंने कई गानों में गीतादत्त की आवाज का प्रयोग किया, लेकिन वो उतना सफल नहीं हुआ जितना होना चाहिए था। ओ०पी० नैय्यर ने आशा की आवाज का बखूबी प्रयोग किया लेकिन रोशन के संगीत में यह विशेषता ढूंढी जा सकती है कि उन्होंने अपनी फिल्मों में सभी विधाओं का प्रयोग किया और उन्हीं के अनुरूप पार्श्व गायकों व गायिकाओं का चयन किया जिससे उनकी रचनाओं में ऐसी नैसर्गिकता आ गई जो अन्य संगीतकारों के योगदान में नहीं मिलती। यह जरूरी नहीं है कि कोई संगीतकार सैंकड़ों रचनाऐं देकर अपनी प्रतिभा का प्रदर्शन करे। रोशन ने थोड़े ही समय में और अपेक्षाकृत थोड़ी ही फिल्मों में अपनी रचनायें देकर अपना विशेष स्थान बना लिया।

रिद्म की विविधता तथा उसकी भूमिका

रोशन के संगीत में रिद्म बहुत प्रभावशाली तत्त्व रहा। उनके गीतों में ठेके की विविधता का बहुत सुन्दर रूप दिखायी देता है। एक गीत में ही ठेके के नये-नये रूप दिखायी देते हैं। रिद्म देने की उनकी एक विशेष अदा थी। जिस सुन्दरता से वह रिद्म का ब्रेक और पिकअप देना निश्चित करते थे वैसी खूबसूरती बहुत कम गानों में सुनने

को मिलती है। उदाहरण के लिए, 'ताजमहल' का गीत ''जो वादा किया वो निभाना पड़ेगा'' बहुत लोकप्रिय हुआ। इस गाने की धुन और वाद्यसंगीत में प्रभावशाली है ही, साथ ही इस गाने को इतना 'हिट' बनाने में रिद्म का बहुत बड़ा हाथ है। गीत की एक विशेषता यह है कि इसमें स्थायी से पहले और अन्तरों के बीच के म्यूज़िक में कांगो की रिद्म दी गई है और जहाँ गाने का स्थान है वहाँ गायक की आवाज के साथ छल्ले वाली ढोलक बजायी गई है। गीत की स्थायी और प्रथम अन्तरा रफ़ी की आवाज में है। इसके पश्चात् जहाँ लता का पीस आता है ''ये माना हमें जाँ से जाना पड़ेगा'' इसमें ''ये माना हमें जाँ से'' बिना रिद्म के है और 'जाना पड़ेगा' से ढोलक पर जो पिकअप है वह सुनने में बहुत मधुर लगता है और यही चीज़ इस गाने की एक खासियत बन गई है। साथ ही, विदेशी साज़ कांगों और भारतीय वाद्य ढोलक की रिद्म का जो आपस में तालमेल बैठाया गया है वह निःसन्देह इस गीत की खूबसूरती में चार चाँद लगा देता है।

'बहू बेगम' का गीत ''हम इन्तजार करेंगे तेरा कयामत तक'' कहरवा ताल में निबद्ध है। गीत में कहरवे के ठेके के विविध रूप प्रयोग किये गये हैं। गीत के प्रारम्भ में स्थायी में रिद्म डबल में है। इसके पश्चात् अन्तरे से पूर्व के म्यूज़िक में और अन्तरे में रिद्म सिंगल में है। अन्तरे की तीसरी लाईन से फिर रिद्म का वही डबल रूप आ जाता है जो पूरी स्थायी तक चलता है। ''हम इन्तज़ार करेंगे तेरा कयामत तक, खुदा करे'' के बाद रिद्म में जो कट दिया गया है और ''कयामत हो'' से जो पिकअप किया गया है उसमें ठेके का रूप बदल गया है। इस तरह पूरे गाने में रिद्म के बदलते रंगों ने गाने में एक प्रकार की विशेषता उत्पन्न कर दी है। फिल्म 'चित्रलेखा' के गीत ''ऐ री जाने न दूँगी'' में कहरवे के ठेके में बहुत बदलाव किये गये हैं। स्थायी की एक लाईन में सिंगल ठेका, दूसरी में डबल हो जाता है। इसी तरह अन्तरे की पहली लाईन में सिंगल और दूसरी में ठेके का स्वरूप बदल जाता है। तीसरी लाईन से फिर ठेका डबल हो जाता है। अन्तरे की समाप्ति पर ''दरसन जल की बूँद बूँद'' पर आकर तीन थाप देकर, टुकड़ा लगाना और ''जाने न दूँगी'' पर आकर सम से मिलना इस गीत की विशेषता बन गई है।

'बरसात की रात' के गीत ''मुझे मिल गया बहाना तेरी दीद का'' में गाने के साथ दादरा की लग्गी और म्यूज़िक में गिटार पर रिद्म का प्रयोग किया गया है। इस तरह भारतीय व पाश्चात्य रिद्म को बड़ी खूबी से मिलाया गया है। अन्तरे की आखिरी लाईन में ''आँखों में नाम नहीं'' पर कट देकर ''नींद का'' पर जो पिकअप दिया गया है उससे प्रतीत होता है कि गाने का सारा वज़न इसी स्थान पर आ गया है। इस प्रकार हम देखते हैं कि संगीतकार रोशन ने अपनी संगीत में रिद्म को विभिन्न प्रकार से सजा-संवारकर प्रस्तुत किया।

संगीतकारों के योगदान की समीक्षा का बारीकी से मूल्यांकन करने पर कई महत्त्वपूर्ण तथ्य उजागर होते हैं जिनमें एक का सम्बन्ध रिद्म के प्रयोग से है। रोशन ने संगीत के अन्य पक्षों की तरह रिद्म को भी पाश्चात्य प्रभाव से दूर रखा। लेकिन उनके समकालीन संगीतकार नैय्यर का विचार था कि संगीत में पाश्चात्य प्रभाव डालने में कोई आपत्ति नहीं होनी चाहिए यदि उन्हें देशी संगीत के साथ समायोजित करके श्रोताओं को प्रभावित किया जा सके। उनके कई गीतों में यह प्रभाव स्पष्ट परिलक्षित होता है उदाहरणार्थ 'आर-पार' में "बाबूजी धीरे चलना", 'मिस्टर एण्ड मिसेज 55' में "जाने कहाँ मेरा जिगर गया जी", 'हावड़ा ब्रिज' में "मेरा नाम चिन् चिन् चू" आदि।

वाद्य वृन्द का प्रयोग

रोशन की खास बात यह थी कि वह अपनी रिकार्डिंग में बड़े इत्मीनान और ध्यान के साथ बैठा करते थे। पहली लाईन में क्या संगीत होगा, दूसरी लाईन में और स्थायी के बाद क्या संगीत होगा, और अन्तरे से पहले क्या संगीत होगा। इस तरह का सारा काम वो खुद किया करते थे। अपने अरेंजर (मास्टर सोनिक) को लिखवाकर साजिन्दों के साथ रिहर्सल कराया करते थे। इसीलिये उनके गीतों में रिद्म की विविधता रहती थी, तथा मेलाडी का प्रवाह रहता था। जो काम अरेंजर किया करते हैं वो सारा काम रोशन खुद बैठकर किया करते थे। उनके गीतों की धुनें स्वयं में इतनी मधुरता व पूर्णता लिये होती थी कि उन्हें वाद्यवृन्द के सहारे की अधिक आवश्यकता नहीं होती थी। वह वाद्ययन्तों की मात्रा में नहीं गुणवत्ता में विश्वास करते थे। कम वाद्यवृन्द में भी वह गीत में मनचाहा प्रभाव ले आते थे। उनकी बनायी हुई रचनायें, जिनमें वाद्यवृन्द की मात्रा अधिक है, इस प्रकार हैं—"काहे तरसाये जियरा" (चित्रलेखा), "गरजत बरसत सावन आयो रे" (बरसात की रात), "लागा चुनरी में दाग" (दिल ही तो है), उनकी बनायी सभी कव्वालियाँ तो लोकप्रिय हैं ही, साथ ही जिन रचनाओं में वाद्यवृन्द की मात्रा कम है—"मन रे तू काहे न धीर धरे" (चित्रलेखा), "मैंने शायद तुम्हें पहले भी कहीं देखा है" (बरसात की रात), "तेरी दुनिया में दिल लगता नहीं वापस बुला ले" (बावरे नैन), "मिले न फूल तो काँटों से दोस्ती कर ली" (अनोखी रात) आदि आज भी बहुत लोकप्रिय हैं।

यदि हम रोशन की संगीत रचनाओं का विश्लेषण करें तो हमें उनमें हर रूप व हर रंग दिखलाई देगा। हास्य गीत, युगल गीत, विरह गीत, प्रेम गीत, सन्देश गीत, बाल गीत इत्यादि सभी प्रकार की रचनाओं तथा कव्वाली, भजन, ग़ज़ल, लोकसंगीत सभी विधाओं में उन्होंने शुद्ध भारतीय परम्परा को सर्वोच्च मानकर संगीत तैयार किया। अपने समय के वे एकमात्र ऐसे संगीतकार थे जिनका संगीत किसी विशेष विधा और शैली

का गुलाम नहीं था। उन्होंने अपने संगीत को किसी विशेष प्रकार की मान्यता या बंधन में कैद नहीं किया। साथ ही, उन्हें भारतीय शास्त्रीय संगीत से विशेष प्रेम था इसलिये उन्होंने अपनी रचनाओं में विशुद्ध भारतीय संगीत दिया और उसमें यथासम्भव पाश्चात्य शैली का कहीं प्रयोग नहीं होने दिया। उनकी रचनाओं में मेलाडी हमेशा प्रधान रही। यही कारण है कि इनकी बनायी विशुद्ध शास्त्रीय रागों पर आधारित धुनें भी गाने बजाने में कठिन प्रतीत नहीं होतीं और गले में आसानी से उतारी जा सकती हैं।

फिल्म संगीत के क्षेत्र में स्तरीय स्पर्श का योगदान

"बहुत दिया देने वाले ने तुझको,
आँचल ही न समाये तो क्या कीजे ...."

मानव की भौतिकवादी तथा भावनात्मक तृप्ति के त्याग से ओतप्रोत शैलेन्द्र द्वारा रचित यह गीत महान संगीतकार रोशन की श्रेष्ठ कृति बन गया। रोशन ने कदापि उससे अधिक की आकांक्षा नहीं की जितना देने वाले ने उन्हें दिया। अपने संगीत के प्रति उनकी अभिरुचि वाणिज्यिक दृष्टि से बहुत तीव्र नहीं थी, इसलिये अनेक बार प्रतिष्ठित फिल्म-निर्माताओं ने अन्तिम क्षण पर उन्हें छोड़कर उस समय के अत्याधिक प्रख्यात संगीतकारों को लिया। रोशन की स्वरबद्धता में रुचि इतनी व्यापक थी कि एक ओर ग़ज़ल जैसे "रहते थे कभी जिनके दिल में" (ममता) और कव्वाली "निगाहें मिलाने को जी चाहता है" (दिल ही तो है) से लेकर दूसरी और शास्त्रीय संगीत में "मन तू काहे न धीर धरे" (चित्रलेखा) तथा लोक संगीत में "बार बार तोहे क्या समझाये पायल की झंकार"(आरती) तक सभी उनके परास में प्राकृतिक स्थान धारण कर गये। यद्यपि रोशन के समकालीन संगीतकारों में अनेक ऐसे थे जो एक साथ पाँच, छः, सात फिल्मों में संगीत देकर शायद पूर्ण न्याय कर सके, रोशन ने यही पसन्द किया कि वह अपनी सृजनात्मक क्षमता को चयनित फिल्मों तक सीमित रखें। इसी का प्रदर्शन हमें उनकी रचनाओं में मिलता है।

लगभग 19 वर्षों के फिल्मी जीवन में रोशन ने 54 फिल्मों में संगीत दिया। 1949 में "नेकी और बदी" से शुरू होकर अगले वर्ष "बावरे नैन" में संगीत देकर रोशन ने तुरन्त अपने लिये स्थान बना लिया। प्रारंभिक दौर में उनकी संगीत निर्देशित कुछ फिल्मों को सफलता नहीं मिली जैसे—'बेदर्दी', 'संस्कार', 'आगोश', 'मालकिन', 'माशूका', 'बाप बेटी', 'बाराती', 'चाँदनी चौक', 'घर घर में दीवाली', 'जश्न', 'टकसाल', 'रंगीन रातें', 'आगरा रोड', 'काफी हाऊस', 'अजी बस शुक्रिया', 'दो रोटी', 'आँगन', 'सी०आई०डी० गर्ल', 'हीरा मोती', 'वारन्ट', 'वल्लाह क्या बात है', आदि। यद्यपि 1950 से 1960 के दशक में बनी हुई कई फिल्में विफल हो गईं लेकिन आश्चर्य की बात यह है कि रोशन ने संगीत रचना के क्षेत्र में अपनी अद्वितीय स्थिति

बनाये रखी। उनके द्वारा बनायी गयी कुछ धुनें अत्यंत लोकप्रिय हुई और अब वे संगीत के क्षेत्र में महत्त्वपूर्ण कीर्तिमान बन गई हैं जिन्हें आने वाले युग में संगीतकारों की पीढ़ियाँ याद करेंगी व सराहेंगी।

रोशन की अत्यंत श्रेष्ठ व सफल उपलब्धियों पर दृष्टिपात

1. बावरे नैन (1950)

फिल्म संगीत जगत के श्रोताओं को रोशन की प्रतिभा से अवगत कराने वाली यह प्रथम फिल्म थी। निर्देशक केदार शर्मा द्वारा रचित गीत ''तेरी दुनिया में दिल लगता नहीं वापस बुला ले'', मुकेश ने सहगल की तर्ज में गाया और उससे उन्हें पार्श्वगायक के जीवन में अद्‌भुत सफलता मिली। फिर यह गायक अपने इस आधार स्तंभ को कभी न भूल सका जिसे रोशन ने अपने भावुक स्वरबद्धता के माध्यम से प्रस्तुत करवाया। इसी फिल्म में मुकेश व गीतादत्त का गाया गीत ''ख्यालों में किसी के इस तरह आया नहीं करते'' एक अन्य प्रख्यात रचना बनी। राजकुमारी की आवाज में गाया गीत ''सुन बैरी बलम सच बोल रे इब क्या होगा'' बहुत लोकप्रिय हुआ। गीत के शब्द ''इब क्या होगा'' में एक प्रकार की विशेष अदा है जो सुनने में बहुत अच्छी लगती है।

2. मल्हार (1951)

यह मुकेश के गीतों से भरा एक फिल्मी हिट था जिसमें सदा स्मरण करने वाले गीत हैं—''बड़े अरमानों से रखा है बलम तेरी कसम'' (मुकेश-लता), ''कहाँ हो तुम ज़रा आवाज़ दो'' (मुकेश-लता), ''तारा टूटे दुनिया देखे' (मुकेश), तथा ''दिल तुझे दिया था रखने को'' (मुकेश)। यद्यपि यह फिल्म विफल हो गई, इसका संगीत हिट हुआ।

3. बरसात की रात (1960)

यह फिल्म बहुत सफल हुई और इसकी सफलता ने रोशन को समकालीन संगीतकारों की अग्रगणी पंक्ति में लाकर रख दिया। फिल्म की कव्वाली ''न तो कारवां की तलाश है, न तो हमसफर की तलाश है'' की लोकप्रियता ने फिल्मी जगत में तहलका मचा दिया। इसी से फिल्मी जगत में कव्वालियों की बाद में आने वाले अनगिनत रचनाकारों ने किसी न किसी रूप में इसका अनुसरण किया है। स्वस्थ परम्परा विकसित हुई और रोशन को ''कव्वाली सम्राट'' की उपाधि प्राप्त हुई। मधुबाला के भौतिक सौन्दर्य को भारत भूषण द्वारा परदे पर गाये गीत ''जिन्दगी भर नहीं भूलेगी वो बरसात की रात'' ने अमर बना दिया। गीत राग यमन कल्याण पर आधारित है। नायिका की

विशेषताओं को उजागर करती गज़ल 'मैंने शायद तुम्हें पहले भी कहीं देखा है' की धुन बहुत कम वाद्यों के प्रयोग के बावजूद एक प्रकार की मिठास व आकर्षण लिए हुए है। सुमन कल्याणपुर व कमल बारोट की मधुर आवाजों में पूर्णतया शास्त्रीय संगीत पर आधारित गीत "गरजत बरसत सावन आयो रे" संभवत: छायानट पर आधारित है। यदा कदा कामोद का चलन भी झलकता है। शास्त्रीय संगीत फिल्मों में पहुँचकर ऐसे ही गीतों की लोकप्रियता के कारण आज सर्वग्राहय बन गया है। हिट होने वाले गीतों में लोकसंगीत पर आधारित एक अन्य रचना "मुझे मिल गया बहाना तेरी दीद का" (लता) है। इस प्रकार पूरी फिल्म ही हिट गीत की शृंखला थी।

4. आरती (1962)

रोशन के अनेक चाहने वाले राजश्री फिल्म की इस प्रथम देन को इसका सर्वश्रेष्ठ योगदान मानते हैं। मीनाकुमारी--प्रदीपकुमार की जोड़ी के लिए और मजरूह सुल्तानपुरी के बोलों को रोशन ने उत्तम धुनें दी। अब क्या मिसाल दूँ मैं तुम्हारे शबाब की (रफ़ी) बेहद लोकप्रिय हुआ और यह रफ़ी के पसींदा गीतों में से एक था।[46] शास्त्रीय व लोकसंगीत के अद्‌भुत समन्वय से सजा एक अन्य गीत था। "बार बार तोहे क्या समझाये, पायल की झंकार" (लता रफ़ी) एक अन्य युगल गीत "आपने याद दिलाया तो मुझे याद आया" (लता रफ़ी) तथा "कभी तो मिलोगी कहीं तो मिलेगी" (लता) इस फिल्म की सदाबहार रचनाएँ हैं। रफ़ी व लता से विशेष रुचि से ये गीत गाये जहाँ भावुकता व प्रेरणा का संगम दिखाई दिया।

5. दिल ही तो है (1963)

राजकपूर व नूतन के संगीतमयी प्रेम से ओत प्रोत इस फिल्म में रोशन के योगदान को सर्वोत्तम सफलता मिली। साहिर लुधियानवी द्वारा रचित लगभग एक दर्शन गीतों से भरपूर इस फिल्म की हर ध्वनि लोकसंगीत का अंग बन चुकी है। "तुम अगर मुझको न चाहो तो कोई बात नहीं" और "भूले से मोहब्बत कर बैठा नादां था बेचारा दिल ही तो है" दो ऐसे गीत बने जिन्होंने मुकेश को अपनी ख्याति की पराकाष्ठा पर पहुँचा दिया। युगलगान तुम्हारी मस्त नजर गर इधर नहीं होती (लता-मुकेश) तथा कव्वाली "निगाहें मिलाने को जी चाहता है" (आशा व साथी), इन सभी ने इस फिल्म को ऐसा बना दिया कि आने वाले समय में यदि किन्हीं दस संगीत भरी हिट फिल्मों के नाम लिये जाये तो उनमें यह एक फिल्म होगी। लेकिन अगर कोई इस फिल्म में से कोई ऐसा गीत चुने जिसने धूम मचाने में सभी कीर्तिमान तोड़े तो वह होगा "लागा चुनरी में दाग छुपाऊँ कैसे" (मन्नाडे)। इस अर्द्धशास्त्रीय संगीतमयी गीत को यदि परम्परा-निर्धारक बताया जाये तो कोई अतिशयोक्ति न होगी।[47]

6. ताजमहल (1963)

यह संयोग की बात है कि एक ही वर्ष (1963) में रोशन के दो अत्यंत सफल योगदान सामने आये। 'दिल ही तो है' फिल्म एक उछलकूद से भरे निष्क्रिय नाटक की तरह भी जिसे केवल संगीत ने संभाल लिया, क्योंकि उसमें रोशन ने ऐसी धुनें बनायी जिन्होंने श्रोताओं को मन्त्रमुग्ध कर दिया। लेकिन 'ताजमहल' ऐसी फिल्म थी जिसमें साहिर लुधियानवी के बोलों, बीना राय व प्रदीप कुमार की जोड़ी, तथा लता व रफ़ी के युगल गान "जो वादा किया वो निभाना पड़ेगा" के माध्यम से उन्हें चिरस्थायी लोकप्रियता के जगत में रख दिया। "ज़ो बात मुझमें है तेरी तस्वीर में नहीं" (रफ़ी) या "पाँव छू लेने दो फूलों को इनायत होगी" (रफ़ी-लता) तो सभी कीर्तिमानों से आगे निकल गये। फिल्म की कव्वाली "चाँदी का बदन, सोने की नज़र" (आशा, मन्नाडे, महेन्द्र कपूर, साथी) ने लोकप्रियता की धूम मचा दी। ग़ज़ल "जुर्मे उल्फ़त पे हमें लोग सज़ा देते हैं" (लता) इस फिल्म की तराशी हुई बेहतरीन संगीत रचना है।

7. चित्रलेखा (1964)

ऐतिहासिक पृष्ठभूमि पर बनी इस फिल्म के लिये रोशन ने पूर्णतया शास्त्रीय संगीत पर आधारित धुनें बनायीं जो बेहद लोकप्रिय हुईं। साहिर के बोलों को सुसज्जित वाद्यवृन्द से मिलाकर रोशन ने ऐसा सांगीतिक वातावरण तैयार किया कि पूरी फिल्म ही संगीतमय मालूम होती है। राग कलावती पर आधारित "काहे तरसाये जियरा" (ऊषा, आशा) राग यमन पर आधारित "मन रे तू काहे न धीर धरे", राग कामोद पर आधारित "ऐ री जाने न दूँगी" जैसे गीत शास्त्रीय संगीत के प्रति संगीतकार के विशेष लगाव को प्रदर्शित करते हैं। एक अन्य युगल गीत "छा गये बादल नीलगगन पर धुल गया कजरा साँझ ढले" (रफ़ी-आशा) उनकी बनायी बेहतरीन धुनों में से एक है। साहिर कृत "मन रे तू काहे न धीर धरे" तथा "संसार से भागे फिरते हो" जैसी आध्यात्मिक विषय वाली रचनाओं को भी रोशन ने अपना संगीत देकर अमर बना दिया।

8. भीगी रात (1965)

"दिल जो न कह सका वही राज़े दिल कहने की रात आई", ऐसा कोई संगीत प्रेमी न होगा जो इस फिल्म में मजरूह सुल्तानपुरी के बोलों और रफ़ी व लता के युगल गानों से उत्प्रेरित न हुआ हो। जब जब इस फिल्म में रोशन द्वारा संगीतबद्ध गीतों को सुना जाता है तभी उसकी मधुर झंकारों में से नये आयामों का आभास होता है। "जाने वह कौन है क्या नाम है उन आँखों का" (रफ़ी) गीत ऐसे भावों से भरा है जिसमें नायिका के भौतिक सौन्दर्य को उजागर करने का प्रयास है।

9. देवर (1966)

"दिल ही तो है" फिल्म के बाद कुछ समय के लिये रोशन ने वाणिज्यिक उद्देश्यों से रफ़ी को अपने साथ लिया लेकिन अन्त तक मुकेश उनके प्रिय पात्र बने रहे। इसका प्रमाण इस फिल्म में दो गीत हैं "गुज़रा ज़माना बचपन का" और "बहारों ने मेरा चमन लूटकर" मुकेश के योगदान में मील के स्तंभों के समान है। इस फिल्म में गीतकार आनन्द बख्शी ने रोशन के साथ पहली बार काम किया। आनन्द बख्शी की लीक से हटी रचनाओं को रोशन ने ऐसी धुनों में बाँधा कि वो आज भी सहृदय श्रोताओं की पूँजी है। लता की आवाज़ में स्वरबद्ध "दुनिया में ऐसा कहाँ सबका नसीब है" और "रूठे सैंया हमारे सैंया क्यूँ रूठे" सदाबहार रचनाएँ हैं।

10. ममता (1966)

इस फिल्म में भी रोशन के संगीत की वही पराकाष्ठा है जो "दिल ही तो है", "ताजमहल" तथा "चित्रलेखा" में देखने को मिलती है। "लागा चुनरी में दाग छुपाऊँ कैसे", "जो वादा किया वो निभाना पड़ेगा" तथा "काहे तरसाये ज़ियरा" के जोड़ का गीत है "रहते थे कभी जिनके दिल में हम जान से भी प्यारों की तरह"। इसे भी रोशन की प्रमुख धुनों में स्थान मिलना चाहिए। इस फिल्म में लता द्वारा गायी यह गज़ल उनकी विशेष रचनाओं में से एक विशिष्ट योगदान के मुखरन का परिचायक है। मजरूह द्वारा रचित तथा लता द्वारा गाया एक अन्य गीत "रहे न रहें हम महका करेंगे बनके सबा" रोशन की रचनाओं में सर्वाधिक गुणवत्ता से युक्त हैं। राग यमन पर आधारित हेमन्त कुमार व लता का गीत "छुपा लो यूँ दिल में प्यार मेरा" लता के गाये अन्य गीतों में लोकसंगीत व शास्त्रीय संगीत के अद्‌भुत सम्मिश्रण से युक्त "हम गबनबा न जाइबे हो बिना झुलनी", राग बहार पर आधारित "सकल बन गगन चलत पुरवाई", राग जोगिया व पीलू के स्वरों पर आधारित "विकल मोरा मनवा उन बिन हाय" और "चाहे तो मोरा जिया ले ले सांवरिया" भी उतने ही चमत्कारी गीत हैं। यह ऐसी धुने हैं जो हमें यह मानने पर हैरत में डाल देती हैं कि 1950 व 1960 के दशकों में बड़े-बड़े संगीत निर्देशकों में रोशन ने अपनी विशिष्टतापूर्ण जगह बना ली और यह दिखा दिया कि वह सचिनदेव बर्मन, मदनमोहन और नौशाद से किसी तरह कम नहीं थे। एक युगल प्रेम गीत "इन बहारों में अकेले न फिरो" के लिये उन्होंने आशा व रफ़ी का चयन किया। ऐसे श्रेष्ठ गीतों से भरपूर फिल्म 'ममता' ने उस वर्ष की सर्वश्रेष्ठ फिल्म का पुरस्कार भी प्राप्त किया।

11. बहू बेगम (1967)

रोशन के संगीत निर्देशन की तराशी हुई रचनाओं की एक झलक इस फिल्म के

गीतों में भी देखने को मिलती है। "हम इन्तजार करेंगे तेरा कयामत तक" ऐसा गीत है जिसके बारे में कहा जा सकता है कि यदि संगीत निर्देशक ओ०पी० नैय्यर के दायरे से बाहर 1960 के दशक में आशा ने कोई बेहतर गीत गाया तो वह यही है रफ़ी की संगीत में आशा ने इस गीत में अपनी रूह फूँक दी। साहिर द्वारा रचित इस गीत में पुरुष, स्त्री तथा भाग्य के ऊपर निराशापूर्ण मनन का भाव उभरा हुआ है। "निकले थे कहाँ जाने के लिये" (आशा) फिल्म का यह मुजरा अपनी अलग शैली का प्रतीक बना। इसी परिदृश्य के दूसरे छोर पर लता का गाया गीत "दुनिया करे सवाल तो हम क्या जवाब दें" बहुत लोकप्रिय हुआ। साहिर के काव्य को शायद ही कभी इतनी ऊँची तथा उड़ान भरी शान प्राप्त हुई होगी।

12. अनोखी रात (1968)

यह रोशन की अन्तिम फिल्म थी जिसे उनकी मृत्यु के बाद उनकी पत्नी (इरा) ने पूरा किया। लोकसंगीत का बेहतरीन उदाहरण "ओ रे ताल मिले नदी के जल में" तथा "दुल्हन से तुम्हारा मिलन होगा" मुकेश व रोशन के संयोग से निर्मित्त विस्मयकारी रचनायें थीं और यह कहना अतिश्योक्ति न होगी कि मुकेश ने रोशन के अन्तिम गीतों को अपनी आवाज से अमर बना दिया। आशा द्वारा गाया गीत "ना ना मेरी बेरी के बेर मत तोड़ो" हिन्दी चित्रपट का पहला यौवनी गीत था जिसे आज के दौर के इस प्रकार की शृंखला के गीतों का गर्वपूर्ण पूर्ववती कहा जा सकता है।[48] किन्तु 'अनोखी रात' ऐसी फिल्म है जिसका हिन्दी फिल्मी गीतों के ऐतिहासिक मूल्यांकन में अपना ही स्थान है जिसमें लता ने बिदाई के अवसर वाला यह बेजोड़ गीत गाया "महलों का राजा मिला कि रानी बेटी राज करेगी"। क्या इस धरती पर कोई ऐसा पिता होगा जो रोशन के इस विदाई गीत का श्रवण करके रो न पड़े।

अंत में हम इस निष्कर्ष पर पहुँचते हैं कि अपने समय के सभी जाने माने फिल्म संगीतकारों में रोशन को भी, बर्मन दा की तरह, 'निर्मम परिपूर्णतावादी' कहा जाना चाहिये। अर्थात् उन्होंने अपनी व्यक्तिगत निष्ठाओं को ऊपर नहीं आने दिया बल्कि उसी प्रकार की रचनाएँ प्रस्तुत कीं व उन्हीं गायकों व गायिकाओं की आवाज का प्रयोग किया जैसी उस फिल्म में माँग की गई। इसी को उनकी 'तराशी परिपूर्णता' की संज्ञा जा सकती है।[49]

संदर्भ

1. 'फिल्मों में नृत्यों के रूप रंग', संगीत, हाथरस, जनवरी, 1970, पृ० 2.
2. स्वामी वाहिद काज़मी, 'पार्श्व संगीत के पोशीदा कलाकार', संगीत, हाथरस, जुलाई 1987, पृ० 43.

3. लक्ष्मीकान्त-प्यारेलाल, 'ऑफ म्यूज़िक मर्थ एंड मॉरलस', फ्री प्रैस जरनल, बाम्बे, 5 नवम्बर, 1964 पृ० 6.
4. दिलीप पदगाँवकर, 'ओड टू ए नाइटिंगेल', सेमीनार, न्यू देहली, मार्च 1995, पृ०23.
5. फिल्म संगीत, हाथरस, जनवरी, 1961, पृ० 11.
6. "Here is a composer who has not grown simply great, but grown great simply." राजू भारतन, 'विदर ऑवर म्यूज़िक डायरेक्टर्स', फिल्मफेयर, 19 अक्टूबर 1962, पृ० 15.
7. संगीतकार मदनमोहन—भारतीय फिल्म संगीत, संगीत, 1969, पृ० 103.
8. सीतेश आलोक, "बसन्त देसाई संगीत निर्देशक पर आलोचनात्मक दृष्टि", फिल्म संगीत, हाथरस, जुलाई, 1961, पृ० 12.
9. राजू भारतन, 'विदर ऑवर म्यूज़िक डायरेक्टर्स', फिल्मफेयर, 19 अक्टूबर 1962, पृ० 15.
10. राजेन्द्र बोड़ा, 'संवेदनाओं को लयबद्ध करने वाला संगीतकार ओ०पी० नैय्यर', राजस्थान पत्रिका, जयपुर, 6 मई 1995, पृ० 3.
11. व्यास, 'फिल्म और शास्त्रीय संगीत', संगीत, हाथरस, जून 1967, पृ० 27.
12. अमर चतुर्वेदी, 'हिन्दी फिल्मों में लोकसंगीत', संगीत, हाथरस, अगस्त 1967, पृ० 17.
13. देवदास कुसुम, 'भारतीय फिल्म संगीत का इतिहास', संगीत, हाथरस, दिसम्बर, 1963.
14. अमर चतुर्वेदी, 'हिन्दी फिल्मों में लोकसंगीत', संगीत, हाथरस, अगस्त 1967, पृ० 18.
15. सी० रामचन्द्र, 'संगीत निर्देशक पर आलोचनात्मक दृष्टि', फिल्म संगीत, हाथरस, जुलाई 1963, पृ० 3.
16. संगीत, हाथरस, अक्टूबर, 1967, पृ० 23.
17. वही
18. अमलदास शर्मा, संगीतायन, पृ० 173.
19. कैलाश पंकज श्रीवास्तव, 'हमें तो लूट लिया मिलके .... उर्फ फिल्मी कव्वालियाँ', 'संगीत', फिल्मी कव्वाली अंक, हाथरस, जनवरी 79, पृ० 6.
20. सुलोचना 'यजुर्वेदी, खुसरो, तानसेन तथा अन्य कलाकार' (प्रस्तावना से)
21. संदर्भ 4 पृ० 56.
22. वही पृ० 36.
23. हरमिंदर सिंह 'हमराज' लिखित 'हिन्दी फिल्म गीत कोश, खण्ड 2 के आधार पर।'
24. डॉ० प्रकाश कामत, 'कहाँ हो तुम ज़रा आवाज़ दो' 'सकाल'—(मराठी) पुणे, 16.11.91.
25. डॉ० हरिशचन्द्र पाठक, 'मेला सात सुरों का', 'माधुरी', 29 अक्टूबर 82, पृ० 39.
26. संगीत, जनवरी 1991, पृ० 11.
27. संदर्भ 4, पृ० 38.
28. वही
29. यह अंश अमीर खुसरो की एक प्रसिद्ध रचना में थोड़ा रूपान्तर करके बनाया गया है। अमीर खुसरों की प्रसिद्ध रचना—

    "बहुत कठिन है डगर पनघट की, जो कोई जात वही जात भटकी। घर से जो निकली पनिया भरन को, कैसे भर लाऊँ मदवा से मटकी, बेर भई पिया जानत हुई हैं, जान परत कोऊ और ते अटकी। निजामुद्दीन औलिया तोरे बलिहारी, लाज राखो मोरे घूँघट पटकी।" (वही पृ० 55)
30. वही, पृ० 51.
31. व्यास, 'फिल्म और शास्त्रीय संगीत', हाथरस, जून, 1967, पृ० 25.
32. वही

33. वही
34. वही
35. संगीत, 'हाथरस', सितम्बर 1966, पृ० 88.
36. उमा गर्ग, ''हिन्दी फिल्मों गीतों का सौन्दर्य बोध'', दिल्ली विश्वविद्यालय से पी-एच०डी० के लिए स्वीकृत शोध ग्रन्थ, 1989, अप्रकाशित, पृ० 237.
37. अनिल बिस्वास ऐसे अग्रगणी संगीतकार हैं जिन्होंने 1930 के दशक में फिल्मी संगीत को शास्त्रीय संगीतोन्मुखी नाटक से मुक्त करके एक नयी पहचान दी। उन्होंने अनेक कलाकारों की जीवन दिशा निर्धारित की। रोशन ने उन्हीं से फिल्मी संगीत के प्रारंभिक तत्त्व सीखे।
नलिन शाह, ऑफट्रेक, शोबिज़, फ्राइडे, जून 24, 1994.
38. 15 अप्रैल, 1995 को लखनऊ में एक बड़ा कार्यक्रम हुआ जिसमें लता को पुरस्कृत किया गया। इस अवसर पर संगीतकार नौशाद भी उपस्थित थे और लता की सराहना करते हुये उनके बारे में नौशाद ने दो शेर पढ़े—
तुझे नग्मों की जां अहले नज़र यूँ ही नहीं कहते,
तेरे गीतों को दिल का हमसफर यूँ ही नहीं कहते,
सुनी सबने मुहब्बत की जुबां आवाज़ में तेरी,
धड़कता है दिले हिन्दोस्तां आवाज़ में तेरी।
39. सूर्यकान्त द्विवेदी, ''क्यों नहीं खोज पाये हैं मुकेश का विकल्प,'' संगीत हाथरस, अगस्त, 1987.
40. डॉ० नगेन्द्र, 'आजकल के काव्य सिद्धान्त', आजकल, सितम्बर, 1962, पृ० 36.
41. Ram Avtar Vir "The Music of India 1001 A.D. to 1986 A.D. History and development", p. 187.
42. संगीत हाथरस, जनवरी, 1991, पृ० 15.
43. तलत महमूद के गाये एक बंगाली गीत ''गोथा नोथ आजी राते आमोरे गाइतो दोय'' की धुन के आधार पर रोशन ने इस गीत की धुन बनाई। (शोधकर्त्री की तलत महमूद से बम्बई में 25.2.95 को भेंटवार्ता के आधार पर)
44. इस गीत को 1965 का सर्वश्रेष्ठ शास्त्रीय फिल्मी गीत का पुरस्कार ''सुर सिंगार'' प्राप्त हुआ। लगभग 12 घण्टों की बैठकों में 564 रिकार्डों को सुनकर उक्त गीत का चयन किया गया। निर्णायकों में थे—वी०एन० आडरकर, सेतु माधवराव, पी० जयराज, सुमति डी० प्रधान, तथा रामानीमुथन्ना संगीत, हाथरस, अप्रैल 1966, पृ० 67.
45. सन्दर्भ—9.
46. फिल्म संगीत—सितम्बर, 1969, पृ० 22.
47. सुभाष के झा, ''गिविंग ए टच ऑफ क्लास टू द फिल्म म्यूजिक'' ऐशियन एज (दिल्ली), 25 अक्टूबर 1994, पृ० 12.
48. संदर्भ—47.
49. सुभाष के झा, ''आये तुम याद मुझे'', इन्फोटेनमेन्ट, दि हिन्दुस्तान टाइम्स वीकली इन्टरटेनमेन्ट गाईड, नई दिल्ली, 2 फरवरी 1996, पृ० 10.

अध्याय : 6

संगीतकार रोशन और प्रेस, पत्रिकाएँ व लोकमत

"जब संगीत की ध्वनि धीरे-धीरे शान्त होती है, तो वह स्मृतियों में शान्ति का स्वर बनकर युगों तक गूँजती रहती है।"
—शैले

संगीतकार रोशन के संक्षिप्त जीवन परिचय से लेकर उनके विशिष्ट योगदान तक के अध्ययन के उपरान्त यह देखना भी सार्थक होगा कि उनके संबंध में उनके समकालीन सहयोगियों व टीकाकारों ने अपनी क्या धारणायें प्रस्तुत कीं या इस संबंध में पत्रकाओं ने किस प्रकार अपनी प्रतिक्रियाएँ व्यक्त कीं। हर जाने माने संगीतकार, नाटककार, लेखक, कवि, राजनीतिज्ञ इत्यादि के संबंध में तरह-तरह की टीकाएँ लिखी जाती हैं। अब इस संबंध में प्रेस सर्वाधिक महत्वपूर्ण भूमिका निभा रही है। अनेक प्रकार के पत्र-पत्रिकाएँ प्रकाशित हो रहे हैं जिनमें ऐसी विभूतियों के बारे में केवल साधारण जानकारी ही नहीं दी जाती बल्कि आलोचनात्मक दृष्टि से कलाकारों के कौशल व योगदान पर लेख व कटाक्षपूर्ण प्रतिक्रियाएँ भी देखने को मिलती हैं। यह भी हो सकता है कि कोई टीकाकार या पत्रकार किसी विभूति से प्रभावित होकर केवल उसके रचनात्मक पक्ष पर ही अपना ध्यान केन्द्रित करे, किन्तु यह भी हो सकता है कि कोई टीकाकार संतुलित दृष्टिकोण लेते हुये अच्छे व बुरे दोनों पक्षों को उजागर करे। ऐसी ही धारणाओं व प्रतिक्रियाओं के मंथन से किसी विभूति के योगदान का सही आंकलन हो सकता है और इसी हेतु इस अध्याय में यह बताने का प्रयास किया गया है कि संगीतकार रोशन के बारे में ऐसी क्या-क्या धारणाएँ व प्रतिक्रियाएँ हमें उपलब्ध हुई हैं।

संगीतकार रोशन के बारे में प्रसिद्ध बाँसुरी वादक पं० हरिप्रसाद चौरसिया के संस्मरण

हमारे आज के कलाकार संगीतकार रोशन के तो भक्त हैं ही, लेकिन जो हमारी

आने वाली पीढ़ियाँ हैं, जिन्होंने उनको कभी देखा तक नहीं, वो भी युगों-युगों तक इस महान संगीतकार की भक्त रहेंगी, उनके संगीत की भक्ति किया करेंगी।

संगीत क्षेत्र के बड़े नामी संगीत निर्देशक हैं—रोशन। उनसे मेरी सबसे पहली मुलाकात 1962 में हुई, जब मैं बम्बई आया। जब मैंने मदन मोहन जी के साथ काम करना शुरू किया, तो उनके जो अरेंजर थे "मास्टर सोनिक" उन्होंने रोशन जी से कहा कि "एक अच्छा बच्चा बाँसुरी वादक आया है, मदन मोहन जी के साथ काम कर रहा है, उसको भी क्यूँ न बुलाया जाये, रिकार्डिंग में।" मैं गया, उनसे मिला। पहले तो बड़े गंभीर रहे, चुपचाप बैठे रहे, देखते रहे, मैं बजाता रहा। उसके बाद सुनते रहे, फिर भी गंभीर रहे। फिर उसके बाद मुझे नज़दीक बुलाया। मैं गया और कहा, "हम हर रिकार्डिंग में रखेंगे अगर हमारे यहाँ का जो सबसे कम रेट हैं, लोगे तो।" मेरी समझ में नहीं आया। मैंने कहा, "मुझे मालूम नहीं, आप क्या बात कर रहे हैं।" वह बोले एक रेट होता है जिसमें रुपये 62.50 पैसे मिलते हैं, तो मुझे इतनी जोर से हँसी आयी। कहने का तात्पर्य यह है कि उनका स्वभाव ऐसा था कि बच्चों के साथ बच्चों की तरह और बुज़ुर्गों के साथ बुज़ुर्गों की तरह, हमेशा बड़े खुश मिजाज मूड में रहते थे।

वो खुद साज़ बजाया करते थे। जब उनकी "ताजमहल" पिक्चर चल रही थी, तो उन दिनों मैं बम्बई में था। उन्होंने मुझसे कहा कि जब तुम फ्री रहा करो तो मेरी रिकार्डिंग में आ जाया करो और जहाँ अच्छा लगे, वहाँ बजा लिया करो। उन दिनों पं० रामनारायण (सुप्रसिद्ध सारंगी वादक) भी उनके साथ काम किया करते थे। जब भी कोई पीस सारंगी का हुआ करता था तो मुझे कहते थे कि बाँसुरी भी इसके साथ बजाओ। ऐसे ही बाँसुरी का कोई पीस होने पर रामनारायण जी से कहते, तुम सारंगी बजाओ। इस तरह हम दोनों की हर रिकार्डिंग में उनके साथ हुआ करते थे। जब "ताजमहल" पिक्चर की रिकार्डिंग महबूब स्टूडियो में चल रही थी, बड़ी ऐतिहासिक फिल्म थी यह, मैं भी उस रिकार्डिंग में मौजूद था। जो भी पीसेज बाँसुरी के हैं वो मैंने ही बजाये हैं। उस पिक्चर का गाना "जो वादा किया ...." इतना मशहूर हुआ और उस गाने में खास बात यह थी कि जब वो अपने गाने की रिकार्डिंग में बैठा करते थे तो बड़े ही इत्मीनान और ध्यान के साथ कि पहली लाईन में क्या-क्या संगीत होगा, दूसरी में क्या, और उसके बाद में क्या संगीत होगा। अन्तरे से पहले क्या होगा। इस तरह का सारा काम वो खुद ही किया करते थे और अपने अरेंजर को लिखवाकर साज़िन्दों के साथ में रिहर्सल कराया करते थे।

गीत "जो वादा किया वो निभाना पड़ेगा" की रिहर्सल हो रही थी। गाना तो है ही अच्छा, लेकिन गीत में सबसे बड़ी जो अदा है वो है मयुज़िक की और उससे भी ज्यादा प्रभावशाली है रिद्म। इसमें जो ब्रेक दिया गया है, जो पिक-अप दिया गया है,

जो फ्लिर म्युज़िक दिया गया है, इसमें जो ठेका दिया गया है, वैसी खूबसूरती आज तक किसी गाने में शायद ही सुनने में आयी। मैं इतने गानों में म्युज़िक देता हूँ, लेकिन इतना सुन्दर रिद्म का ब्रेक, इतना सुन्दर रिद्म का पिक-अप बहुत कम गाने में सुनने में आता है और वो आया इसलिये कि रोशन जी खुद बैठकर ये काम किया करते थे। जो काम अरेंजर करते हैं, वो काम रोशन जी खुद बैठकर किया करते थे।

रोशन जी का एक और अनूठा अंदाज था, ठुमरी अंग का। ठुमरी अंग में उनका कमाल का रंग था। कभी-कभी किसी फिल्म के गीत में वो ये अंग लाते थे और जब वो अंग लाते थे तो उसका एक रूप ही अलग होता था। इस गीत में 'बार-बार तोहे क्या समझाये' (आरती), ठुमरी अंग लाते हुये स्वरों को इस ढंग से प्रयोग किया है कि जब हम उस राग को पंचम से देखते हैं तो बागेश्री लगता है, जब हम मूलसा से देखते हैं, तो लगता है वो खमाज में ठुमरी गायी जा रही है। इन दोनों रागों को मिलाकर अगर हम पंचम को सा मानते हैं तो बागेश्री का जो अंग खुलता है उससे लगता है कि बागेश्री को उन्होंने किस खूबसूरती से सजाया है और सा पे आते हैं तो खमाज जैसे मिश्र खमाज हो, का रूप मिलता है। लताजी ने भी इसे बड़ी खूबसूरती से गाया है। रोशन जी ने इस गीत को अपने अनूठे तरीके से सजाया है। जैसे रिद्म का ब्रेक करना, कहीं पे रिद्म को डबल करना, कहाँ म्यूज़िक का फिलअप आना है, कहाँ पे म्यूज़िक में रिद्म फास्ट आना है।[1]

तलत महमूद के रोशन के विषय में विचार व संस्मरण :

तलत साहब ने बताया कि "ताजमहल" फिल्म में उन्हें हीरो के रोल की पेशकश की गई, लेकिन जब उन्होंने इन्कार कर दिया तो प्रदीप कुमार को चुना गया। उन्होंने संगीतकार रोशन की कई फिल्मों जैसे 'अनहोनी', 'रागरंग', 'मालकिन' आदि में एकल व लता के साथ दो गाने गाये। उनकी धुनें अन्य सभी संगीतकारों से भिन्न होती थीं तथा उनमें मधुरता व मिठास का अद्वितीय मिश्रण होता था। तलत का गाया एक बंगाली गीत "गोथा नोय आजी राते आमोरे गाइतो दोय" (आज रात खामोशी छाई है, मुझे गाने दो) इसी के आधार पर रोशन ने 'अनहोनी' फिल्म में "मैं दिल हूँ इस अरमान भरा" की धुन बनाई। जब इस फिल्म की नायिका नरगिस ने यह गीत पहली बार सुना तो तुरन्त उन्होंने फोन पर तलत साहब से कहा, "मैंने ऐसा अच्छा गाना पहले कभी नहीं सुना, मैं इसे बार-बार सुनना चाहूँगी।"

तलब साहब की रोशन से मुलाकात सबसे पहले आल-इंडिया रेडियो दिल्ली में हुई और तभी दोस्ती हो गई। तब रोशन का संगीत निर्देशन कमजोर था। बाद में जब रोशन बम्बई आए तब टेलीफोन पर तलत साहब से बातचीत हुई और सम्पर्क बढ़ता

गया। उस जमाने के एक और सुप्रसिद्ध संगीतकार श्यामसुन्दर का भी रोशन के साथ काफी सम्पर्क रहा। संगीतकार मदनमोहन रोशन के समकालीन संगीतकारों में से एक थे। तलत साहब ने दोनों संगीतकारों की ग़ज़लों की कम्पोजीशन्स को ध्यान में रखकर कहा कि रोशन की ग़ज़लों में लय व मधुरता का अद्‌भुत सम्मिश्रण रहता था। उनकी ग़ज़लों में धुने सरल व सहजता से गा लेने वाली होती थीं।[2]

पं० रामनारायण (सुप्रसिद्ध सारंगी वादक) के विचार व संस्मरण रोशन के संबंध में :

पं० जी ने बताया कि रोशन ने शास्त्रीय संगीतकार अलाउद्दीन खाँ से शिक्षा पाई। वे दिल्ली रेडियो पर म्युज़िक कम्पोज़र थे और दिलरूबा (इसराज) बजाते थे। 1948 में वे बाम्बे आये। केदार शर्मा की फिल्म ''नेकी और बदी'' उनकी पहली फिल्म थी। लेकिन संगीत के क्षेत्र में उन्हें प्रसिद्धि केदार शर्मा की दूसरी फिल्म ''बावरे नैन'' से मिली।

उनकी सभी रचनाओं में शास्त्रीय संगीत का आधार रहता था। जितने भी वाद्य वे आर्केस्ट्रा में प्रयोग करते थे उनकी उन्हें पूरी-पूरी जानकारी थी। गाने के शब्दों पर बहुत अच्छी तरह ध्यान देते थे। इसलिये उनकी रचना के गीतों में अश्लीलता बिल्कुल नजर नहीं आती। उनके संगीत में पाश्चात्य संगीत का समावेश बिल्कुल नहीं था। वे ''न्यू थियेटर्स'' के फिल्म संगीत से प्रभावित थे और काफी हद तक उसका अनुसरण भी करते थे।

अपने समय के वे ही ऐसे संगीतकार थे जिन्होंने हर शैली को संगीतबद्ध किया जिसमें शास्त्रीय संगीत, गज़ल, कव्वाली और भजन ये सब उच्च श्रेणी के थे। जैसे 'चित्रलेखा' में ''मन रे तू काहे न धीर धरे'', 'बरसात की रात' में ''गरजत बरसत सावन आयो रे'', ''ज़िन्दगी भर नहीं भूलेगी वो बरसात की रात'' और इसी फिल्म की मशहूर कव्वाली ''न तो कारवां की तलाश है''। इससे पहले कभी इतनी अच्छी कव्वालियाँ फिल्मी संगीत में नहीं हुई। 'नौबहार' में मीरा का भजन ''ऐरी मैं तो प्रेम दीवानी'' आदि अनेक रचनायें आज भी यादगार के रूप में हैं।

उन्हें जिस गायक या गायिका से गवाना होता था, उसकी क्षमता व रेंज के अनुसार वे गीत की रचना करते थे। रोशन के ज़माने में जितने भी संगीतकार थे (जैसे सी० रामचन्द्र, नौशाद, खैय्याम, मदन मोहन, रवि, सचिनदेव, बर्मन आदि) उन सभी लोगों की अपनी एक शैली थी। सब लोग अपनी कम्पोज़ीशिन की छाप छोड़ते थे जिनसे उनके काम का पता चलता था। ये सभी लोग अच्छे कम्पोजर थे, सबका अपना अलग अन्दाज़ था, लेकिन रोशन इन सभी से ज्यादा कुशल थे।

पं० राम नारायण जी को एक बार रोशन ने अपने जीवन की एक बड़ी रोचक घटना सुनाई। वो घर से भाग कर अलाउद्दीन खाँ साहब के पास संगीत सीखने मैहर गये। उन्होंने पूछा "क्या सीखोगे?" रोशन ने सरोद सीखने की इच्छा प्रकट की। खाँ साहब ने उनके हाथ में सरोद दिया और कहने लगे, "ये तुम्हें नहीं आयेगा"। फिर रोशन ने सितार सीखने की इच्छा प्रकट की। खाँ साहब ने कहा, "सितार भी तुम्हें नहीं आयेगा"। फिर गाने की बात हुई। गाने के लिये भी खाँ साहब ने मना कर दिया और कहा, "तुम यहाँ से चले जाओ। तुम्हें संगीत नहीं आ सकता।" ये सुनकर रोशन रोने लगे। फिर खाँ साहब ने सहानुभूतिवश यह कहा, "तुम्हें रात 9 से सुबह 5 बजे तक, मेरे पास बैठना पड़ेगा।" खाँ साहब पूरी रात सरोद बजाते थे और रोशन सुना करते थे। यह सिलसिला लगभग दो महीने तक चला और तब खाँ साहब ने कहा, "जो तुम्हें मिलना था, संगीत में मिल चुका। अब तुम जाओ।" कहते हैं बड़ों का आशीर्वाद ज़िन्दगी में बहुत जरूरी होता है। बाद में रोशन को दिल्ली रेडियो पर कम्पोजर की नौकरी मिली। वे गाने कम्पोज़ करते थे, साथ ही रेडियो पर दिलरूबा भी बजाते थे। इरा जी उन दिनों रेडियो पर गाती थीं। उसके बाद वे बाम्बे आये और उनको ये सफलतायें मिलीं।[3]

रोशन के संबंध में बम्बई के प्रसिद्ध फिल्म पत्रकार नलिन शाह के विचार

संगीतकार रोशन से नलिन शाह का परिचय हुआ जब वे बम्बई आये और उस समय के जाने माने संगीतकार पंडित हुस्नलाल के गैराज में रहे। उनके संगीत में पहली पीढ़ी के सुविख्यात संगीतकार अनिल बिस्वास के संगीत की छाप दिखाई देती है। कुछ समय तक रोशन अनिल बिस्वास के साथ रहे और उन्हें अपनी क्षमता से प्रभावित भी किया। इसीलिये एक बार जब रोशन ने अनिल बिस्वास की बनाई धुन को सुनकर उत्कंठापूर्वक पूछा कि "दादा, मैं ऐसी धुन कब बना सकूँगा?" इस पर अनिल बिस्वास ने रोशन की पीठ पर थाप मारते हुये बड़े बिश्वास से यह शब्द कहे, "तुम इससे भी अच्छी धुन बनाओगे।"

रोशन लता मंगेशकर की आवाज से बहुत प्रभावित थे। इसीलिये उन्होंने पार्श्व गायिकाओं में लता को ही सबसे ज्यादा तरजीह दी। रोशन की संगीत की विशिष्टता को सराहते हुये नलिन शाह ने लता की आवाज़ में 'चाँदनी चौक' के गीत 'आ जायें जाने वाले लौट आयें बहारें' तथा 'महबूबा' के गीत 'आ के अब आता नहीं दिल को करार' गीतों के उदाहरण दिये।

लेकिन नलिन शाह को इस बात पर खेद है कि संगीतकार रोशन के पुत्र राजेश रोशन ने अपने पिता की परम्परा को नहीं निभाया। राजेश ने जो संगीत दिया है वो उस

मौलिकता व सरसता से पूर्णतया विहीन है जो उनके पिता के संगीत में परिलक्षित होती है। उन्होंने इस बात पर भी बल दिया कि किसी बड़े कलाकार के योगदान को गुण की दृष्टि से, न कि परिमाण या मात्रा को देखते हुये आंका जाना चाहिये। मौजूदा संगीतकार बप्पी लाहिरी पर कटाक्ष करते हुये उन्होंने कहा, ''तीन सौ से अधिक फिल्मों में संगीत देकर गिनीज़ बुक में अपना कीर्तिमान बनाना कोई बड़ी बात नहीं है। ऐसे कीर्तिमान तो वो भी बना सकता है जो एक दिन में तीन सौ रसगुल्ले खा जाये।'' शेक्सपीयर की ये सूक्ति आहवाहन करने योग्य है 'संक्षिप्तता ही अभिव्यक्ति की आत्मा है'। इस उक्ति का आहवाहन करते हुये उन्होंने इस तथ्य को सराहा कि रोशन ने अपनी कुछ फिल्मों में ही ऐसा कीर्तिमान स्थापित किया जो सैंकड़ों फिल्मों में संगीत देने वाले कदापि स्थापित नहीं कर सकते।[4]

प्रो० भास्कर चन्द्रावरकर से भेंटवार्ता के आधार पर

प्रो० भास्कर चन्द्रावरकर ने कहा, ''महेश कौल (निर्माता निर्देशक व नायक) ने मुझे कभी बताया कि रोशन बम्बई में फिल्मों में अभिनय करने आये थे। संभवत: उनकी छवि फिल्मी अभिनेता बनने योग्य नहीं थी। इसलिये महेश कौल ने उन्हें सुझाव दिया कि ''यदि वे फिल्म संगीत के क्षेत्र में आयें तो अच्छा होगा।'' रोशन ने कहा ''फिल्मों में जो काम मिलेगा, वही करूँगा।'' वे अच्छा गा लेते थे और हारमोनियम भी बजा लेते थे। इसलिये उन्होंने महेश कौल के सुझाव को मान लिया और संगीत जगत के क्षेत्र में चले गये।

रोशन का संगीत अपने समकालीन संगीतकारों से भिन्न लगता है। क्योंकि उनकी संगीत ध्वनियों में बंगाली संगीत के तत्त्व मिलते हैं। सम्भवत: उनकी शैली कहीं पर आर०सी० बोराल और अनिल बिस्वास की छाप छोड़ती है। उनकी राग रागनियों में ईस्टर्न टच का आभास मिलता है, जबकि वे स्वयं पंजाबी थे और उनसे पंजाबी संगीत का स्पर्श देने की अपेक्षा की जाती थी।

उन्होंने पाश्चात्य संगीत के प्रभाव को अपने संगीत में बहुत सीमित रखा। यद्यपि उन्होंने ताल-वाद्यों में अनेक पाश्चात्य वाद्य जैसे गिटार, कांगो रिद्म के लिये और पियानो जैसे वाद्य प्रयोग किये लेकिन उनकी ध्वनियाँ मूलत: भारतीय हैं। उनको चाह थी कि संगीत में भारतीय शैली को कहीं गहरा धक्का न लगे। उन्होंने अन्य प्रभावों को भी अपने ऊपर हावी नहीं होने दिया। ऐसा लगता है कि उन्होंने भारतीय संगीत के प्रति कट्टर परम्परावादी दृष्टिकोण बनाये रखा। उनमें कुछ गीतों में सारंगी का भी बड़ा अच्छा प्रयोग हुआ है। प्रसिद्ध सारंगी वादक पं० राम नारायण उनके वाद्य वृन्द में कुछ समय रहे थे।

1948 में सहगल की मृत्यु के बाद कलकत्ता का 'न्यू थियेटर्स' बन्द हो गया। तभी अनेक बंगाली कलाकार बम्बई आये। ये समय संगीतकारों के उदय होने का स्वर्णिम काल था। इसके अलावा, मद्रास में भी फिल्में बनने लगी थीं और वहाँ के प्रोड्यूसरों ने यह पसन्द किया कि संगीत में दक्षिण भारतीय संगीत को भी मिलाया जाये। इसी अवधि में सी० रामचन्द्र, शंकर-जयकिशन, एस०डी० बर्मन जैसे लोग आगे आये। इसी प्रसंग में रोशन का नाम आता है। जिनके संगीत में बंगाली व दक्षिण भारतीय संगीत का भी कुछ स्पर्श देखा जा सकता है।[5]

रोशन के संगीत में भजनों का अपना स्थान है। उन्होंने 'मन रे तू काहे न धीर धरे' (चित्रलेखा) और 'ऐ री मैं तो प्रेम दीवानी' (नौबहार) जैसे श्रेष्ठ भजन संगीतबद्ध किये। गीतकारों में साहिर, शैलेन्द्र व मजरूह ने उनके साथ काफी काम किया। मजरूह के साथ उनकी जोड़ी काफी प्रसिद्ध रही।

रोशन के बारे में मन्नाडे के विचार

मन्नाडे ने शास्त्रीय संगीत की तालीम ली। वे हिन्दुस्तानी शास्त्रीय संगीत को पवित्र मानते हैं और साधना की तरह उसका अभ्यास करते हैं। मन की अंतरतम से निकलने वाली भावनाओं को उन्होंने खरी अभिव्यक्ति दी है। रोशन द्वारा स्वरबद्ध 'लागा चुनरी में दाग' को लीजिए। इस रचना को जिस अंदाज में गाया गया है उसी अंदाज के सहारे आज भी वे सदाबहार गायक की हैसियत से सहृदय संगीत प्रेमियों को आत्म-विभोर कर देते हैं। उन्होंने संगीत निर्देशक रोशन के संगीत-पंडित्य के बारे में चर्चा करते हुये कहा, "मैंने कई बार देखा कि निर्माता-निर्देशक जब धुनें पसन्द न आने पर दूसरी धुन बनाने को कहते तो वे परेशान न होते और 2-3 मिनिट में ही कई धुनों को बना डालते और बनाते ही जाते जब तक कि निर्माता दाद न देते। साथ ही, वे पार्श्व गायक-गायिकाओं के गले से बेहतर से बेहतर परिणाम निकाल कर ही संतुष्ट होते थे।" उनकी प्रशंसा करते हुये उन्होंने आगे कहा, "मैं उनकी कई फिल्मों में गा चुका हूँ और वे मुझे बेहद पसन्द करते थे। ईर्ष्या-स्पर्धा की भावना उनमें कहीं नज़र नहीं आती थी। अपने समय के लगभग सभी गायक-गायिकाओं को उन्होंने अपने निर्देशन में गंवाया जो ऊँचाईयों तक पहुँच चुके हैं। वे बड़े सीधे, सरल व खुशमिजाज थे। साथ ही, परिश्रमी और कठोर भी थे। सभी उन्हें बेहद पसन्द करते थे।"[6]

मन्नाडे एक शास्त्रीय गायक हैं। अत: फिल्म 'चित्रलेखा' के संगीत की शास्त्रीयता के बारे में जिक्र करते हुये निस्संकोच भाव से उन्होंने कहा, "फिल्म के सभी गीत शास्त्रीय संगीत की खूबियों से भरपूर होने के साथ-साथ गाने में भी क्लिष्ट नहीं मालूम होते।" इस फिल्म का संगीत इतना लोकप्रिय हुआ कि इसे फिल्मफेयर पुरस्कार भी

प्राप्त हुआ। रोशन का उद्देश्य शास्त्रीय संगीत का अपना पांडित्य प्रदर्शन न होकर, जन साधारण के लिये सुन्दर व मधुर धुनें बनाकर प्रस्तुत करना था। मन्नाडे ने रोशन के प्रति अपार श्रद्धा प्रकट करते हुये कहा कि ''उन पर लेखन कार्य हो रहा है। यह बड़े गौरव की बात है। जो काम फिल्म उद्योग के लोगों व हमें करना चाहिये वो आपके लेख का विषय बना है, यह बड़ी खुशी की बात है। क्योंकि फिल्मी दुनिया तो ऐसी कृतघ्न है कि जीते जी लोगों को दूध में से मक्खी की तरह निकाल फेंकती है।'' पद्म श्री से अलंकृत होने पर जब मन्नाडे से पूछा गया कि क्या उन्हें रोशन की कमी खटकती है, तो उन्होंने कहा, ''बिल्कुल साहब, 'लागा चुनरी में दाग' और 'कौन गली गए श्याम' कितना सीधा और कितना सुन्दर संगीत, कौन बनाएगा अब ऐसी धुनें।''[7]

रोशन नाइट की समीक्षा

शनिवार 17 जून, 1967 को रोशन नाईट हुई जो वास्तव में बम्बई में ''बरसात की रात'' थी। मौसम के पहले बरसाती बादल आये जिन्होंने मेलाडी की ऐसी बौछार की कि शन मुखानन्द हाल की भीड़ चार घण्टों तक उसमें तरोताज़ा होती रही अपितु ये कार्यक्रम इतनी देर तक चला कि अन्त में इस फिल्म के आये हुये सितारों को कुछ कहने का मौका ही नहीं मिला। 'बरसात की रात' की एक कव्वाली का खुमार छाया रहा क्योंकि इसी के संगीत्त से रोशन चोटी के कलाकारों में गिने गये।

कार्यक्रम में संगीत रचना की गुणवत्ता, गीतों के चयन का माधुर्य, ध्वनि पुनः उत्पादन की विविधता पेश करने का ऊँचा ढंग, ये सब तो थे, ही साथ ही अमीन सयानीअपने बुद्धि कौशल और संसाधन पूर्णता से संयोजक का काम बड़ी खूबसूरती से निभा रहे थे और परिवर्तन के लिये सारा फोकस इस संगीत रचयिता पर था जो अपनी ख्याति से हिचकिचाता था और उस समय के ऊँचे संगीत-निर्देशकों की श्रेणी में गिना जाता था। इस कार्यक्रम के लिये जो गीत चुने गये उन्होंने गुणवत्ता और लोकप्रियता के बीच अच्छा मध्यम मार्ग दिखाया जिससे पिछले दो दशकों में रोशन का क्षेत्र व गहराई की गहरी झलक दिखाई दी व इस पुरानी शैली में कोई एक महत्त्वपूर्ण व नयी चीज भी निकली—वो थी नयी, ताज़ा आवाज़ों के जोड़े जो ऊँची उपलब्धि के द्वार पर आ चुके थे।

कार्यक्रम में नयी गायिका हेमलता पर ध्यान केन्द्रित हुआ जिन्हें रफ़ी के साथ 'ताजमहल' का ये गाना ''जो वादा किया वो निभाना पड़ेगा।'' गाने पर बार-बार सराहना मिली। प्रारंभिक दौर में हेमलता ने नौशाद से पाँच महीनों तक प्रशिक्षण लिया व बाद में वे स्वतन्त्र गायिका बनीं। साथ ही युवा कलाकार चित्रा दत्ता ने 'बहू बेगम' फिल्म के प्रियगीत 'दुनिया करे सवाल' को गाकर बहुत अच्छा प्रदर्शन किया। एक और

नवागन्तुक सुलक्षणा पंडित ने 'ताजमहल' का "जुर्मे उल्फत पे हमें लोग सजा देते हैं", ये गीत प्रस्तुत किया। नयी गायिका ऊषा तिमोठी ने फिल्म 'नौबहार' का "ऐरी मैं तो प्रेम दीवानी" गीत गाया। सुमन कल्याणपुर ने 'नूरजहाँ' फिल्म का "शराबी शराबी" गीत प्रस्तुत किया।

जबकि इस कार्यक्रम में सारी गायिकाएँ दूसरे दर्जे की थीं लेकिन तीन बड़े गायक भी मौजूद थे—रफी, मुकेश व मन्नाडे। रफी ने रोशन के तीन गीत गाकर "मन रे तू काहे न धीर धरे" (चित्रलेखा), "कारवां गुजर गया ...." (नई उमर की नई फसल), "दिल जो न कह सका" (भीगी रात) गाकर अपना प्रभाव जमाया। मुकेश ने "आया है मुझे" (देवर), "बहुत दिया देने वाले ने" (सूरत और सीरत) तथा "तेरी दुनिया में दिल लगता नहीं" (बावरे नैन) गीत गाये। मन्नाडे वैसे ही चमके जैसे हमेशा रहते हैं। उन्होंने "लागा चुनरी में दाग" (दिल ही तो है) गीत गाकर प्रशंसा अर्जित की। उनके 'दादी माँ' में गाये एक गीत को नये कलाकार भूपेन्द्र ने गाया जो नये गायकों में सबसे अच्छा माना गया।[8]

रोशन का जीवन अल्प हुआ लेकिन कला की दृष्टि से वो बहुत बड़ा है। नवम्बर 1967 में उनकी असामायिक मृत्यु हो गई तो उनकी पत्नी (इरा रोशन) ने उनके टूटे हुये तार को जोड़ने का साहसपूर्ण प्रयास किया। उनके अन्तिम गीत को रिकार्ड करने के लिये इरा रोशन ही आगे आईं। 'अनोखी रात' में मुकेश का अमर गीत "ओह रे ताल मिले" की रिकार्डिंग करने के बाद रोशन चल बसे। अब रिकार्डिंग स्टूडियों में बिल्कुल शांति छाई हुई थी जब इरा रोशन के संगीत निर्देशन में गीत गाने के लिये लता आई। 'महलों का राजा मिला' और लता ने (जैसी उनसे अपेक्षा थी) उस आखिरी रिकार्डिंग में रोशन की रचना में वही सब भर दिया जो शोक पीड़ित इरा रोशन करवा सकीं। मेरा, संक्षेप में, कहना ये है कि मदनमोहन के लिये लता ही सब कुछ थीं या होतीं, लेकिन लता मदनमोहन के लिये ही नहीं थी। जितनी मदनमोहन के लिये थीं उतनी ही रोशन के लिये थीं। मैं ये ज़ोर से कहता हूँ कि रोशन भी उतने ही अच्छे कम्पोजर थे जितने मदनमोहन। उन्हें ग़ज़लों पर भी उतनी ही महारथ हासिल थी और कव्वाली पर भी उनका वैसा ही वर्चस्व था जिसकी मदनमोहन भी बराबरी नहीं कर सकते। रोशन के संगीत में लता की आवाज के लिये विशेष जगह थी। संगीत निर्देशक होने के नाते 1956 के बाद उन्होंने कोई भैरवी नहीं रची। 15 वर्षों की अवधि में जबकि वो बहुत बड़े कम्पोज़र बने रहे तो रोशन ने हमेशा लता को ही आगे बढ़ाया, यदि आप उनकी ध्वनियों के गुजरते हुये काफ़िलों पर एक नज़र डालें।[9] रोशन की सर्वश्रेष्ठ रचनाओं में लता के गाये हुये गीत हैं "ऐ री आली पिया बिन" (रागरंग), "इस दिल की हालत क्या कहिये" (अनहोनी), "सारी सारी रात तेरी याद सताये" (अजी बस शुक्रिया), "संसार से भागे फिरते हो" (चित्रलेखा)। इसके अलावा 'नौबहार' ने इस गीत को गाने

के लिये भी लता का चुनाव किया गया। ''ऐ री मैं तो प्रेम दीवानी''। यदि रोशन की रचनात्मक कलाकारी को लता की कदाचित सर्वश्रेष्ठ श्रद्धांजलि प्रस्तुत करना है तो ये कहना होगा कि ये गीत उसकी संगीत यात्रा में स्तम्भचिन्हों के समान हैं।[10] 'ताजमहल' जो संगमरमर में बना स्वप्न है जिसे बड़े कलाकारों ने रूप दिया और हीरे जवाहरात वालों ने सजाया। ये फिल्म देखने वालों पर ऐसा गहरा जादुई असर डालती है जिसे नापा नहीं जा सकता। यहाँ उस विद्रोही गीतकार साहिर लुधियानवी के गीत हैं और रोशन का बढ़िया संगीत अक्सर गुदगुदाने वाला है।[11]

रोशन का संगीत

भारतीय फिल्म जगत में रोशन एक सफल और निपुण संगीतकार माने जाते हैं। 'बरसात की रात' और 'ताजमहल' में अपने संगीत का चमत्कार दिखाने के बाद उन्होंने निर्देशक आर० चन्द्रा के चित्र 'नई उमर की नई फसल' में एक गीत ''कारवां गुजर गया गुबार देखते रहे'', जिसे कवि नीरज ने लिखा है, को ऐसे संगीत में संजोया है कि इस गीत के रिकार्ड ने एच०एम० व्ही में अपना स्थान सबसे अधिक बिक्री वाले रिकार्डों में बना लिया है। इस गीत को मु० रफी ने गाया है और फिल्म प्रदर्शन से पूर्व ही यह गीत काफी लोकप्रिय रहा है।[12]

''अच्छा अब मैं चलता हूँ, फिर मिलेंगे।'' संगीत निर्देशक रोशन अपना वचन पूरा नहीं कर सके।

2 दिसम्बर, 1967 की शाम 6.45 पर हिन्दुस्तान भर में रेडियो पर केवल एक ही कार्यक्रम सुना जा रहा था, ''विविध भारती पर स्वर्गीय रोशन द्वारा प्रस्तुत कार्यक्रम—'जयमाला' कार्यक्रम के अंत में चलते-चलते रोशन ने यह शब्द कहे थे, ''अच्छा अब मैं चलता हूँ, फिर मिलेंगे।'' और सहस्त्रों आँखों से अश्रुधार फूट पड़ी। कौन जानता था कि मृत्यु से कुछ दिन पूर्व रिकार्ड कराया हुआ यह कार्यक्रम रोशन का अन्तिम रेडियो कार्यक्रम होगा।

संगीत निर्देशक रोशन का देहान्त 16 नवम्बर, 1967 की रात्रि को लगभग सवा नौ बजे फिल्म निर्देशक हरि वालिया के निवास स्थान पर हुये एक प्रीतिभोज में किसी लतीफे पर बेहद हँसते-हँसते हो गया।[13]

मेरे प्रिय गीत—मुहम्मद रफी

इन दिनों मेरे जो गीत लोकप्रियता प्राप्त कर रहे हैं, उनमें 'आरती' के गीत ''अब क्या मिसाल दूँ ....'' का अपना महत्त्वपूर्ण स्थान है और मेरे कथन से बहुत से संगीत प्रेमी सहमत होंगे, इस बात का भी मुझे विश्वास है। यह विश्वास आपकी पसन्द

के रूख को देखकर ही बना है और मुझे आशा होने लगी है कि इस वर्ष के लोकप्रिय गीतों में इस गीत का स्थान काफी ऊपर होगा। इसकी अपनी विशेषता के कारण ही तो मेरे प्रिय गीतों में इसे स्थान प्राप्त है।

"जिन्दगी भर नहीं भूलेगी वो" (बरसात की रात) अपने ढंग को अनोखी रचना है। और मेरे इस कथन से कोई भी संगीतप्रेमी इन्कार नहीं कर सकेगा। फिल्म की सिचुएशन को देखते हुये लिखा गया (साहिर कृत) यह गीत बहुत ही लोकप्रिय हुआ है। इसकी सफलता में संगीतकार रोशन का बहुत बड़ा हाथ है और जहाँ तक बन सका है, मैंने भी इसे अधिकाधिक अच्छे ढंग से गाने का प्रयास किया है।[14]

रोशन के संगीत निर्देशन में "मन रे तू काहे न धीर धरे" (चित्रलेखा), "अब क्या मिसाल दूँ मैं तुम्हारे शबाब की" (आरती) और "जो बात तुझ में है तेरी तस्वीर में नहीं" (ताजमहल) के गीत कोमल भावनाओं के सशक्त स्वर हैं।[15]

फिल्मों में शास्त्रीय संगीत के लिए पुरस्कार

फिल्मों के माध्यम से शास्त्रीय संगीत को लोकप्रिय बनाने के उद्देश्य से 'सुरसिंगार संग्रह' द्वारा दिए जाने वाले पुरस्कारों का न केवल फिल्म-जगत में, बल्कि आम जनता द्वारा भी स्वागत किया जाने लगा है। प्रतिवर्ष की भांति इस बार भी, निर्णायक-मण्डल के अनुसार, सन् 1965 के लिए मुहम्मद रफी द्वारा गाया हुआ गीत 'मन रे, तू ....' प्रथम, लता मंगेशकर द्वारा गाया हुआ गीत 'ऐ री, जाने न दूँगी ....' द्वितीय तथा उषा मंगेशकर एवं आशा भोंसले द्वारा गाया हुआ गीत 'काहे तरसाए ....' तृतीय रहा। ये तीनों गीत फिल्म चित्रलेखा के हैं, जिसके निर्माता है—ए०के० नडियादवाला। इस फिल्म का संगीत-निर्देशन रोशन ने किया है।

स्थानीय 'रंग-भवन' में गत 14 अप्रैल को आयोजित समारोह में पुरस्कार वितरित करते हुए केन्द्रीय सूचना एवं प्रसारण-मंत्री श्री राज बहादुर ने शास्त्रीय संगीत को लोकप्रिय बनाने के लिए साहित्य के साथ उसके समन्वय पर बल दिया और इस सम्बन्ध में सन्त-साहित्य का उदाहरण दिया। उन्होंने कहा कि "शास्त्रीय संगीत जनता से अलग नहीं किया जाना चाहिए। वर्तमान फिल्म-संगीत एक प्रकार का सम्मिश्रण है, किन्तु पश्चिमी हवा को रोका भी कैसे जा सकता है। साथ-साथ, हमें परम्परा का भी निर्वाह करना है।" उन्होंने कहा कि "फिल्म-निर्माण को उद्योग न मानकर कला मानना चाहिए। मैं उसे कला ही मानता हूँ। साहित्य एवं कला के सम्मिश्रण से हुये सत्यम्, शिवम् एवं सुन्दरम् की कल्पना साकार करनी है।"

समारोह के अध्यक्ष, फिल्म-अभिनेता राजेन्द्र कुमार ने कहा कि "जब कला की सच्ची इज्जत होती है, तो कलाकारों को प्रोत्साहन मिलता है।" आरम्भ में महाराष्ट्र के

शिक्षा मन्त्री डॉ० कैलास ने अतिथियों का स्वागत किया और संसद् के कार्यों पर प्रकाश डाला संसद् के डाइरेक्टर श्री बृजनारायण ने आकर प्रदर्शित किया।

फिल्मों में शास्त्रीय संगीत के लिए जो चार पुरस्कार श्री राजबहादुर ने वितरित किए, वे इस प्रकार हैं :—

(1) फिल्म 'चित्रलेखा' के निर्माता ए०के० नडियादवाला—'सरस्वती पुरस्कार'।

(2) पुरस्कार पाने वाले गीत 'मन रे, तू........' को संगीत देने वाले संगीत-निर्देशक रोशन—'स्वामी हरिदास पुरस्कार'।

(3) गीत के गायक मुहम्मद रफी—'मियाँ तानसेन पुरस्कार'।

(4) सर्वाधिक शास्त्रीय संगीत से युक्त फिल्म 'चित्रलेखा'—'डॉ० बृहस्पति पुरस्कार'।

पुरस्कार-वितरण-समारोह के पूर्व बब्बन राव गायकवाड़ एवं साथियों का शहनाईवादन, श्रीमती लक्ष्मीशंकर तथा कु० चन्द्रलेखा का गायन हुआ।[16]

राजू भारतन का संस्मरण

वो शाम कितनी दुखान्त थी जब रोशन हृदयगति के धक्के से गुजर गये। भारतीय सिनेमा के लिए वस्तुत: दुर्भाग्य का झटका था क्योंकि ये ऐसे समय पर हुआ जब रोशन जैसे संगीतकार की संवेदनशीलता और गुणवत्ता की बहुत आवश्यकता थी। पॉप संगीत और रिद्म जिसे आज का संगीत समझा जाता है उससे बिल्कुल भिन्न रोशन की मधुरतम ध्वनियों में लखनऊ की कलाओं और नजाकतों की भरमार थी क्योंकि उन्होंने हिन्दुस्तानी संगीत के मैरिस कॉलेज में ऐसी शिक्षा ग्रहण की थी।

अगर कोई इस महान रचयिता के टूटे-फूटे जीवन का स्मरण करे तो उसके मस्तिष्क में इतनी धुनें व स्मृतियाँ इकट्ठी हो जाती हैं जिनसे विदित होता है कि वे 'बाँवरे नैन', 'नौबहार', 'मल्हार' और 'हम लोग' में संगीत देकर बहुत ऊपर उठे लेकिन जब 'चाँदनी चौक', 'जश्न', 'बाराती', 'दो रोटी', 'घर-घर में दीवाली', 'छोरा-छोरी', 'टकसाल', 'काफी हाऊस', 'रंगीन रातें', 'हीरा मोती', 'मधु', 'सूरत और सीरत', 'बाबर' और 'वल्लाह क्या बात है' अच्छे संगीत से भरे होने पर भी नहीं चल पाई तो वे गुमनाम से हो गये। शायद यह परिस्थितियों का षड्यंत्र था। उन्होंने 'आगरा रोड' और 'सी०आई०डी० गर्ल' जैसी फिल्मों में संगीत दिया और फिर 'बरसात की रात', 'आरती', 'ताजमहल' और 'दिल ही तो है', में संगीत देकर फिर चोटी पर चढ़ गये।

जिस धंधे में इधर-उधर से माल खींचा जाता है और मौलिकता की सबसे पहले आहुति दी जाती है, उसमें रोशन ने मुख्य रूप से अपनी शैली को निश्चित रूप दिया। उनके गीत का मुखड़ा ही सुनना काफी है व मालूम हो जायेगा कि ये रोशन की रचना है। उनकी हमेशा ये ही खोज रही कि गुणवत्ता को ढूंढ-ढूंढ कर लाया जाये और इसी तलाश में उन्होंने बड़े आग्रह के साथ उस सबको हटाया जो उन्हें सस्ता और भद्दा दिखाई दिया। इसीलिये उनके 'चित्रलेखा' जैसे संगीत में भावनाओं पर नहीं बल्कि संवेदनशीलता पर जोर देखा जा सकता है। इसी से ये विदित होता है कि वो उस कव्वाली को रूप दे सके जिसने हमारे फिल्म संगीत में शोर मचा दिया। 'बरसात की रात' की कव्वाली (ना तो कारवाँ की तलाश है ....) ने ऐसा नमूना निर्धारित किया कि रोशन के बाद में कई अन्य फिल्मों में उसी नमूने को सफलता से अपनाया। जैसे 'ताजमहल' में (चांदी का बदन), 'बाबर' में (अगर तुम न होते), 'दिल ही तो है' में (निगाहें मिलाने को) जैसे मदनमोहन गजल के क्षेत्र में चढ़ गये तो रोशन को कव्वाली का विशेषज्ञ मान लिया गया।

लेकिन रोशन के जीवन में ऐसे अलंकारों की कोई जगह नहीं थी क्योंकि वे अडिग रूप से अपनी कला से जुड़े हुये थे और उनका ये लक्ष्य था कि उनका संगीत जीवित रहे चाहे लोग फिल्मों को भूल जाये। इसीलिये अगर 'मल्हार', 'रागरंग', और 'नौबहार' जैसी फिल्में आज भी याद की जाती है तो इन्हीं गीतों के कारण जैसे 'कहाँ हो तुम', 'बड़े अरमानों से', 'ऐरी आली पिया बिन', 'गैर है दिल की लगी', 'किसी की नज़र का मस्त इशारा' और 'कजरारी मतवारी मधुभरी', 'किसी सूरत लगी दिल की', 'जिया चुराये', 'ऐरी मैं तो प्रेम दीवानी'।

'ऐरी मैं तो प्रेम दीवानी' ऐसा गीत है जो लता के दस विशेष योगदानों में गिना जाता है जो शोकतम चिंतन के मधुरतम क्षणों का प्रतीक है। 1950 के दशक में लता ने जब हिन्दी फिल्म 'भैरवी' बनानी चाही, जो दुर्भाग्यवश बन नहीं सकी, तो उसने उसमें संगीतकार रोशन को ही लेकर उनके प्रति अपनी सर्वश्रेष्ठ श्रद्धांजलि अर्पित की। वास्तव में, लता ने हमेशा इस अद्वितीय, होनहार संगीतकार को बहुत इज्जत दी। जब के० अमरनाथ ने 'आर-पार' के गीतों में सफलता पाने के बाद अपनी फिल्म 'महबूबा' में रोशन को हटाकर ओ०पी० नय्यर को लिया तो लता ने इसको पसंद नहीं किया और अपने सिद्धांत का पालन करते हुये इस फिल्म में गाने से इंकार कर दिया। इसी घटना से लता व नैय्यर के बीच टकराव हो गया और जब रोशन की मृत्यु का शोक समाचार आया तो शायद ओ०पी० नैय्यर को लगा कि अब उनका दर्जा कुछ ऊँचा हो जायेगा।

रोशन की आभ्यांतरिक योग्यता का एक प्रमाण ये है कि वो किसी भी गीतकार के साथ काम कर सकते थे चाहे केदार हो (मुझे सच-सच बतादो क्या), इंदीवर (तारा

टूटे दुनिया देखे), मजरूह (रहते थे कभी जिनके दिल में), नीरज (कारवां गुजर गया), शकील (शराबी-शराबी), और साहिर (जुर्मे उल्फत पे), लेकिन रोशन और साहिर की जोड़ी सबसे अच्छी चली। 'जिंदगी भर नहीं भूलेगी' (बरसात की रात) और 'संसार से भागे फिरते हो' (चित्रलेखा) इसके सर्वश्रेष्ठ उदाहरण हैं।

अगर ये ही दोनों रचनायें रोशन के जीवन के महत्त्वपूर्ण स्तम्भ हैं तो उनका एक और पुराना गीत 'सारी-सारी रात' (अजी बस शुक्रिया) उन्हें सर्वश्रेष्ठता के शिखर पर ले गया। अपनी विशिष्ट स्थितियों में ये दिखाया कि चाहे रोशन को कितने ही धक्के लगें या असफलतायें मिलें उनके संगीत की चमक में इतनी दम है, वो उसी तेज और ताव से ऐसी रचनाये कर सकते हैं जैसे 'बावरे नैन' में 'ख्यालों में किसी के ......', 'सुन बैरी बलम', 'हम लोग' में 'गाये चलाजा दिल की परेशानियां', 'चली जा चली जा', 'बहे अँखियों से धार', 'अपनी नजर से', 'छुन-छुन बाजे पायल मोरी', 'अनहोनी' में 'मैं दिल हूँ इक अरमान भरा', 'इस दिल की हालत क्या कहिये, 'जिंदगी बदली है ये जिंदगी बदली', 'मेरे दिल की धड़कन क्या बोले' और 'माशूका' में 'ये समां हम तुम जवाँ ....'।

जिस फिल्म में रोशन ने संगीत दिया उसका कोई न कोई गाना जरूर हिट हुआ। चाहे कोई फिल्म पिट गई, उनकी कोई न कोई रचना हिट हुई जैसे 'ज़मीं भी वही है' (चाँदनी चौक), 'कारी बदरिया और नजरिया' (दो रोटी), 'छुन-छुन छुनन पायल बोले' (घर-घर में दीवाली), 'दिल भी तेरा हम भी तेरे' (टकसाल), 'ओ बेदर्दी' (हीरा मोती), 'बतादे कोई' (मधु) 'ग़मे हस्ती से बेग़ाना होता' (वल्लाह क्या बात है), 'तुम एक बार मेरी मुहब्बत का इम्तिहान तो लो' (बाबर), 'बहुत दिया देने वाले ने तुझको आँचल ही न समाये तो क्या कीजे'। 'सूरत और सीरत' का ये गीत मुकेश, साहिर और रोशन तीनों की दुखभरी याद दिलाता है। मुकेश ही ऐसे गायक हुये जिन्होंने किसी अन्य संगीतकार की अपेक्षा रोशन के संगीत निर्देशन में सबसे ज्यादा गीत गाये और जो बहुत लोकप्रिय भी हुये।

रोशन समय के साथ कितना अच्छा चले ये मुझे तब पता चला जब मैं इस वर्ष के प्रारंभिक चरण में किसी समय सी० रामचंद्र से मिला था। रामचंद्र ने रोशन से उनका हारमोनियम माँग लिया लेकिन वापस नहीं किया। जब रोशन ने टेलीफोन पर बोलते हुये रामचंद्र से कहा कि उन्होंने अपने वायदे के अनुसार कल शाम तक हारमोनियम वापस क्यों नहीं भेजा तब रामचंद्र ने ये कहा, "मैंने तुम्हारा हारमोनियम ये सोचकर रख लिया है कि चाहे ये साज़ तुम्हारा हो लेकिन जब मेरी उंगलियाँ चलेंगी तो उसमें से वैसी ही मीठी-मीठी और मधुर रागनियां बनेंगी।"

लेकिन लगातार इतना अच्छा काम करने के बावजूद भी बाद में रोशन को ऐसा

भय होने लगा कि वो धीरे-धीरे मैदान से बाहर हो रहे हैं, और शायद वो जम नहीं पायेंगें और शायद इसीलिये उनकी जिंदगी में वही सदा याद रहने वाली रागिनी घर करने लगी जो 'बांवरे नैन' में मुकेश के इस गीत में रखी हुई थी। 'तेरी दुनिया में दिल लगता नहीं वापस बुला ले, मैं सजदे में गिरा हूँ मुझको ऐ मालिक बुला ले।'[17]

श्रीमती निर्मला देवी के संस्मरण

सन् 1948 की बात है जब हम वर्सोवा रोड के पास सात बंगले पर गोभाई कॉटेज में रहते थे। तब रोशन मेरे पति स्व० पं० हुस्नलाल (जो उस समय के जानेमाने संगीतकार थे) से मिलने आये। उन्होंने उन्हें प्रोत्साहन दिया और मकान के आऊटहाऊस में रहने की व्यवस्था की। रोशन स्वभाव से बहुत सज्जन, नम्रवक्ता और व्यवहार कुशल थे। उन्होंने पं० जी से आग्रह किया कि इरा को अपने संगीत निर्देशन में पार्श्व गायन का अवसर दें। उस समय पं० जी का संगीत संबंधी कार्यक्रम बहुत प्रगति पर था। इसलिये रोशन अक्सर पं० जी के साथ अपना समय बिताते थे। धीरे-धीरे रोशन ने संगीत निर्देशक के रूप में अपनी जगह बनाई और फिर वे लगभग तीन वर्ष बाद अपने मकान में चले गये।

इस संस्मरण से यह संकेत मिलता है कि रोशन ने पं० हुस्नलाल के संपर्क से लाभ उठाया। किन्तु आश्चर्य की बात है कि रोशन ने अपने संगीत निर्देशन में न तो सुरैय्या जो पं० जी की प्रिय गायिका थीं, को महत्त्व दिया और न ही इरा को गाने का अवसर दिया जबकि उन्होंने इसके बारे में पं० जी से अनुरोध किया था। इससे यह तथ्य विदित होता है कि रोशन गायक या गायिका के चयन के विषय में कितनी निष्पक्षता व सावधानी से काम लेते थे।[18]

केदार शर्मा के संस्मरण

पुरानी पीढ़ी के जाने माने फिल्म अभिनेता, गीतकार, निर्माता व निर्देशक तथा संगीत से निकट परिचय रखने वाले केदार शर्मा ने बताया कि सबसे पहले उन्होंने रोशन को उनकी पत्नी व बच्चों के साथ बम्बई के दादर स्टेशन पर देखा। उनकी दशा देखकर उन्हें ऐसा लगा कि ये कोई बाहर से आये लोग हैं जो किसी कार्य या आश्रय की खोज में हैं। सहानुभूतिवश शर्मा जी ने उनसे कुछ पूछताछ की। पहले रोशन ने कठोर मुद्रा में ये कहा, ''आप कौन हैं और मुझसे ये पूछताछ क्यों कर रहे हैं ?'' लेकिन जब शर्मा जी ने अपनी सहानुभूति दिखाते हुये पुनः आग्रह किया तो रोशन ने कहा कि यदि फिल्म संगीत के क्षेत्र में कुछ काम मिले तो करूंगा।* शर्मा जी ने उन्हें तुरन्त अपने सहायक (राजेन्द्र शर्मा) के मकान पर ठहराया और फिर अपनी फिल्म 'नेकी और बदी' में उनसे संगीत देने को कहा। रोशन ने यह शर्त रखी ''मैं सारा काम अकेले करूंगा।'' ये फिल्म

असफल रही। शर्मा जी को धक्का लगा, लेकिन उन्होंने दूसरी फिल्म बनाने का निश्चय किया और उसमें रोशन को इस शर्त पर संगीतकार बनाया कि उनकी उपस्थिति में रोशन धुनें बनायें ताकि जो संगीत बनें वो फिल्म संगीत की मान्यताओं के अनुसार हो। शर्मा जी की यह धारणा बन चुकी थी कि रोशन संगीत से तो परिचित हैं, लेकिन फिल्म संगीत के बारे में अनुभवी नहीं हैं। उन्होंने अपनी इस भूल को माना कि वो अपनी पहली फिल्म (नेकी और बदी) में पूरी तरह ऐसे गैर-अनुभवी कलाकार पर क्यों निर्भर रहे। जबकि पूरा गीत करीब तीन मिनट का होता है, रोशन ने गीत के मुखड़े से मूड का संगीत साढ़े तीन मिनट का बना दिया।

यही कारण है कि जब श्री साउन्ड स्टूडियो में **'बावरे नैन'** का संगीत तैयार हुआ, केदार शर्मा ने रोशन को सारा काम अकेले नहीं सौंपा बल्कि स्वयं रुचि लेकर संगीत तैयार करवाया। इसलिये जो गल्तियाँ पहले हो गईं वो नहीं हो सकीं। संगीत बहुत लोकप्रिय हुआ और इससे एकदम रोशन को अपना स्थान बनाने का मौका मिल गया। जब ये काम शुरू ही हुआ था, तभी इस फिल्म की चर्चा होने लगी। फकीरचंद और दंड नामक दो फिल्म-वितरक केदार शर्मा से मिले। उन्हें दो लाख रुपये और एक शेवरलेट कार भेंट की, लेकिन ये शर्त रखी कि इस फिल्म में रोशन को हटाकर पं० हुस्नलाल-भगतराम का संगीत होना चाहिये। जब रोशन ने यह सुना तो उन्हें दुख हुआ और उन्होंने शर्मा जी से यह शब्द कहे, "मैं आपका नुकसान नहीं चाहता। अब मैंने आत्महत्या करने का निश्चय कर लिया है।" शर्मा जी ने चकित होकर कहा, "तुम्हारा ख्याल बहुत अच्छा है, किन्तु ये बताओ कहाँ करोगे।" रोशन ने कहा, हाजी अली पर। शर्मा जी ने कहा, "वहाँ इतना पानी नहीं है। तुम्हारा परिवार है। तुम्हारी पत्नी व बच्चे हैं। चलो मेरे साथ नई शेवरलेट में बैठकर वर्सोवा।" अंधेरी के मोड़ पर पहुँचते ही रोशन ने कहा, "मैं मरना नहीं चाहता।" बर्सोवा पहुँचकर शर्मा जी ने उन फिल्म वितरकों का रुपया व गाड़ी वापस कर दी। तब रोशन ने ही इस फिल्म में संगीत दिया। इस प्रकार केदार शर्मा ने फिल्म जगत में रोशन को स्थापित किया। केदार शर्मा की यह ठोस मान्यता बनी कि जो कलाकार पूरी तल्लीनता से अपना काम करता है, भगवान उसका सहभागी बन जाता है।

रोशन के व्यक्तित्व की चर्चा करते हुये शर्मा जी ने यह कटु अनुभव भी सुनाया कि जब वे 'रंगीन रातें' फिल्म बना रहे थे तो धन की तंगी आ गई। रोशन पर भरोसा करते हुये उन्होंने कहा, "मेरे पास सिर्फ 50,000 रुपया रह गया है। तुम्हें काम पूरा करना है। कहीं मेरी ये फिल्म फ्लॉप न हो जाये।" लेकिन जब रंजीत स्टूडियो में रिकार्डिंग की सारी तैयारी हो चुकी थी और सभी कलाकार रोशन के आने की प्रतीक्षा कर रहे थे, रोशन के सहायक (मालिया) ने आकर यह बुरी खबर सुनाई कि "रोशन किसी अन्य कार्य में व्यस्त होकर कलकत्ता चले गये। आप बाकी साजिन्दों का भुगतान

कर दीजिये।'' तब शर्मा जी ने यह तीखी प्रतिक्रिया व्यक्त की, ''मैं बरबाद हो चुका था, मुझे यही अहसास हुआ कि कलाकार के रूप में रोशन अवश्य महान था, मानवता के नाते बहुत हीन।''[19]

रविन्द्र जैन के विचार

सुविख्यात फिल्म संगीत निर्देशक रवीन्द्र जैन ने बताया कि जब वे बम्बई आये तो इस क्षेत्र में रोशन छाये हुये थे। यद्यपि उनका रोशन से कोई व्यक्तिगत सम्पर्क नहीं था, किन्तु उनके संगीत की सराहना करते हुये उन्होंने ये शब्द कहे, ''उनकी शैली की मुख्य विशेषता मौलिकता थी। वो लोक संगीत व शास्त्रीय संगीत को मिलाकर अच्छी धुनें बनाते थे। सजीव संगीत देते थे। लगता है उनका प्रिय राग यमन था। क्योंकि इसमें उन्होंने अनेक मधुर धुनें बनायीं। अभी तक कोई संगीतकार उन्हें उनके स्थान से हटा न सका। उन्होंने अच्छा काम किया। आज भी जब उनके गीत सुनते हैं तो अच्छा लगता है। यद्यपि मैंने उनके संगीत की नकल नहीं की, लेकिन वो मेरे प्रेरणा स्रोत अवश्य रहे।'' अपना एक संस्मरण सुनाते हुये उन्होंने कहा कि एक बंगाली गायिका से उनके द्वारा स्वरबद्ध गजल का मुखड़ा सुनकर, जिसके बोल थे 'मेरी दिलरूबा मुझे भूल जा', रोशन ने यह प्रतिक्रिया व्यक्त की, ''हजारों रोशन मिलकर भी ऐसी धुन नहीं बना सकते।'' अपनी विनम्रता का परिचय देते हुये रवीन्द्र जी ने रोशन की टिप्पणी को अतिशयोक्ति कहा, किन्तु उन्होंने रोशन की खुशमिजाजी को सराहा।

आज के संगीत और पहले के संगीत की तुलना करते हुये रवीन्द्र जी ने कहा, ''पहले के संगीत में बोल व मेलॉडी पर बहुत ध्यान दिया जाता था। संगीतकार किरदार, वातावरण व भावनाओं के अनुरूप काम करते थे। लेकिन आज बंदिश में दिखावट व सजावट ज्यादा हो गयी है। आज गाने को गाने के तौर पर बनाते हैं जो फिल्म की मदद नहीं करता और वास्तविकता से हट जाता है। मूल आत्मा का पतन हो जाता है। समय के साथ संगीत में भी परिवर्तन आना जरूरी है। तकनीकी दृष्टि से हम काफी आगे बढ़ चुके हैं लेकिन हमें अपने मूल को नहीं छोड़ना चाहिये।''[20]

डॉ० आर०पी० कपूर के संस्मरण

संगीतकार रोशन तथा अन्य विख्यात फिल्मी हस्तियों के निजी चिकित्सक होने का श्रेय रखने वाले डॉ० आर०पी० कपूर ने बताया कि शुरू से उनकी रुचि शास्त्रीय संगीत व फिल्म संगीत में रही है। इसलिये उन्होंने रोशन की कला को विशेष महत्त्व दिया।* उनके विचार में रोशन ने फिल्म संगीत जगत को जो कुछ दिया, वो अति विशिष्ट ही नहीं बल्कि युगरचनाकार था। उन्होंने सदा शास्त्रीय संगीत को वरीयता दी,

इसलिये उन्होंने संगीत के नये तौर तरीकों को नहीं अपनाया। जब वो बम्बई आये, उनकी आर्थिक हालत अच्छी नहीं थी। वे ह्रदय रोगी होने पर भी रसीले स्वभाव के व्यक्ति थे। उन्होंने फिल्म संगीत जगत को जो कुछ दिया, वो सदा याद किया जायेगा। नि:सन्देह उन्होंने बहुत जल्दी तरक्की की।

डॉ० कपूर ने आगे यह बताया कि चूँकि वो स्वयं फिल्मी हस्तियों के सम्पर्क में रहते हैं, इसलिये उन्होंने फिल्म 'बरसात की रात' के निर्देशक प्यारे लाल सन्तोषी तथा गीतकार साहिर लुधियानवी से रोशन का परिचय करवाया जिससे इस फिल्म में रोशन को अपना संगीत देने का सुअवसर प्राप्त हुआ। इस फिल्म की कामयाबी से उनका दर्जा बहुत ऊँचा हो गया और वो इस समय के संगीत निर्देशकों में सबसे अधिक लोकप्रिय हो गये। डॉ० कपूर ने यह भाव व्यक्त किया, ''मुझे ऐसा लगता था कि चाहे शुरू में उन्हें सफलता न मिले, उनके भीतर ऐसे गुण छिपे हैं जो बाद में रंग लायेंगे।''

स्वभाव से रोशन हंसमुख थे और सामाजिक बैठकों में अपनी लतीफागोई से दूसरों को मंत्रमुग्ध कर देते थे। उस जमाने के एक मशहूर अभिनेता सुन्दर के साथ होने पर इस कला में और चार चांद लग जाते थे। यदि कहीं निजी संपर्क वालों के बीच कोई बैठक होती तो उसमें रोशन व सुन्दर के व्यंग्य का जादू सब पर छा जाता था। इसी प्रसंग में एक संस्मरण देते हुये डॉ० साहब ने बताया कि एक रोज सुन्दर राम के रूप में और रोशन सीता के रूप में संवाद बाज़ी करने लगे। राम का अभिनय करते हुये सुन्दर ने कहा, ''मैं अकेले वन जाऊँगा, तुम्हें साथ नहीं ले जाऊँगा क्योंकि तुम ह्रदय रोगी हो।'' सीता का अभिनय करते हुये रोशन बोले, ''मैं अवश्य वन जाऊँगी।'' तब सुन्दर ने कहा, ''तुम ह्रदय रोगी हो, वन में डॉ० कपूर तो होंगे ही नहीं।'' इस पर सबने ठहाका लगाया।

उस दुर्भाग्यपूर्ण शाम को जब इरा ने टेलीफोन पर बालिया के घर से डॉ० कपूर को तुरन्त आने को कहा तो डॉ० साहब चल पड़े, लेकिन जब वहाँ पहुँचे तो ह्रदय रोगी रोशन संसार छोड़ चुके थे। इसका स्मरण करते हुये डॉ० साहब ने यह शब्द कहे, ''उनके असामयिक निधन से फिल्म संगीत जगत को भारी क्षति पहुँची।''[21]

संदर्भ

1. कार्यक्रम—संगीत सरिता, हमारे फिल्म संगीतकार व उनकी रचनायें, 5वीं कड़ी, दिनांक 10 अप्रैल, 1994, आकाशवाणी दिल्ली से प्रसारित।
2. बम्बई में तलत महमूद से उनके निवास स्थान पर शोधकर्त्री की भेंटवार्ता पर आधारित—दिनांक 25.2.95
3. बम्बई में पं० रामनारायण से उनके निवास स्थान पर शोधकर्त्री की भेंटवार्ता पर आधारित—दिनांक 23.2.95
4. दिल्ली में शोधकर्त्री के साथ भेंटवार्ता पर आधारित दिनांक 9.12.95
5. पुणे में प्रो० भास्कर चन्द्रावरकर से उनके निवास स्थान पर शोधकर्त्री की भेंटवार्ता पर आधारित—दिनांक 21.2.95
6. ''मन्नाडे के लोकप्रिय गीत'', 'सरगम का सफर', जून 1989.
7. किशन शर्मा की मन्नाडे से वार्ता, संगीत, हाथरस, जनवरी 1972, अंक 2.
8. राजू भारतन, ''वायसेज़ इन दि नाइट'', फिल्मफेयर, बाम्बे, 21.7.1967 पृ० 37.
9. राजू भारतन द्वारा रचित, लतास बायोग्राफी की समीक्षा, दि हिन्दुस्तान टाइम्स, मैगजीन सेक्शन, 15.10.1994, पृ० 2.
10. राजू भारतन, ''लता डाउन दि मेलाडी लेन'', फिल्मफेयर, बाम्बे, 25.5.1967, पृ० 37.
11. फिल्मफेयर, बाम्बे, 3.3.1963, पृ० 29.
12. संगीत, हाथरस, जुलाई 1964, पृ० 40.
13. संगीत, हाथरस, फरवरी, 1968.
14. फिल्म संगीत, हाथरस, सितम्बर 1969, पृ० 22.
15. डॉ० प्रदीप कुमार दीक्षित 'नेहरंग', ''अनन्त भावनाओं का एक सशक्त स्वर मु० रफी'', संगीत, हाथरस, जुलाई, 1992, पृ० 17.
16. संगीत, हाथरस, मई 1966, पृ० 67.
17. राजू भारतन, 'मेलॉडीज एंड मैमोरीज', फिल्मफेयर, 22 दिसम्बर 1967, पृ० 23.
18. पं० हुस्नलाल 1959 में दिल्ली वापस आ गये और 1969 में उनका निधन हो गया। उनकी धर्मपत्नी से उनके निवास स्थान पर 24.12.95 को भेंटवार्ता के आधार पर यह जानकारी प्राप्त हुई।

* शर्मा जी ने इस व्यवहार को इस शेर के माध्यम से व्यक्त किया, वो लम्हा ज़िन्दगी भर की इबादत से भी बेहतर है, जो इक इन्सान ने इन्सान के ग़म में गुजारा हो।

19. बम्बई में केदार एन० शर्मा से उनके निवास स्थान पर शोधकर्त्री की भेंटवार्ता पर आधारित, दिनांक 13.6.1996.
20. बम्बई में रवीन्द्र जैन से रेनबो स्टूडियों में शोधकत्री की भेंटवार्ता पर आधारित दिनांक 15.6.96.

* संयोगवश, रोशन डॉ० कपूर के पड़ोसी थे और दोनों ही भारत के उस भाग से आये थे जो पाकिस्तान में चला गया। दोनों ही विभाजन के कारण होने वाले कष्ट से प्रभावित थे और दोनों ने अथक परिश्रम से बम्बई जैसे बड़े नगर में अपने को स्थापित किया था।

21. बम्बई में डॉ० आर०पी० कपूर से उनके निवास स्थान पर शोधकर्त्री की भेंटवार्ता पर आधारित दिनांक 15.6.1996.

अध्याय : 7

उपसंहार

तंत्री नाद कवित्त रस, सरस राग रति रंग,
अनबूड़े बूड़े, तरे जे बूड़े सब अंग

—*बिहारी*

पिछले छह अध्यायों में महान संगीतकार रोशन के बारे में जो लिखा गया है उससे अनेक महत्त्वपूर्ण निष्कर्ष निकलते हैं। सबसे अधिक महत्त्वपूर्ण व उल्लेखनीय तथ्य यह है कि रोशन उन महान विभूतियों में हुये जिन्होंने अपने घोर परिश्रम, कठिन तपस्या व सच्ची साधना के बल पर अपने लिये मनवांछित क्षेत्र में प्रतिष्ठित किया। हो सकता है कि प्रारंभ में उनकी रुचि चलचित्र जगत में किसी नायक की भूमिका अदा करने में रही हो, लेकिन भाग्य उन्हें उसी ओर ले गया जिधर जाकर उन्होंने सफलता के कीर्तिमान स्थापित किये। यह अपने आप में सराहनीय है कि पंजाब के एक अनजाने गाँव से उठकर इस साधारण व्यक्ति ने बम्बई पहुँचकर अपने लिये उन महान फनकारो में जगह बना ली जिसके योगदान सदा बने रहेंगे।

रोशन ने अपनी अद्‌भुत योग्यता से रागों में ऐसी मधुरता पैदा की जिससे हमारे फिल्मी संगीत में उस समय सम्मानपूर्णता की लहर आई जब यही संगीत धूमधड़ाके के स्तर पर उतर चुका था। उनके संगीत में पुरानी व नयी तर्जों को मिलाने का ऐसा गुण था कि उन्होंने अपना संगीत अनोखा बनाया और ऐसा करने में उन्होंने न तो अपनी गुणवत्ता को गिरने दिया और न ही वे ध्वनिबद्धता के जँजाल में फँसे। वो ऐसे संगीतकार नहीं थे जो अपने गुणों को जोर-शोर से दिखाने के लिये पॉप धुनों की सौदेबाजी करें। उन्होंने अपने जीवन के सर्वश्रेष्ठ वर्ष फिल्मी संगीत को दिये और ध्वनियों की ऐसी शृंखला बनायी जिनकी छवि सदा बनी रहेगी।[1]

यदि 'नेकी और बदी' (1949) से लेकर 'अनोखी रात' (1967) तक की फिल्मों में दिये गये रोशन के संगीत का समालोचनात्मक विश्लेषण किया जाये तो यह

तथ्य विदित होता है कि उन्होंने उस धूमधड़ाके वाले संगीत को कभी पसंद नहीं किया जो अब पॉप म्यूज़िक या रॉक म्यूज़िक आदि से रूप में हमारे सामने आ रहा है। इसके पीछे उनके व्यक्तिगत स्वभाव की भूमिका आंकी जा सकती है क्योंकि वह स्वयं चिन्तनशील व मननशील स्वभाव के थे, इसीलिये उन्होंने संगीत रचना प्रस्तुत करने से पहले सभी पक्षों पर पर्याप्त सोच विचार किया। फिल्म में दी जाने वाली स्थितियों को ध्यान में रखा। नायकों-नायिकाओं की भूमिकाओं को देखते हुये पार्श्व गायकों व पार्श्व गायिकाओं का चयन किया ताकि जो संगीत दिया जाये उसमें नैसर्गिकता आ जाये। साथ ही वाद्यवृन्दों के चयन के बारे में भी पूर्ण सतर्कता बरती। इस दृष्टि से भी उन्होंने धूमधड़ाके वाले वाद्यों का प्रयोग नहीं किया। कहीं कहीं तो ऐसा लगता है कि उन्होंने आर्केस्ट्रा का प्रयोग किये बिना ही उच्चकोटि के रिकार्ड बनाये।

लेकिन अगर रोशन के संगीत की इस विशेषता की अधिक गहराई से समीक्षा की जाये तो यह तथ्य भी उजागर होता है कि 1950-60 के दशक में वाद्यवृंद के प्रयोग पर जो जोर दिया गया है वह अगले दशक में उनके द्वारा किये गये वाद्यवृंद के प्रयोग की अपेक्षा कम है, संभवत: आगे चलकर समय की बदली हुई धारा के अनुसार उनके विचारों में कुछ परिवर्तन आया हो। ये भी हो सकता है कि ऐसे प्रयोजन में उन्हें जो सफलता मिली उससे वे प्रोत्साहित हुये हों लेकिन दोनों दशकों के संगीत में यह विशेषता ढूंढी जा सकती है कि उनकी रचनाओं में एक प्रकार का संगतता-पूर्ण प्रवाह आदि से अंत तक बना रहा। यह विशेषता इस तथ्य से भी प्रबलित होती है कि बीच-बीच में असफलताओं के झटके खाने के बाद भी उनके लगाव या उनकी प्रतिबद्धताओं में कोई क्रांतिकारी मोड़ नहीं आया। इससे यह लक्षण भी उजागर होता है कि वह अपने व्यक्तित्व से संवेदनशील थे और उनका अभिविन्यास इतना संतुलित था कि समय के उतार चढ़ाव से प्रभावित नहीं हुआ।[2]

साहित्य और संगीत के क्षेत्र में लखनऊ की संस्कृति जिसे 'तहज़ीब' व 'तमददुन' या 'लहज़ा' या 'मजाक' कहते हैं, उसका अपना अनोखा रूप या अंदाज़ है जो नौशाद अली या तलत महमूद के योगदानों में झलकता है। चूँकि रोशन को लखनऊ के मैरिस कॉलेज में संगीत की शिक्षा लेने का सुअवसर प्राप्त हुआ, इसलिये हो सकता है कि उन्होंने लखनवी तौर तरीकों को भी पहचाना और उन्हें सराहा। यही कारण है कि मुस्लिम कालीन पृष्ठभूमि पर बनी फिल्मों (जैसे 'बरसात की रात', 'दिल ही तो है', 'ताजमहल', 'बहूबेगम' व 'नूरजहाँ') में जो संगीत दिया गया है, उसमें यही लक्षण साफ-साफ झलकते हैं। उर्दू भाषा के शब्दों का सही उच्चारण संगीत की शैली में ऐसा फिल्माया गया है मानों रोशन का ऐसी तहज़ीब से अच्छा परिचय हो। लखनवी तहज़ीब और भारतीय संगीत का ऐसा सुंदर सामंजस्य उन गज़लों व कव्वालियों में देखा जा सकता

है जो उन्होंने अपनी विशेष शैली में संगीतबद्ध कीं। यही वजह है कि उनके द्वारा संगीतबद्ध की हुई ग़ज़लों व कव्वालियों में वो फूँहड़पन या भौंडापन, जिसे अब धूमधड़ाका कहते हैं, नहीं दिखाई देता। अतः यह कहा जा सकता है कि अगर साहिर ने अपनी कलम से नफ़ीस गीतों की रचना की, तो रोशन ने उन्हें संगीतबद्ध करके अपनी निफ़ासत का नमूना बना दिया।

कोई कलाकार एकदम सर्वकुशल या परिपूर्ण नहीं होता। वह अपने अनुभवों से सीखता है और फिर धीरे-धीरे अपनी कला को सुधारता चला जाता है। जो ऐसा नहीं करता वो थोड़े ही समय में मैदान से बाहर हो जाता है। लेकिन हर कलाकार की कुशलता की सीमाएँ होती हैं। इसलिये वो अपने जीवन में अच्छी से अच्छी कृतियां देने के बाद किसी मुक़ाम पर ठहर जाता है जैसे कोई चलता हुआ पथिक अपनी मंजिल पर पहुँच चुका हो। यह लक्षण उन महान कलाकारों पर खरा उतरता है जो लंबे समय तक चलते रहते हैं। यही कारण है कि नौशाद अली जैसे बड़े संगीतकारों की रचनाओं में आगे चलकर वो मौलिकता नहीं दिखाई दी जो प्रारंभिक चरणों में प्रदर्शित हुई और जिसने उन्हें इतने ऊँचे मुकान पर पहुँचा दिया। रोशन के बारे में यह कहा जाता है कि अल्पायु में उनकी मृत्यु हो जाने के कारण वह अपना पूर्ण योगदान नहीं दे सके।[3] यह कहना हर प्रकार से ठीक भी है, लेकिन बीस वर्षों का समय कोई कम अवधि नहीं होती यदि कोई कलाकार अपनी पूरी तल्लीनता से कार्य करता रहे और यथासंभव अपनी मौलिकता या अपनी विशेष छाप को बनाये रखे। इस दृष्टि से रोशन का महत्त्व और अधिक हो जाता है कि उन्होंने अपने संगीत में मौलिकता का विशेष ध्यान रखा। कभी भी इधर-उधर से संगीत चुराया नहीं। अपितु हमेशा कुछ नवीन खोज कर लाने के प्रयास में लगे रहे। बीस वर्षों की अवधि में उन्होंने अपना चिरस्मरणीय योगदान दिया जिसमें धीरे-धीरे परिष्कृत रूप की दिशा में प्रगति के लक्षण देखे जा सकते हैं।

यदि संगीत के विषय के आधार पर रोशन के योगदान का मूल्यांकन किया जाये तो ऐसी धारणा बनती है कि उन्होंने अपने संगीत में विशुद्ध शास्त्रीय संगीत से नाता बनाये रखा। यद्यपि उस समय के कई प्रमुख संगीतकारों ने इस परंपरा को तोड़ते हुये पाश्चात्य संगीत शैली का सहारा लिया था और उसमें वे काफ़ी सफल भी हुये, लेकिन रोशन इस उतावले-पन से अछूते रहे। स्वतंत्रता के बाद के युग में जो फिल्म संगीत आया उसका प्रवाह शास्त्रीय परंपरा से हटकर सुगम संगीत की ओर बहुत तेजी से बढ़ा। हल्के फुल्के गीत आने लगे जिनको सड़क पर चलने वाला बच्चा भी गुनगुनाता दिखाई दिया। रोशन ने भी ऐसे अनेक गीत बनाये जो इसी परंपरा के परिचायक हैं उनके अनेक गीत उस समय के किशोरावस्था वालों के लिये इतने भाये कि उन्हें जगह-जगह गुनगुनाता हुआ देखा जा सकता था, किन्तु संगीत देने में भी उन्होंने शुद्ध शास्त्रीय संगीत से कहीं न कहीं और किसी न किसी मात्रा में संबंध बनाये रखा। इसका ठोस प्रमाण यह भी

है कि उन्होंने अपनी अनेक फिल्मों में, जहाँ संभव हुआ, कोई ऐसा गीत डाला जो शास्त्रीय संगीत के रंग में डूबा हुआ था। किसी-किसी फिल्म में उन्होंने दो या तीन गीत ऐसे ही रंग में संगीतबद्ध किये। ये भी दिखाई देता है कि किसी गीत में उन्होंने बीच का मार्ग अपनाते हुये ऐसी रचनायें प्रस्तुत की कि उसी गीत का कुछ अंशपूर्ण शास्त्रीय संगीत के रूप में है और कुछ सुगम संगीत के रूप में। संक्षेप में, उनके संगीत में शास्त्रीय संगीत व सुगम संगीत का ऐसा सुंदर संगम देखा जा सकता है जिसमें दोनों धारायें बह रही हैं। यह दूसरी बात है कि कहीं पर एक्र की अपेक्षा दूसरी धारा अधिक वेगवान लगती है। रोशन के कुछ चुंनीदा गीतो का सांगीतिक विश्लेषण यह दर्शाता है कि उन्होंने सभी विधाओं का प्रयोग किया। उनका संगीत एकमात्र किसी विशेष शैली का दास बनकर नहीं रहा। अत: उनका संगीत ऐसे गुलदस्ते की भांति है जिसमें हर रंग का फूल हो लेकिन हर फूल भारतीय हो।

रोशन को संगीत कला का सच्चा पुजारी होने का श्रेय प्राप्त है। यह धारणा इस तथ्य पर आधारित है कि उन्होंने अपने कार्य को किसी वाणिज्यिक व्यवसाय के रूप में नहीं ढाला। उन्होंने एक समय पर दो या तीन फिल्मों के संगीत-निर्देशन से अधिक का भार अपने ऊपर नहीं लिया, इसीलिये उनके कार्य में गुणवत्ता का तत्त्व बना रहा और वह अपनी मौलिकता की छाप को भी बरकरार रख सके। आज के संगीत निर्देशकों में कुबेर पूज़ा का जो भाव परिलक्षित होता है, उन्हें उसका अपवाद कहा जा सकता है।[4]

प्रतिभावान व्यक्तियों का एक यह भी विचित्र लक्षण होता है कि वे संवेदनशील होने के अलावा अंतर्मुखी भी होते हैं। वे यथासंभव अपनी कल्पनाओं या उद्‌गारो को बिना सोचे-समझे व्यक्त नहीं करते। धीरे-धीरे उनके कार्य लोगों के सामने आते हैं और उन्हीं के आधार पर लोग उनके बारे में साधारण या असाधरण प्रतिक्रियाएँ व्यक्त करते हैं। हो सकता है कि रोशन ने सदा किसी विशेष शैली का सहारा न लिया हो। अपने फिल्मी जीवन के प्रारंभिक चरण में वो सफलता न मिली हो जो व्यावसायिक फ़नकारों को मिल जाती है, लेकिन ऐसे व्यक्तियों को आशावादी व निराशावादी दोनों ही परिप्रेक्ष्यों में देखा जा सकता है। रोशन आशावादी बने रहे, इसीलिये उन्होंने गंभीर असफलताओं से हार नहीं मानी और अगर कभी किसी ने अनायास उनसे ऐसी कोई बात कही जो किसी बड़ी सफलता या असफलता की परिचायक होती तो उनकी तुरन्त यही प्रतिक्रिया होती थी 'तो क्या?' अर्थात् सुख या दुख के अवसरों में जो अंतर नहीं समझते बल्कि दोनों को समान समझते हैं, वही महापुरुष होते हैं। ऐसे प्रतिभावान लोगों के योगदानों में कोई संदेश निहित होता है। इस दृष्टि से भी रोशन का योगदान अपनी विशिष्टता लिये हुये है कृत संकल्प होकर कार्य करते रहो सफलता स्वयं पीछा करेगी।

बदलते हुये समय के साथ जनसाधारण की रुचियाँ व मनोवृतियाँ बदलती रहती हैं। उसी के अनुरूप साहित्य, संगीत व कलाओं को भी बदलते रहना चाहिये अन्यथा आने वाली पीढ़ियाँ पुराने योगदानों को सराहने में संकोच करती हैं। इस दृष्टि से यह आपत्ति उठायी जा सकती है कि यद्यपि रोशन ने संगीत के क्षेत्र में अपनी मौलिकता की छाप बनाये रखी, किन्तु 1970 के बाद संगीत के क्षेत्र में जो परिवर्तन हुआ उन्होंने उनके योगदानों में प्रासंगिकता को ठेस पहुँचायी है। यह आपत्ति उन्हीं के बारे में नहीं बल्कि उन जैसे अनेक संगीतकारों के बारे में उठायी जा सकती है जिनके योगदान इतिहास के किसी विशेष चरण तक सीमित होकर रह गये। ऐसी स्थिति में पुराने योगदानों को असाधारण लोग ही सराह सकते हैं जो संगीत के विषय में गहरी जानकारी रखते हों।[5] शायद इसी कारण अब रोशन का संगीत उस लोकप्रियता के बिन्दु से हटता जा रहा है जहाँ आज से तीस या चालीस वर्ष पहले वह प्रतिष्ठित हो चुका था।

भक्ति का समर्पण हो या प्रणय का उन्माद, देश-प्रेम की ज्वाला हो या क्रान्ति का बिगुल, ग़मे दिल की क़ैफियत हो या ग़जल की कशीदाकारी, कव्वाली का जोश हो या शांति का संदेश या शास्त्रीय संगीत सब कुछ उन्होंने बखूबी अपने में आत्मसात कर लिया था। वे नितांत फिल्म संगीतकार ही नहीं बल्कि ऐसे कलाकार थे जिनकी गहराई, पकड़, दूरदर्शिता, प्रत्युत्पन्नमति और समझ का कोई सानी नहीं था। रोशन के वाद्यवृंद के एक प्रमुख सहयोगी प्रसिद्ध बांसुरीवादक पं० हरिप्रसाद चौरसिया के यह शब्द सदा सार्थक रहेंगे ''संगीत निर्देशक रोशन के हमारे आज के कलाकार तो भक्त हैं ही, लेकिन जो हमारी आने वाली पीढ़ियाँ हैं, जिन्होंने उनको कभी देखा तक नहीं, वो भी युगों-युगों तक इस महान संगीतकार की भक्त रहेंगीं, उनके संगीत को भक्ति किया करेंगी।''[6]

संदर्भ

1. राजू भारतन, 'हिन्दी फिल्म म्यूजिक टूडे' इलस्ट्रेटड वीकली ऑफ इंडिया, 31 दिसम्बर 1967 पृ० 49

* * * * * * * * * *

*सुप्रसिद्ध संगीतकार नौशाद के विचारों में, ''शुद्ध मेलॉडी भारतीय संगीत की आत्मा है। बिजली का सिंथेसाइजर सितार और शहनाई जैसे भारतीय साज़ों को हटा नहीं सकता क्योंकि ये उनमें भावनात्मक अर्थों की पूर्ति नहीं कर सकता।''

'साऊन्डस ऑफ म्यूजिक', सन्डे ऑबजर्वर, बम्बई, 11 अगस्त, 91

2. ''रोशन के संवेदनशील स्वभाव का एक प्रमाण यह भी दिया जा सकता है कि किसी-किसी फिल्म में उन्होंने गीतों को इस प्रकार संगीतबद्ध किया कि उनमें भावनाओं की अपेक्षा संवेदनशीलता अधिक मात्रा में परिलक्षित होती है। एक जाने माने फिल्म पत्रकार राजू भारतन ने यह टिप्पणी की है कि 'चित्रलेखा' के संगीत में भावनाओं पर नहीं बल्कि संवेदनशीलता पर जोर देखा जा सकता है।'' राजू भारतन, 'मेलाडीज एंड मैमोरीज़', फिल्मफेयर, बम्बई, 22 दिसम्बर 1967, पृ० 23.

3. राजू भारतन के यह शब्द इस स्थल पर उद्धरणीय हैं : "लगातार इतना अच्छा काम करने के बावजूद भी बाद में रोशन को ऐसा भय होने लगा था कि वो धीरे-धीरे मैदान से बाहर हो रहे हैं और शायद वो जम नहीं पायेंगे और शायद इसीलिये उनकी जिंदगी में वही सदा याद रहने वाली रागिनी घर करने लगी जो 'बांवरे नैन' में मुकेश के इस गीत में रखी हुई थी।"—

"तेरी दुनिया में दिल लगता नहीं, वापस बुला ले,
मैं सजदे में गिरा हूँ, मुझको ऐ मालिक बुला ले।"

राजू भारतन, 'मैलाडीज़ एंड मैमोरीज', फिल्मफेयर, बम्बई, 22 दिसम्बर 1967, पृ० 23.

4. फिल्म जगत में हर कला को व्यवसाय बना दिया जाता है। इसीलिए गीतकार हो या संगीतकार सभी को निर्माताओं के इशारों पर चलना पड़ता है। यह चीज़ कोई नई नहीं है बल्कि उस समय से चली आ रही है जब सवाक् फिल्मों का दौर शुरू हुआ। हिन्दी जगत के जाने माने साहित्यकार मुंशी प्रेमचंद, जो कुछ समय बम्बई में रहे, वहाँ से निराश होकर लौटे और उन्होंने 1935 में यह प्रतिक्रिया व्यक्ति की, "मैं आदर्शों को लेकर गया था, लेकिन मुझे मालूम हुआ कि सिनेमा वालों के पास बने बनाये नुस्खे हैं और आप उन नुस्खों के बाहर नहीं जा सकते। वहाँ प्रोड्यूसर यह देखता है कि जनता किस बात पर तालियाँ बजाती है, वही बात अपनी फिल्मों में लाएगा। अन्य विचार उसके लिये ढकोसले है जिन्हें वह सिनेमा के दायरे के बाहर समझता है।"

'फिल्म और साहित्य', साहित्य के उद्देश्य, हंस प्रकाशन, इलाहाबाद, 1954, पृ० 117.

* * * * * * * *

सभी व्यवसायों में कला क्रूरतम मानी गयी है और इस तथ्य को उन संगीतकारों से बेहतर और कोई नहीं जान सकता जो अपने जीवन में बुरे दिन देखते हैं। इन धुनी निर्माताओं को मोहभंग के आभास होने का कारण मिल जाता है जब उनके जीवन के सांध्यकाल में उनकी ख्याति व उनके भाग्य तथा उनकी सराहना सभी धुंधली स्मृति की तरह हो जाते हैं क्योंकि उनके लिये जीवन संग्राम ही प्राथमिक महत्त्व की वस्तु बन जाता है। वे प्राय: अपने जीवन की रचनाओं को अपनी आजीविका के मूल साधनों से मोलभाव तक करना चाहते हैं।

नलिन शाह—'फेम, फॉरच्यून एंड फस्ट्रेशन इन म्यूज़िक', प्लेबैक एंड फास्ट फॉरवर्ड, मार्च 87, पृ० 28.

5. उदाहरण के लिये, दिल्ली विश्वविद्यालय के संगीत के प्रो० देबू चौधरी के ये शब्द उद्धरणीय हैं, "शास्त्रीय संगीत कभी लोकप्रिय नहीं हो सकता है, मैं इसके खिलाफ हूँ। राग यमन में ऐसे-ऐसे गीत है कि उन्हें सुनकर आप उसमें खो जायेंगे। जैसे फिल्म 'सरस्वती चंद्र' में एक गीत हैं "चंदन सा बदन, चंचल चितवन", इसी तरह फिल्म 'चित्रलेखा' में 'मन रे तू काहे न धीर धरे'। राग पर आधारित ऐसे फिल्मी गीत जरूर पापुलर हुये हैं। आप एक भी ऐसा गीत नहीं बता सकते जो राग पर आधारित हो और पापुलर न हुआ हो।" (आकाशवाणी श्रीनगर से 29 जुलाई 1989 को प्रसारित, प्रो० देबू चौधरी से वार्ता का एक अंश)।

6. आकाशवाणी दिल्ली से 10 अप्रैल 1994 को प्रसारित कार्यक्रम संगीत सरिता, हमारे फिल्म संगीतकार व उनकी रचनाये (पाँचवी कड़ी).

परिशिष्ट-1

ज्योतिष की रोशनी में

जन्म-नक्षत्र : कृत्तिका, गंडयोग,
शनिवार ; आषाढ़, 31, 1974 विक्रम् ;
ई० 14 जुलाई, 1917;
जन्म-स्थल : जलालपुर,
जिला : भटिया (पंजाब)।

संगीत-निर्देशक रोशन फिल्म-संगीत के क्षेत्र में जाने-माने कलाकार हैं। उनका नाम प्रथम श्रेणी के संगीत-निर्देशकों में आता है। जहाँ तक उनकी कला का प्रश्न है, वह एक विशिष्ट प्रकार की शैली रखते हैं। उनकी शैली में मादकता और कोमल प्रवाह रहता है, जो सहज ही जन-मन को स्पर्श कर लेता है। यहाँ हम उनकी कला-समीक्षा नहीं, उन्हें 'कला' प्रदान करने वाली जन्मकालीन नक्षत्रों के अनुसार उनके भवितव्य एवं व्यक्तित्व की विवेचना करेंगे।

लोकप्रिय धुनों के सर्जक रोशन का जन्म कुम्भ लग्न में हुआ है। कुम्भ राशि लग्न में बलवान् होती है तथा उसका सम्बन्ध 'वायु तत्व' से है। ऐसे व्यक्ति प्रायः कल्पनाशील, भावप्रवण, तटस्थ एवं धैर्यवान् होते हैं। रोशन में यह गुण सहज विद्यमान है; किन्तु लग्नेश शनि शत्रु-स्थल पर चला गया है, इसलिए प्रायः मानसिक यातना एवं मनोमन्थन में से गुजरना पड़ता है। यह योग आत्मबल को भी विचलित करता है। किन्तु वहाँ लाभ यह हो गया है कि आत्मकारक शनि भाग्यपति शुक्र में कला-स्थल (मस्तिष्क) के स्वामी बुध से योग करता है। इसलिए विचार दार्शनिक और भावना मूलतः कलामय बन जाती है। भीड़भाड़ से दूर एकान्त ही रूचता है। यह योग संगीत की कोमल सूक्ष्मता की ओर प्रवृत्त करता है। चूँकि यह योग छठे स्थान पर हुआ है, इसलिए संगीत के व्याकरण से अधिक लगाव नहीं होता, किन्तु 'नाद' की गहन तल्लीनता की ओर अग्रसर करता है।

जन्मांगम्

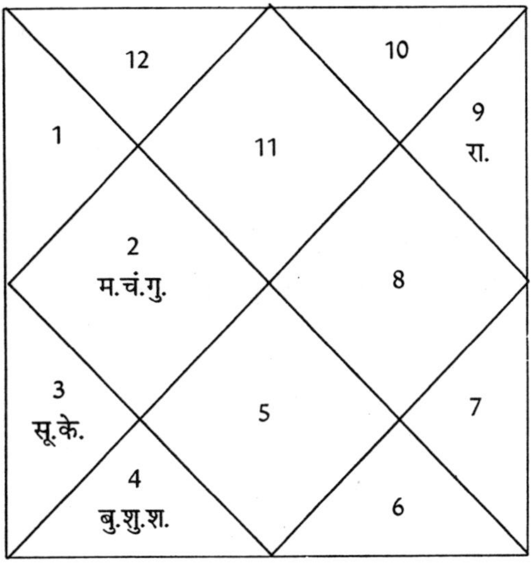

उपर्युक्त दर्शाए गए योग (लग्नेश, भाग्येश और पंचमेश की युति) को ज्योतिषशास्त्र 'राजयोग' कहता है। यह योग अपूर्व धन-सम्पदा, समाज में प्रतिष्ठा और अविरल लोकप्रियता प्रदान करता है। किन्तु इस योग में स्थान-दोष है, इसलिए कभी-कभी विकट समस्याओं में अनायास ही उलझ जाना पड़ता है। ये समस्याएँ प्राय: एक रहस्य का ही निर्माण करती हैं।

रोशन की कुंडली में सूर्य की स्थिति बहुत अच्छी है। पंचम स्थान पर मिथुन का सूर्य संगीत की गहन सामर्थ्य का प्रतीक है। किन्तु दोष यह है कि साथ में नीचराशि-गत केतु है, जो मानस में व्यग्रता, उद्विग्नता, आवेश और क्रोध भी उत्पन्न करता है। किन्तु प्राय: क्रोध छिपा रहता है।

रोशन के जन्म-चक्र में दूसरा महत्त्वपूर्ण योग है राज्येश एवं लाभेश का सुख-स्थान में योग, जो सुखों में वृद्धि करता है एवं कार्य-क्षेत्र को व्यापक बनाता है। यश में विस्तार होता है। किन्तु सुख-स्थान पर चन्द्र के साथ मंगल का योग जहाँ एकसाथ अपूर्व अर्थ-लाभ कराता है, वहाँ दूसरे ही क्षण उसके व्यय के विभिन्न मार्ग भी खोल देता है। खर्च प्राय: अनिच्छा से और अपव्यय के रूप में होता है। किन्तु वाक्-स्थान (द्वितीय स्थल) के अधिपति गुरू का योग मन के कारक चन्द्र के साथ होने से संगीत की मधुर गरिमा मिलती है और वही व्यवसाय भी होता है।

रोशन का जन्म सूर्य की अन्तिम दशा में हुआ है। वह उनका समय श्रेष्ठ था। उम्र के दस वर्ष पश्चात् राहु की महादशा प्रारम्भ होती है, जो सम्पूर्ण युवा-काल मानसिक, आर्थिक और सामाजिक संघर्षों एवं यातनाओं से परिपूर्ण रही। गुरू की महादशा जीवन में यश, उत्साह एवं प्रेरणा-प्रदायक रही है। उसमें अपूर्व आर्थिक लाभ भी हुए हैं। अब सन् 1968 से रोशन के जीवन में यश, श्रेय, सम्पदा का समागम होगा और उनका वैभव विस्तीर्ण होगा।

जहाँ तक उनके सांगीतिक पक्ष का प्रश्न है, सन् 1968 से उन्हें संगीत के लिए अपूर्व प्रेरणा मिलेगी और वह उसकी सूक्ष्म कोमलता को आत्मसात् कर एक नया मार्ग देंगे। संगीत के माध्यम से उनका व्यक्तित्व व्यापक बनेगा, विदेश-यात्राएँ होंगी तथा प्रभाव बढ़ेगा।*

* डॉ० संतोष व्यास, 'संगीत निर्देशक रोशन' संगीत, हाथरस, अक्टूबर 1967 पृ० 11.

परिशिष्ट-2

श्रीमती इरा रोशन व राजेश के संस्मरण

श्रीमती इरा रोशन

राजेश के पापा (स्व० संगीतकार रोशन) जब भी कोई चीज़ रिकार्ड करते और इसको सुनाते तो यह (राजेश) उसमें कई नुक्स निकालता था। यह कहता था, ''आपने ये पीस क्यों बजाया,ये म्यूज़िक यहाँ क्यों दिया।'' उनकी मृत्यु के बाद घर में म्यूज़िक खत्म हो गया। मैंने सोचा कि म्यूज़िक तो घर में होना चाहिये। इसलिये मैंने उस्ताद फैयाज़ अहमद खाँ साहब से गाना सीखना शुरू किया। राजेश को भी शौक था। ये भी पास में आकर बैठा करता था। बाद में इसने भी खाँ साहब से गाना सीखना शुरू कर दिया।

राजेश रोशन

पहले मुझे माँ से संगीत की प्रेरणा मिली। बाद में मैंने लक्ष्मीकान्त-प्यारेलाल के साथ पाँच साल तक काम किया। वहाँ मैं रिद्म बजाता था। वहीं मैंने प्रारंभिक शिक्षा ली, मुझे लिखने का शौक था। अपने गीतों को मैं खुद ही लिखा करता था। बाद में निर्देशकों के आपत्ति उठाने पर मैंने लिखना बन्द कर दिया। मेरे संगीत में भारतीय व पाश्चात्य दोनों शैलियों का रंग देखा जा सकता है। जैसे मेरी प्रारंभिक फिल्मों 'जूली' में पाश्चात्य संगीत का रंग है तो 'कुँआरा बाप' में पूर्णतया भारतीय संगीत का। *

---

* 'बाजे पायल' कार्यक्रम, दिल्ली दूरदर्शन से प्रसारित, शुक्रवार 23.2.96 इसी अवसर पर पार्श्व गायिका साधना सरगम ने उनके संगीत के विषय में कहा, ''उनका संगीत मेलाडी से भरपूर होता है व उसमें रिद्म का पक्ष बहुत सबल रहता है।'' पार्श्व गायक उदित नारायण ने कहा, ''वह बहुत मीठे इन्सान हैं, बहुत मीठा संगीत देते हैं। उन्होंने मुझे पहली बार 'करन-अर्जुन' में गायन का मौका दिया। ये भाव मरते दम तक मेरे साथ रहेगा।'' पार्श्व गायिका कविता कृष्णामूर्ति के शब्दों में, "He is not in the rat race. He has his own definite punctual way of working. His recording is systematic. He is a very good singer, very expressive singer."

परिशिष्ट-3

साक्षात्कार

1. पं० रामनारायण	बम्बई 23-2-1995
2. श्री तलत महमूद	बम्बई 25-2-1995
3. श्री केदार शर्मा	बम्बई 13-6-1996
4. श्री रवीन्द्र जैन	बम्बई 15-6-1996
5. पं० विश्व मोहन भट्ट	जयपुर 2-5-1995
6. पं० शशि मोहन भट्ट	जयपुर 5-5-1995
7. श्री नलिन शाह	दिल्ली 9-12-1995
8. प्रो० भास्कर चन्द्रावरकर	पुणे 21-2-1995
9. श्रीमती निर्मला देवी	दिल्ली 24-12-1995
10. डॉ० आर० पी० कपूर	बम्बई 15-6-1995

परिशिष्ट-4

इस परिशिष्ट में संगीतकार रोशन के कुछ विशिष्ट गीतों की स्वरलिपिबद्ध भी शामिल की गई हैं। ये सामग्री 'फिल्म संगीत' व 'संगीत' पत्रिकाओं से प्राप्त हुई है ये जानकारी इस अध्ययन को सांगीतिक दृष्टि से महत्त्वपूर्ण बनाने के उद्देश्य से प्राप्त की गई है। इन गीतों के स्वरलिपिकार शशिमोहन भट्ट, मुकेश गर्ग व देवकीनन्दन धवन हैं।

ऐ री, मैं तो प्रेम-दिवानी

—फिल्म : नौबहार

ना मैं जानूं आरती-बंदन, ना पूजा की रीत।
है अनजानी दरस-दिवानी मेरी पागल प्रीत॥

लिए री मैंने दो नैनों के दीपक लिए सँजोय।
ए री, मैं तो प्रेम-दिवानी मेरा दरद न जाने कोय॥

ना मैं जानूँ आरती-बंदन, ना पूजा की रीत।
है अनजानी दरस-दिवानी मेरी पागल प्रीत॥

लिए री मैंने दो नयनों के दीपक लिए सँजोय।
ए री, मैं तो प्रेम-दिवानी मेरा दरद न जाने कोय॥

आशा के फूलों की माला, साँसों के संगीत।
इनपर फूली, चली रिझाने अपने मन का मीत॥

लिए री मैंने दो नैन-डोर में सपने लिए पिरोय।
ए री, मैं तो प्रेम-दिवानी मेरा दरद न जाने कोय॥

(दूसरी साइड)

दिल डूबा, तारे मुरझाए, सिसक-सिसक गई रैन।
बैठी सूना पंथ निहारूँ, झरझर बरसत नैन॥

दुनियाँ के सब सपने जागे, भाग हमारा सोय।
ओ बेदर्दी, जीवन-बाती पल-पल व्याकुल होय॥
ए री, मैं तो प्रेम-दिवानी मेरा दरद न जाने कोय॥

माँग सिंदूर लपट बन जागे, लागी अगन चहुँ ओर।
रूठ गई हाथों की मेहँदी, टूटी मन की डोर॥

मेरो मनमोहन आयो ना सखी री, रो-रो नैना खोय।
घायल की गति घायल जाने, के जिन लागी होय॥
ए री, मैं तो प्रेम-दिवानी मेरा दरद न जाने कोय॥

स — — — — — — — —, ग॒म पनि॒ सग॒ं मंपं ध॒पं मंग॒ं मंपंमं
पार्श्व-संगीत : बाँसुरी :

ग॒ं — — — रें ग॒ं मं रें मं (ग॒ं) -रें सरें ग॒रें सं नि — —

— प ध॒ प म — पध नि — — सं — सरें गरें सरें मं रें मं

(ग॒ं) सरें गरें सं नि — सं — — —

सरेंग॒ं ग॒ं — (रें) — ग॒ं — — — रें ग॒ं रेंसं रें गं रेंसं संनि नि
नाऽऽ मैं ऽ जा ऽ नूँ ऽ ऽ ऽ बाँसुरी : आ ऽ रऽ तीऽ बं

सं मंग॒ं -रें सं नि — — — ध — धप -ध पम प नि — — निसं मंग॒ं
ऽ ऽऽ ऽऽ द न ऽ ऽ ऽ ऽ * नाऽ ऽऽ पूऽ ऽ जा ऽ ऽ कीऽ ऽऽ

बाँसुरी : गंपं -मं गंपं मंगं -रें, सं — — —
रें ग॒ं (सं) — — — * * * * नि — नि नि नि -सं
ऽ ऽ री ऽ ऽ ऽत * * * * है ऽ अ न जा ऽऽ

सं — — — — — नि सरें संग॒ं रेंसं संनि॒ नि॒ नि॒ नि॒धप — पध सरेंसं
नी ऽ ऽ ऽ ऽ ऽ ऽऽ ऽऽ ऽऽ दऽ र स दिऽऽ ऽ वाऽ ऽऽऽ

(नि) ध प — — — प,निध प — -म (ग) सा — गमप निध,-
नी ऽ ऽ ऽ ऽ ऽ मेऽऽ री ऽ ऽऽ पा ऽ ऽ गलऽ ऽऽऽ

(बाँसुरी : पग गम पम ग —)
(प) — — — — — — — सं नि
प्री ऽ ऽ ऽ ऽ त * * लि ऽ

कहरवा ताल

×				०				×				०			
नि	सं	रेंमं	गं	गं	रें	रें	सं	—	—	—	प	सं	सं	—	—
ए	ऽ	रीऽ	ऽ	मैं	ऽ	ने	ऽ	ऽ	ऽ	*	दो	ऽ	नै	ऽ	ऽ
सं	रें	नि	सं	नि	ध	प	—	—	—	—	प	सं	सं	—	रेंस
नों	ऽ	ऽ	ऽ	ऽ	के	ऽ	ऽ	*	*	*	दी	ऽ	प	ऽ	ऽक
नि	-	ध	प	प	ध	धप	—	म	ग	मप	म	ग	—	ग	म
लि	ऽ	ए	ऽ	ऽ	ऽ	सँऽ	ऽ	जो	ऽ	ऽऽ	ऽ	ऽ	य	ए	ऽ
प	सं	नि	संनि	नि	ध	ध	प	—	—	प	धनि	ध	धप	म	म
री	ऽ	ऽ	ऽऽ	मैं	ऽ	तो	ऽ	ऽ	ऽ	प्रे	ऽऽ	ऽ	मऽ	ऽ	दिं
म	प	पध	प	म	ग	मप	म	ग	—	—	सा	मग	-म	मध	प
वा	ऽ	नीऽ	ऽ	मे	ऽ	राऽ	ऽ	ऽ	ऽ	*	द	रऽ	ऽद	नऽ	ऽ
म	ग	मप	म	ग	सा	मग	म	म	प	—	—	प	—		
जा	ऽ	ऽऽ	ऽ	ने	ऽ	ऽऽ	ऽ	को	ऽ	ऽ	ऽ	य	ऽ	ए री मैं तो	

प्रेम-दिवानी, मेरा दरद न जाने—

बाँसुरी : (स म ग प म नि प — —)

म	प	—	—	—	—	—	—	*	*	*	प	सं	—	सरें	सं
को	ऽ	ऽ	ऽ	ऽ	ऽ	ऽ	य	*	*	*	ना	ऽ	ऽ	मैंऽ	ऽ
नि	ध	—	म	प	—	सं	—	—	—	—	संनि	संनि	सं	रें	सं
जा	ऽ	ऽ	ऽ	नूँ	ऽ	ऽ	ऽ	ऽ	ऽ	ऽ	आऽ	ऽऽ	र	ती	ऽ
नि (सं)	सं	—	नि	धनि	ध	पध	प	म	—	—	पध	पध,-	-नि	रां	-प
बं	ऽ	ऽ	ऽ	दऽ	ऽ	नऽ	ऽ	ऽ	ऽ	*	नाऽ	ऽऽऽ	ऽपू	ऽ	ऽ

प ध प सं | नि॒ ध — प | प — — — | — — — —
जा ऽ ऽ ऽ | ऽ की ऽ ऽ | री ऽ ऽ ऽ | ऽ ऽ ऽ त

— — पम धप | — मग -म प | प नि सं -नि | सं — — —
* * हैऽ ऽऽ | ऽ अऽ ऽन ऽ | जा ऽ ऽ ऽऽ | नी ऽ ऽ ऽ

— — — नि | सरें,सं नि॒ प प | म ग॒ मप म | म ग॒ — —
ऽ ऽ * द | रऽऽ स ऽ दि | वा ऽ ऽऽ ऽ | नी ऽ ऽ ऽ

— — — स | मग॒ म पध॒ प | म ग॒ मप म | — ग॒रे सा —
ऽ ऽ * मे | ऽऽ ऽरी ऽऽ ऽ | पा ऽ ऽऽ ऽ | ऽ गलऽ ऽ ऽ

स — — — | — — सं नि | नि सं रेंमं गं॒ | गं॒ रें रें सं
प्री ऽ ऽ त | * * लि ऽ | ए ऽ रीऽ ऽ | मैं ऽ ने ऽ

— — — ।

ऽ * * दो नैनों के दीपक लिए सँजोय, ए री मैं तो प्रेम-दीवानी मेरा दरद न जाने कोय।

| ग म | प सं नि॒सं नि॒ | नि॒ ध ध प
पार्श्व-संगीत :

— — प ध | — धप म म | म प पध॒ प | म ग॒ मप म
ग — स मग॒ | — म प — | म ग॒ मप म | ग॒ स ग॒ म

म प — — | — — ग॒म पम | म ग॒ — म | प — प म
| | आ | ऽ ऽ शा ऽ

म नि॒ प नि॒ | प प म — | — — म ग॒ | मग॒ म मग रे
के ऽ ऽ ऽ | ऽ फू ऽ ऽ | ऽ ऽ लों ऽ | ऽऽ की ऽऽ ऽ

(रे) — — स | स — — — | — — स — | म — म —
मा ऽ ऽ ऽ | ला ऽ ऽ ऽ | ऽ ऽ साँ ऽ | ऽ ऽ सों ऽ.

[बाँ० : संनि॒ रेंसं नि॒ ध

म प ग॒ म | ग॒ म — — | म — प — | — — — —
के ऽ ऽ ऽ | ऽ सं ऽ ऽ | गी ऽ ऽ ऽ | ऽ ऽ ऽ त

पम धप म ग]

* * * ग | प — प –म | म नि प नि | प — प म
* * * आ | ऽ ऽ शा ऽऽ | के ऽ ऽ ऽ | ऽ ऽ फू ऽ

— — म ग | मग ग म ग | (रे) — — स | स — — —
ऽ ऽ लों ऽ | ऽऽ की ऽ ऽ | मा ऽ ऽ ऽ | ला ऽ ऽ ऽ

— — स — | म — म — | म प ग म | ग म गम —
ऽ ऽ साँ ऽ | ऽ ऽ सों ऽ | के ऽ ऽ ऽ | ऽ सं ऽऽ ऽ

म — प — | — — — — | — — नि(प) प | — नि नि —
गी ऽ ऽ ऽ | ऽ ऽ ऽ त | * * इ न | ऽ प र ऽ

नि सं निस गं | रें सं — | — — निसं नि | सं — नि —
फू ऽ ऽऽ ऽ | ली ऽ ऽ ऽ | ऽ ऽ चऽ ली | ऽ ऽ रि ऽ

निध पध — प | प — — — | — — ध ध | — नि सं —
झाऽ ऽऽ ऽ ऽ | ने ऽ ऽ ऽ | ऽ ऽ अ प | ऽ ने ऽ ऽ

प नि नि प | प म पध प | म ग मप म | ग — ग म
म ऽ न ऽ | का ऽ ऽऽ ऽ | मी ऽ ऽऽ ऽ | ऽ त लि ऽ

प स निसं नि | नि ध ध प | — — — प | धनि,ध धप म प
ए ऽ रीऽ ऽ | मैं ऽ ने ऽ | ऽ * * नै | ऽऽऽ रऽ ऽ डो

म प पध प | म ग मप म | ग — — स | मग म पध प
ऽ ऽ रऽ ऽ | में ऽ ऽऽ ऽ | ऽ ऽ ऽ स | प ने ऽऽ ऽ

म ग मप म | ग स ग(प) प | म प — — | प —
लि ऽ एऽ ऽ | ऽ ऽ पि ऽ | रो ऽ ऽ ऽ | य ऽए रो, मैं तो

| पम प — — | — — — —
प्रेम–दीवानी, मेरा दरद न जाने— | कोऽऽ ऽ ऽ | ऽ ऽ ऽ य

प — स स | — प — प | स — * * | ग — स —
(स — | — — — प | ध -प म — | ग रे स —)
पार्श्व-संगीत :

प — स स | — प — प | स — * * | ग — स —

प — स स | — स ध — | ध — — — | — प प ध
दि ल | ऽ डू ऽ ऽ | बा ऽ ऽ ऽ | ऽ ऽ ता ऽ

स — प पध | प म म म | म प गम — | ग ग — ग
ऽ ऽ ऽ रेऽ | ऽ ऽ मु र | झा ऽ ऽऽ ऽ | ऽ ए ऽ ऽ

— — स स | ध प — ध | प म पध प | — मग ग -म
* * सि स | ऽ क ऽ सि | स ऽ कऽ ऽ | ऽ गऽ ई ऽऽ

बाँसुरी : स ग ग — म प — ध नि —
म प — — | — — — — | — — * * | * * * *
रै ऽ ऽ ऽ | ऽ ऽ ऽ ऽ | ऽ न ऽ * | * * * *

सं — —)
* * * नि | सं — सं — | नि सं रें गं | गं — सं —
* * * बै | ऽ ऽ ठी ऽ | सू ऽ ऽ ऽ | ना ऽ ऽ ऽ

— — — प | ग सं — सं | सं रें नि संनि | — ध — प
ऽ ऽ * प | ऽ थ ऽ नि | हा ऽ ऽ ऽऽ | ऽ रूँ ऽ ऽ

— — ध ध | — नि सं रें | संनि रेंसं सं — | ध नि प ध
ऽ * झ र | ऽ झ र ऽ | बऽ ऽऽ र ऽ | स ऽ त ऽ

मप म — — | — — ग म | पध प स रे | — नि रे स
नैऽ ऽ ऽ ऽ | ऽ ऽन सितार : |

प़ — नि़ स | ग म प नि | नि प — पनि | प पनि नि —
| | दुऽ | नि याऽ ऽ ऽ

निसं निसं — — | — सं सं — | — — नि सं | नि सरें रें सं
केऽ ऽऽ ऽ ऽ | ऽ स ब ऽ | * * स प | ऽ नेऽ ऽ ऽ

नि सं — नि | धनि ध पध प | म — — प | ध नि सं —
जा ऽ ऽ ऽ | गेऽ ऽ ऽऽ ऽ | ऽ ऽ ऽ भा | ऽ ग ह ऽ

प	ध	प	सं	नि	धनि	ध	प	प	—	—	—	—	—	—	—
मा	ऽ	ऽ	ऽ	ऽ	राऽ	ऽ	ऽ	सो	ऽ	ऽ	ऽ	ऽ	ऽय	*	*
—	—	पम	धप	—	मग	म	प	प	नि	सं	—	सं	—	—	—
*	*	ओऽ	ऽऽ	ऽ	बेऽ	ऽ	ऽ	द	र	ऽ	ऽ	दी	ऽ	ऽ	ऽ
—	—	—	नि	सं	नि	प	प	म	ग	मप	म	म	—	ग	—
ऽ	ऽ	ऽ	जी	ऽ	व	ऽ	न	बा	ऽ	ऽऽ	ऽ	ती	ऽ	ऽ	ऽ
—	—	स	म ग	—	म	पध	प	म	ग	मप	म	ग	स	न म	प
ऽ	ऽ	प	ल	ऽ	प	लऽ	ऽ	व्या	ऽ	ऽऽ	ऽ	कु	ऽ	ल	ऽ
म	प	—	—	—	—										
हो	ऽ	ऽ	ऽ	य	*										

ए री, मैं तो प्रेम–दीवानी, मेरा दरद न जाने कोय। ऐ री, मैं तो प्रेम–दीवानी, मेरा दरद न जाने—

स — — — | ध — — | — — — —
बाँसुरी :

म	—	प	—	—	—	*	*	*	*	*	ग	—	प	म	प
को	ऽ	ऽ	ऽ	ऽ	य	*	*	*	*	*		पार्श्व–संगीत :			
गम	पम	ग	—	सं	नि	ध	—	प	—	—,	गं	—	पं	मं	पं
							बाँसुरी :								
गंम	पंमं	गं	—	सं	—	ध	—	प	—	—	—	सं	—	—	—
—	—	सं	रें	गं	गं	—	रें	गं	—	—	—	गं	—	में	रें
		माँ	ऽ	ऽ	ग	ऽ	सिं	दू	ऽ	ऽ	ऽ	र	ऽ	स	ऽ
रेंगं	रें	रें	सं	सरें	सं	सं	नि	नि	सं	मंगं	मंगं	रें	रें	—	—
पऽ	ऽ	ट	ऽ	बऽ	ऽ	न	ऽ	जा	ऽ	ऽऽ	ऽऽ	ऽ	गे	ऽ	ऽ
—	—	—	—	—	—	—	—	—	—	—	रें	गं	रेंसं	—	सरेंसं
ऽ	ऽ	ऽ	ऽ	ऽ	ऽ	ऽ	ऽ	*	*	*	ला	ऽ	गीऽ	ऽ	अऽऽ
सं	नि	ध	—	नि	प	प	सं	ध	—	सं	—	—	—	—	—
ग	ऽ	न	ऽ	ऽ	च	हुँ	ऽ	ओ	ऽ	ऽ	ऽ	ऽ	ऽ	ऽ	ऽ

— — — — | — — — — | — — प सं | — सं — सरें
ऽ ऽ ऽ ऽ | ऽ र * * | * * रू ऽ | ऽ ठ ऽ गऽ

सं नि संनि ध | धनि ध प — | — — प नि | ध पध प म
ई ऽ ऽऽ ऽ | हाऽ ऽ ऽ ऽ | ऽ * थों ऽ | ऽ कीऽ ऽ ऽ

म प गम म | रे — स — | — — — स | म — म —
मे ऽ हँऽ ऽ | दी ऽ ऽ ऽ | * * * टू | ऽ ऽ टी ऽ

म प ग म | ग म — -प | म प — — | — — — —
म ऽ न ऽ | ऽ कीऽ ऽऽ | डो ऽ ऽ ऽ | ऽ ऽ ऽ र

— — पनि प | — पनि नि — | निसं निसं — — | सं — सं —
* * मेऽ रो | ऽ मऽ न ऽ | मोऽ ऽऽ ऽ ऽ | ह ऽ न ऽ

— — सनि स | नि सं रें सं | नि सं — नि | धनि ध पध प
ऽ ऽ आऽ ऽ | यो ना ऽ स | खी ऽ ऽ ऽ | रीऽ ऽ ऽऽ ऽ

म — प ध | — नि सं — | प ध प सं | नि ध — प
ऽ ऽ रो ऽ | ऽ रो ऽ ऽ | नै ऽ ऽ ऽ | ऽ ना ऽ ऽ

(बाँसुरी : पम गम प नि ध प मप म ग)
प — — — | — — * * | * * * पम | धप मग म —
खो ऽ ऽ ऽ | ऽ य * * | * * * घाऽ | ऽऽ यऽ ल ऽ

प नि स — | सं — सं — | — — — नि | सं नि प पम
की ऽ ऽ ऽ | ग ऽ ति ऽ | ऽ ऽ * घा | ऽ य ऽ लऽ

(ग — — — ध —)
म ग मप म | म ग — — | — — ध — | — नि सं —
जा ऽ ऽऽ ऽ | ने ऽ ऽ ऽ | * * के ऽ | ऽ जि न ऽ

प नि प — | प म पध प | म ग मप म | ग —
ला ऽ ऽ ऽ | गी ऽ ऽऽ ऽ | हो ऽ ऽऽ ऽ | ऽ य ए री, मैं तो

प्रेम-दीवानी, मेरा दरद न जाने कोय। ए री, मैं तो प्रेम-दीवानी, मेरा दरद न जाने—

पम प — — — — — — — — — —
कोऽ ऽ ऽ ऽ ऽ ऽ ऽ ऽ ऽ ऽ ऽ य

बता दो कोई कौन गली

फिल्म 'मधु'

गीत

बता दो कोई कौन गली गये शाम।
झूठा धीरज आस दिलाकर,
अचक अचानक बाँह छुड़ाकर।
वो तो गये हाए,
वो तो गये रह गए यहाँ हम हाय कलेजा थाम॥
वो छलिया निकले हरजाई,
जिन संग हमने प्रीत निभाई।
रोवत आये भोर हमारी, रोवत जाये शाम।
ऐसे भाग हमारे फूटे, आज तेरे सपने भी रूठे।
बेदर्दी तेरा क्या बिगड़ा मेरी प्रीति फिरे बदनाम॥

(ठेका बन्द)

प़ — सा ग प साँप — — प़ — सा ग प साँप — —
* * * * * * * * * * * * * * * *

(ठेका शुरू)

× | × | × | ×
गं — — — | — — — — | — निप -ध नि | ध — पमं पध
* सा ग प | नि सां गं रें | सां * * * | * म प ध

पार्श्व संगीत

प — गम पमं | प — — — | — — — प | पध धसां सांनि धनि,ध
प ग सा — | * म प नि | ध प — ब | ताऽ दोऽ कोऽ ईऽऽ

ध म
— पमं -प -ध | पमं प गग मग | प — प
ऽ कोऽ ऽन ऽग | लीऽ ऽ ऽग येऽ | शा ऽ म बतादो कोई कौन गली गए

सा ग प नि | सां | नि | ग
प — — * | * निध,नि -सां रें | निसांधध -प मं | पमं धन ग म
शा ऽ ऽम * | * कौऽऽ ऽन ग | लीऽ ऽऽ ऽग ये | शाऽ ऽऽ ऽम ब

पध धसां गम पध निसां रेंसां सांगं
ताऽ दोऽ कोई कौन गली गये शाम :— वाद्य संगीत

प
रें -सां निसां ध | — म -प -नि | ध -प मध — | प -ध सां
| | | झू ऽठा ऽ

नि ध
सां — सां सां | — निसां,नि -ध प | पध पध,निनि — | — मम -ध ध
धी ऽ र ज | ऽ आऽऽ ऽस दि | लाऽ ऽऽऽ कर ऽ | ऽ अच ऽक अ

धसां धसां धध म | — गरे,ग -प प | प — प प | — प -ध सां
चाऽ ऽऽ ऽन क | * बांऽऽ ऽह छु | ड़ा ऽ क र | * झू ऽठा ऽ

सां — सां सां | पध धसां -सां -सां | रेंसां निरें सांनि ध | —
धी ऽ र ज | ऽऽ आऽ ऽस ऽदि | लाऽ ऽऽ ऽऽ कर | ऽ अचक अचानक

म -ध -प | ध — धनि॒,ध प | — पध -ध सानि
बाँह छुड़ा कर :— वो ऽतो ऽग | ये ऽ हाऽऽ ए | * बोऽ ऽतो ऽग

सां -नि ध धप | धसां सां -नि निरें,सां | नि — नि नि | सारें सारें -,सारें सांनि
ये ऽऽ र हऽ | गऽ ये ऽऽ यऽऽ | हां ऽ ह म | हाऽ ऽऽ ऽयऽ ऽक

| (सा ग प सां | नि) |
धनि धनि —,धनिधप | प — — * | * निध,नि -सां रें | निसां ध,निध -प म॑
लेऽ ऽऽ ऽजाऽ ऽऽ | था ऽ ऽम * | * कोऽऽ ऽन ग | लीऽ ऽऽऽ ऽग ये

म
प म॑ धप ग म | | प — पम गरे
शाऽ ऽऽ ऽम ब | ता दो कोई कौन गली गये :— | शा ऽम आर्केस्ट्रा

नि॒ सा गम पनि | सां — निध,नि गम | प सां नि प | — निसां -नि॒ प
| | | वोऽ ऽछ लि

प — प प | प मप,म-प सां | — निसां -नि॒ प | — परें -सां रें
या ऽ नि क | ले ऽऽऽ ऽह र | ऽ जाऽ ऽई ऽ | ऽ जिन ऽसं ग

सां | | ध |
नि सां नि॒ प | निसां रें — सां | निसां नि सां — | — निसां -नि॒ प
ह म ने ऽ | प्रीऽ ऽ ऽत नि | भाऽ ऽ ई ऽ | ऽ वोऽ ऽछ लि

प — प प | पध धम -प सां | — निसां -नि॒ प | —
या ऽ नि क | लेऽ ऽऽ ऽहर ऽ | ऽ जाऽ ऽई ऽ | ऽ जिन संग हमने

| निसां -रें सां | रें — रें — | — रें,गरें -सां -नि
प्रीत निभाई :— | रोऽ ऽव त | आ ऽ ये ऽ | * भोऽऽ ऽर ऽह

			वाद्य सं०—(सा ग प नि
सां रें रें —	— रेंग -रें गं	सां रेंम,ग रेंसां नि	सां — — —
मा ऽ री ऽ	ऽ रोऽ ऽव त	जा ऽऽऽ ऽये ऽ	शा ऽ ऽ ऽम

सां)		ध म	
* निध,नि -सां रें	निसां ध,निध -प म	पम प ग म	पध धसां
* रोऽऽ ऽव त	जाऽ ऽऽऽ ऽये ऽ	शाऽ ऽ ऽ ब	ताऽ दोऽ कोई कौन

	प — — —	— ग -ग -,गप	रे सा -ग -प
गली गये :—	शा ऽ ऽम *	* की ऽन गऽ	ली ऽ ऽग ऽये

पनि ध,निध पध निध	पध,प मप ग म	पध धसां
शाऽ ऽऽऽ ऽऽ ऽऽ	ऽऽऽ ऽऽ ऽम ब	ताऽ दोऽ कोई कौन गली गये शाम :—

सा ग — म प	सां नि — सां	प सां नि पम
आर्केस्ट्रा		

म — पनि प	— पसांनिसां -नि प	प — प प	पम,म — -प सां
	ऐऽऽऽ ऽसे ऽ	भा ऽ ग ह	माऽऽ ऽ ऽरे ऽ

		सां रें	
— निसां -नि प	— परें -सां रें	नि सां नि प	निसां रें -मं रेंसां
ऽ फूऽ ऽटे ऽ	ऽ आऽ ऽज ते	रे ऽ स प	नेऽ ऽ ऽऽ भीऽ

— सांनिधनि -सां —	— निसां -नि प	प — प प	पध धम -प सां
ऽ रूऽऽऽ ऽठे ऽ	ऽ ऐऽ ऽसे ऽ	भा ऽ ग ह	माऽ ऽऽ ऽरे ऽ

—	निसां -रें सा	रें — रें रेंसां
ऽ फूटे, आज तेरे सपने भी रूठे :—	बेऽ ऽद र	दी ऽ ते राऽ

— रें,गरें -सां नि	सां निसां,रें रें रें	— रेंगं -रें गं	सां रेंमं,गं रेंसां नि
* क्याऽऽ ऽबि ग	ड़ा ऽऽऽ मे री	ऽ प्रीऽ ऽत फि	रे ऽऽऽ ऽब द

वाद्य संगीत——

(सा ग प नि सां)			ध म
सां — — —	* निध,नि -सां रें	निसां ध,निध -प म	पम प ग म
ना / ऽ ऽ ऽम	* प्रीऽऽ ऽत फि	रेऽ ऽऽऽ ऽब द	नाऽ ऽ ऽम ब

पध, धसां

ताऽ दोऽ कोई कौन गली गये शाम। कौन गली गये शाम॥

मुझे मिल गया बहाना

फिल्म : बरसात की रात

मुझे मिल गया बहाना तेरी दीद का!
कैसी खुशी लेके आया चाँद ईद का!!

जुल्फ़ मचलके खुल-खुल जाए,
चाल में मस्ती घुल-घुल जाए!
ऐसी खुशी आज मिली, आज मिली ऐसी खुशी!
आँखों में नाम नहीं नींद का!
जागती आँखें बुनती हैं सपने,
तुझको बिठाके पहलू में अपने!
दिल की लगी ऐसी बढ़ी, ऐसी बढ़ी दिल की लगी,
आँखों में नाम नहीं नींद का!
आते ही तेरे चटकी हैं कलियाँ,
दिल बन-बन के धड़की हैं गलियाँ!
ऐसी सजी रात मेरी, रात मेरी ऐसी सजी,
आँखों में नाम नहीं नींद का!

दादरा ताल

× ×× ×
सांनिसारें सां,धम, | निधनिसां नि,प ग, | धधधनि ध,मसा रे | मध सांध मरे
आर्केस्ट्रा!

सा —
साम पध निसां | म -प धनि | ग -म पध | रे गरे सा
सारें सारें सारें | सांमं सां निगं | नि धरें ध | गरें निरें सांनिधप

म -ध — | सां] -प धप | म गम पध,प | मग,म -ग रे
|] *मु झेऽ | मिल गया बऽऽ | हाऽना ऽते री

— म पध | (प) म,पध धप | म गम पध,प | मग,म -ग रे
ऽ दी दऽ | का ऽमुऽ झेऽ | मिल गया बऽऽ | हाऽना ऽते री

— म पध | धपम पम रे | रे मम मप | पनि निध पध
ऽ दी ऽद | काऽऽ ऽऽ ऽ | कै सीखु शीऽ | लेऽ केआ याऽ

धम — — | * म पध | धपमप म,पध धप | म गम पधप
चाँऽ ऽ ऽद | * ई दऽ | काऽऽऽ ऽमुऽ झेऽ | मिल गया बऽऽ

प ध
मग,म -ग रे | — म पध | धपमप म,पध धप | म गम प
हाऽना ऽते री | * दी दऽ | काऽऽऽ ऽमुऽ झेऽ | मिल गया ब
(ठेका बंद) (ठेका प्रारंभ)

ध ध
मप -म प | म मम — | [मप धसां म | पध —,ध गरें
हाना ऽते री | दी दका ऽ | ऑर्केस्ट्रा : |

सारें मध सां, | मप धसां म | सांध —,ध गरें | सांध धप म,

नि
सांध मसां ध | निप गनि प | धपमग रेसारेम पधनिसां, धपमपधध ध

ध
(म) -प —। —] सांनि धप | धप मम — | मम -प प
] जुल्ऽ फ़म | चलऽ ऽके ऽ | खुल ऽखु ल

ध
म -म — | धसां सांनि धप | धप,म -म — | मम -प प
जा ऽए ऽ | होऽ जुल्ऽ फ़म | चलऽऽ ऽके ऽ | खुल ऽखु ल

म -म — | नि नि सारें | निसां नि,धप म | मम -प प
जा ऽए ऽ | * चा लमें | मस् ऽतीऽ ऽ | घुल ऽघु ल

प
नि -ध प | धप धम म | म -म — | सां रेंगं रें
जान ऽए ऽ | घुल ऽघु ल | जा ऽए ऽ | ऐ सीखु शी

— (—) (—) | सां धसां सांध, | धप,म पध सां | सां रेंगं रें
ऽ ऽ ऽ | आ जमि लीऽ | * * * | आ जमि ली

नि
सां धसां सांध | धसां सांगं रेंसां | ध धप प,धप | म प ध
ऐ सीखु शीऽ | आँऽ खोंऽ मेंऽ | ना मन हींऽऽ | ऽ नीं द

धपमप -ध धप
काऽऽऽ *मु झेऽ मिल गया बहाना तेरी दीद का! कैसी खुशी लेके आया चाँद ईद का! मुझे मिल गया बहाना तेरी दीद का!

[सां रेंमं — | — गरें सांध
आॅर्केस्ट्रा :

सां गरें सांध, | सारें -सां मं | सां, सांनि धप | म -प —
ध]

(दूसरे अंतरे की पहली तीन पंक्तियाँ पहले अंतरे की पहली तीन पंक्तियों के समान ही गाई जाएँगी। तत्पश्चात् अंतिम पंक्ति इस प्रकार-गाई जाएगी—)

सां रेंगं रें | — (—) (—) | सां धसां सांध, | धप,म पध सां,
दिल कील गी | ऽ ऽ ऽ | ऐ सीब ढ़ीऽ | * * *

सां रेंगं रें | सां धसां सांध | धसां सांगं रें-गं | सां सांध ध
ऐ सीब ढ़ी | दिल कील गीऽ | आँऽ खोंऽ मेंऽऽ | ना मन हीं

ध ध ध | धपमप -ध धप |
ऽ नीं द | काऽऽऽ *मु झेऽ | मिल गया बहाना ......तेरी बहाना तेरी दीद का!

(पहले अंतरे से पूर्व का आर्केस्ट्रा बजाने के पश्चात्—)

धसां,नि धप | पध, मम — | मम पप प | मम -म —
आऽऽ तेही | तेऽऽ ऽरे ऽ | चट ऽकी हैं | कलि ऽयाँ ऽ

— धसां,ध धम | म —,पध प | म सांनि धप | पध,प मम —
* आऽऽ हाऽ | हा ऽहाऽ ऽ | ऽ आऽ तेही | तेऽऽ ऽरे ऽ

मम -प प | मम -म — | नि निनि सारें | निसां नि,धप म
चट ऽकी हैं | कलि ऽयाँ ऽ | * दिल बन | बन ऽकेऽ ऽ

मम -प प | निनि -ध प | धप ध,पम म | मम -म —
धड़ ऽकी हैं | गलि ऽयाँ ऽ | धड़ ऽकीऽ हैं | गलि ऽयाँ ऽ

सां रेंगं रें | — (रें) (रें) | सां धसां सां | धप,म पध सां
ऐ सीस जी | ऽ ऽ ऽ | रा तमे री | * * *

सां	रेंगं	रें	सां	धसां	सांध	धसां	सांगं	रेंसा	ध	धप	प ध,प
रा	तमे	री	ऐ	सीस	जीऽ	आँऽ	खोंऽ	मेंऽ	ना	मन	हींऽऽ

		नि				
म	प	ध	प	-ध	धप	
ऽ	नीं	द	का	ऽमु	झेऽ	मिल गया बहाना ....!

गरजत बरसत

—फिल्म : बरसात की रात

गरजत, बरसत सावन आयो रे!
लायो न संग में हमरे बिछड़े बलमवा, सखी का करूँ हाए!
रिमझिम-रिमझिम मेहा बरसे, तरपे जियरवा मीन-समान।
पड़ गई फीकी लाल चुनरिया, पिया नहीं आए!
पल-पल, छिन-छिन पवन-झकोरे, लागे तन पर तीर समान।
नैनन जल सों गीली कजरिया, अगन लगाए!

तीनताल

×				2				०				3			
								म	म						
								रे	रे	प	प	प	प	धम	प
								ग	र	ज	त	ब	र	सऽ	त
धनि,सं	-नि	ध	प	ग	पध,प	म	गम	म	नि	ध	प	ग	प	म	—
साऽऽ	ऽऽ	व	न	आ	योऽऽ	रे	ऽऽ	ला	ऽ	यो	न	सं	ग	में	ऽ
														ग	रे
ग	रे	ग	—	ग	मप	गम	रे	नि	रेग,रे	सा	—	—	—	म	ग
ह	म	रे	ऽ	बि	डऽ	ड़ेऽ	ब	ल	मऽऽ	वा	ऽ	*	*	स	खी
								म	म						
म	नि	ध	प	मपगम	—	ग	म	रे	रे	प	प	-प	प	धम	प
का	ऽ	क	रूँ	हाऽऽऽ	ऽ	ऽ	ऽए	ग	र	ज	त	*ब	र	सऽ	त
								म	म						
धनि,सं	-नि	ध	प	ग	पध,प	म	गम	रे	रे	प	प	-प	प	धम	प
साऽऽ	ऽऽ	व	न	आ	योऽऽ	रे	ऽऽ	ग	र	ज	त	*ब	र	सऽ	त

धनि,सं — सं सं | — सं सं सं | सरें,ग -रें गं मं | गंगं रेंगं सं नि
साऽऽ ऽ व न | * आ यो रे | साऽऽ ऽऽ व न | आऽ ऽऽ यो ऽ

म म म
धनि निसं -ध प | ग पध,प म गम | रे रे प प | -प प धम प
ऽऽ साऽ ऽव न | आ योऽऽ रे ऽऽ | ग र ज त | *ब र सऽ त

धनि,सं — सं सं | — — [प रें रें रेंरें -रें रेंरें सं — पम धम
साऽऽ ऽ व न | * * पार्श्व-संगीत :

म — — ग | रे — — — | पप — — रेंसं | ध नि॒ध प —]

प प प प | प प सं ध | सं — सं — | नि रें सं नि
रि म झि म | रि म झि म | मे ऽ हा ऽ | ब र से ऽ

प प प प | प प सं ध | सं — सं — | — -नि प प
रि म झि म | रि म झि म | मे ऽ हा ऽ | ऽ ऽऽ ब त

सं
सं — — — | — — प प | पध नि॒ — ध | नि॒ — म
से ऽ ऽ ऽ | * * ब र | सेऽ ऽ ऽ ऽ | ऽ ऽ हा

प प प प | प प सं ध | सं — सं — | नि रें सं
रि म झि म | रि म झि म | मे ऽ हा ऽ | ब र से

सं सं सं सं
ध ध ध ध | सं सं सं — | संनि रेंसं सं सं | धनि धनि प धप
त र पे जि | य र वा ऽ | मीऽ ऽऽ न स | माऽ ऽऽ ऽ नऽ

म
मम रे पप म | प -ध म प | धनि,सं -नि ध प | ग पध,प म गम
पऽ ड़ गऽ ई | फी ऽऽ की ऽ | लाऽऽ ऽऽ ल चु | न रिऽऽ या ऽऽ

न
म मनि॒ -ध प | मपगम — ग म |
पि याऽ ऽन हीं | आऽऽ ऽ ऽ ए | गरजत, बरसत सावन आयो रे। गरजत, बरसत—

धनि,सं — सं सं | — —
सांऽऽ ऽ व न | * *

(प्रथम अंतरे से पूर्व का पार्श्व-संगीत बजाया जाने के पश्चात्)

प प प प	प प स ध	सं सं सं सं	निसं,नि रें- सं —
प ल प ल	छि न छि न	प व न झ	कोऽऽ ऽऽ रे ऽ

सं			
ध नि॒ध प प	नि॒ धध म प	सं सं सं सं	निसं,नि रें सं —
प लऽ प ल	छि नऽ छि न	प व न झ	कोऽऽ ऽ रे ऽ

रें	मं		
सरें गं गं -मं	रें रें सं सं	निसंनि रें सं सं	धनि॒ धनि॒ प प
लाऽ ऽ गे ऽऽ	त न प र	तीऽऽ ऽ र स	माऽ ऽऽ ऽ न

— प — नि॒	ध निसं — सं	पप मम रेम प	धनि सं सं सं
* ती ऽ र	स माऽ ऽ न	आऽ ऽऽ ऽऽ ऽ	ऽऽ ऽ स खी

लागे तन पर तीर समान—

			म
म रे प म	प प म प	धनि,सं -नि ध प	ग पध,प म गम
नै ऽ न न	ज ल सों ऽ	गीऽऽ ऽऽ ली क	ज रिऽऽ या ऽऽ

म मनि॒ -ध प	मपगम— ग म	
अ ऽग ऽन ल	गाऽऽऽऽ ऽ ए	गरजत, बरसत सावन आयो रे

लायो न संग में हमरे बिछड़े बलमवा। सखी का करूँ हाए! गरजत, बरसत—

गं — गंमं रें	सं नि रें सं	— पनि सरें संसं	नि॒ — म प
सा ऽ ऽऽ व	न आ ऽ यो	* लाऽ ऽऽ योऽ	न ऽ ऽ ऽ

सं सं नि स	नि॒ नि॒ ध नि॒	ध ध प ध	प प म मध
* सं ग में	* ह् म रे	* बि छ ड़े	* ब ल म

धप मध पम रे	सा रे म प	ध नि॒ ध संनि॒धनि॒	— ध ह प
वाऽ ऽऽ ऽऽ ऽ	स खी का ऽ	क रूँ ऽ हाऽऽऽ	ऽ ऽए रे ऽ

सं — — —	— — — —
हा ऽ ऽ ऽ	ऽ ऽ ऽ ऽए

न तो कारवाँ की

—फिल्म : बरसात की रात

न तो कारवाँ की तलाश है,
न तो हमसफर की तलाश है।
मेरे शौक़े ख़ाना-ख़राब को,
तेरी रहगुजर की तलाश है॥
मेरी नामुराद जुनून का है
इलाज कोई तो मौत है।
जो दवा के नाम पे जहर दे,
उस चारागर की तलाश है॥

ऩि
ग़ — — — — — रेसा — — — — — — — सा — — ऩिसा
आ ऽ ऽ ऽ ऽ ऽ ऽऽ ऽ ऽ ऽ ऽ ऽ ऽ ऽ ऽ * * आऽ
(ठेका बंद)

गम पनि सां — — — — रेंसां नि॒ — — सांनि,सां — गरें,गं — —
ऽऽ ऽऽ ऽ ऽ ऽ ऽ ऽ ऽऽ ऽ ऽ ऽ ऽऽऽ ऽ ऽऽऽ ऽ ऽ

ऩि
— — — — — सांसांगंगं पंमंगरें सांनि॒धप मगरेसा सा — नि॒नि॒ नि॒ध, नि॒
ऽ ऽ ऽ * * आऽऽऽ ऽऽऽऽ ऽऽऽऽ ऽऽऽऽ ऽ * आऽ ऽऽ ऽ

ध
धनि॒,- धप — धप म प मग — — — म ग ग नि॒ ध नि॒ ध प प —
ऽऽऽ ऽऽ ऽ ऽऽ ऽ ऽ ऽऽ ऽ * * न ऽ तो का ऽ र वाँ ऽ की ऽ

कहरवा ताल

×				०				×				०			
प	प	—	प	मंप	धपं	म	ग	म	नि॒	ध	नि॒	ध	प	प	—
त	ला	ऽ	श	हैऽ	ऽऽ	न	ऽ	तो	का	ऽ	र	वाँ	ऽ	की 'ऽ	
									नि						
प	प	—	प	मंप	धप	म	ग	म	ध	—	ध	ध	नि	सां	नि
त	ला	ऽ	श	हैऽ	ऽऽ	न	ऽ	तो	हम	ऽ	स	फ़	र	की	ऽ
सां	ध	नि॒	ध	प	—	म	ग	म	नि॒	ध	नि॒	ध	प	नि	—
त	ला	ऽ	श	है	ऽ	न	ऽ	तो	का	ऽ	र	वाँ	ऽ	आ	ऽ

— — — निरें,सां	ध प म ग	म नि ध नि	धनि -नि नि नि
ऽ ऽ ऽ ऽऽऽ	ऽ ऽ न ऽ	तो का ऽ र	बाँका पर वाँ की

निनि -नि सां नि	सां नि सां म	ग नि ध नि	ध प प —
तला ऽश है न	तो न तो न	तो का ऽ र	वाँ ऽ की ऽ

नि ध प, नि	ध प म ग	म नि ध नि	ध प प मप
आ ऽ ऽ ऽ	ऽ ऽ न ऽ	तो का ऽ र	वाँ ऽ की आऽ

धनि सारें सांनि सारें	निसां सां म ग	म नि ध नि	ध प नि नि
ऽऽ ऽऽ ऽऽ ऽऽ	ऽऽ ओ न ऽ	तो का ऽ र	वाँ ऽ न तो

— नि — नि	नि — सां नि	— निनि सां नि	सां — — रेंसां
ऽ का ऽ रें	वाँ ऽ की ऽ	ऽ तला ऽ श	है ऽ * नऽ

नि निसां रें रें	सां नि सां नि	सां धसां निनि ध	प नि नि नि
तो हमऽ ऽ स	फ़ र की ऽ	त लाऽ ऽऽ श	है अ ब न

प सां सारें निसां
अ ब नऽ ऽऽ

सां

नि निसां रें रें	सां नि सारें निसां	सां ध नि ध	प — * *
तो हमऽ ऽ स	फ़ र कीऽ ऽऽ	त ला ऽ श	है ऽ * *

प नि सां	रें — प नि
हे हे हे	हे ऽ हे हे

ध

नि निसां रें रें	सां नि सां —	* * * *	नि सां सारें नि
तो हमऽ ऽ स	फ़ र की ऽ	* * * *	हे हे नऽ ऽ

नि निसां रें रें	सां नि सारें सां	— प नि सां	सां रें सां नि
तो हमऽ ऽ स	फ़ र कीऽ ऽ	ऽ आ ऽ ऽ	ऽ ऽ न ऽ

रें प प म	प नि नि नि	सां रें सां नि
आ ऽ ऽ ऽ	ऽ ऽ ऽ ऽ	ऽ ऽ ऽ ऽ

नि निसां रें रें	सां नि सां —	* * * *	* * * *
तो हमऽ ऽ स	फ़ र की ऽ	* * * *	* * * *

नि निसां रें रें | सां नि सरिं निसां | सां धसां निनि ध | प — म ग
तो हमऽ ऽ स | फ़ र कीऽ ऽऽ | त लाऽ ऽऽ श | है ऽ मे ऽ

म नि ध नि | ध प प — | प प — प | मंप धप म ग
रे शौ ऽ क़े | ख़ा ऽ ना ऽ | ख़ रा ऽ ब | कोऽ ऽऽ मे ऽ

रे
म नि ध नि | ध प प — | प मंप सां ध | म — ग ग
रे शौ ऽ क | ख़ा ऽ ना ऽ | ख़ राऽ ऽ व | को ऽ ते री

— म ध ध | ध नि सां नि | सां ध नि ध | प —
* र ह गु | ज र की ऽ | त ला ऽ श | है ऽ मेरे

शौकेंख़ाना-ख़राब को तेरी रहगुज़र की तलाश है— म ग
मे ऽ

| प — — — | — — म —
| आ ऽ ऽ ऽ | ऽ ऽ ऽ ऽ

म नि ध नि | ध प प — | प प — प | प — * *
रे शौ ऽ क़े | ख़ा ऽ ना ऽ | ख़ रा ऽ ब | को ऽ * *

प
म — ग प | — — — — | — — — मंप | ध प ध —
ऽ ऽ ऽ ऽ | ऽ ऽ ऽ ऽ | ऽ ऽ ऽ आऽ | ऽ ऽ ऽ ऽ
* * * * | * * * * | * * * * | * * * *
* * * * | * * * * | * * * * | * * * *

ग — — — | — — पमगरे ग | ध — — — | — — — —
ऽ ऽ ऽ ऽ | ऽ ऽ ऽऽऽ ऽ | ऽ ऽ ऽ ऽ | ऽ ऽ ऽ ऽ

— निधपम गम पध | नि प नि नि | — नि — नि | नि — नि नि
* आऽऽऽ ऽऽ ऽऽ | ऽ ऽ मे री | ऽ ना ऽ मु | रा ऽ द ज

सांनि धनि सां नि | सां — सां नि | नि निसां रें रें | सां नि सां नि
नूऽ ऽऽ ऽ न | का ऽ है ऽ | इ लाऽ ऽ ज | को ऽ ई ऽ

सां ध नि धप | प नि नि नि | नि निसां रें गरिं | सां नि सां नि
तो मौ ऽ तऽ | है अ ब है | इ लाऽ ऽ जऽ | को ऽ ई ऽ

| सां सां सरिं निसां | धनि
| अ ब हैऽ ऽऽ | इऽ

सां ध नि̱ धप | प — * * | * निसां रें रें | सां नि सां नि
तो मौ ऽ तऽ | है ऽ * * | * लाऽ ऽ ज | को ऽ ई ऽ

सां प सां सां | सारें निसां धनि — | नि निसां रें रें | सां नि सां नि
तो मौ ऽ त | हैऽ ऽऽ ऽऽ ऽ | इ लाऽ ऽ ज | को ऽ ई ऽ

रें नि
आ ऽ

सां प सां सां | सारें निसां धनि — | नि निसां गरें रे | सां नि सां —
तो मौ ऽ त | हैऽ ऽऽ ऽऽ ऽ | इ लाड ऽऽ ज | को ऽ ई ऽ

सां — — — | — — — — | — — — — | — — — —
ऽ ऽ ऽ ऽ | ऽ ऽ ऽ ऽ | ऽ ऽ ऽ ऽ | ऽ ऽ ऽ ऽ
* * * * | * * * * | * * * * | * * * *
* * * * | * * * * | * * * * | * * * *

नि प — — | — — प नि | सां — — — | — — नि प
ऽ ऽ ऽ ऽ | * * आ ऽ | ऽ ऽ ऽ ऽ | ऽ ऽ ऽ ऽ

सां — — — | — — नि प | नि — प सां | — नि रें नि
ऽ ऽ ऽ ऽ | ऽ ऽ ऽ ऽ | ऽ ऽ ऽ ऽ | ऽ ऽ ऽ ऽ

सां — — — | — — सां नि | नि निसां रें रें | सां नि सां नि
ऽ ऽ ऽ ऽ | ऽ ऽ है ऽ | इ लाऽ ऽ ज | को ऽ ई ऽ

सां
सां ध नि̱ ध | प — म ग | म नि̱ ध नि̱ | धध प प प
तो मौ ऽ त | है ऽ जो ऽ | द वा ऽ के | नाऽ ऽ म पे

— प प प | म॑प धप म ग | म नि̱ ध नि̱ | धध प प प
* ज ह र | देऽ ऽऽ जो ऽ | द वा ऽ के | नाऽ ऽ म पे

— प सां ध | म — ग ग | — म ध ध | ध नि सां नि
* ज ह र | दे ऽ उ स | * चा ऽ रा | ग र की ऽ

सा ध नि̱ ध | प — म ग | म नि̱ ध नि̱ | धध प प प
त. ला ऽ श | है ऽ जो ऽ | द वा ऽ के | नाऽ ऽ म पे

— — |
ऽ ऽ |

मैंने शायद तुम्हें!

फिल्म : बरसात की रात

मैंने शायद तुम्हें पहले भी कहीं देखा है!
अजनबी-सी हो, मगर ग़ैर नहीं लगती हो,
वहम से भी जो हो नाज़ुक वो यक़ीं लगती हो।
हाए ये फूल-सा चेहरा, ये घनेरी ज़ुल्फ़ें,
मेरे शेरों से भी तुम मुझको हसीं लगती हो।
देखकर तुमको किसी रात की याद आती है,
एक खामोश मुलाक़ात की याद आती है।
ज़हन में हुस्न की ठंडक का असर जागता है,
आँच देती हुई बरसात की याद आती है।
जिसकी पलकें मेरी आँखों पे झुकी रहती हैं,
तुम वही मेरे ख़यालों की परी हो कि नहीं।
कहीं पहले की तरह फिर तो न खो जाओगी,
जो हमेशा के लिए हो, वो खुशी हो कि नहीं।

प — ग — रे — — सा — रे — — — — — — — सा — प
आर्केस्ट्रा :

नि
— म — ग — म — — गम नि ध ध सां — — — म ध

नि
नि सां — सांसां — नि प प म म ग ग — — — पनि सारे
ग गग — ग — निप ग म ग — गग — प नि सा रे ग

सा रे
रे रे सा नि सा ग — सा ग गरे रेग,रे सा सा सा — सा
मैं ऽ नेऽ शाऽऽ ऽ य द ऽ तु

सा — — — रे रेम गम,ग -रे सा रे सारे,सा ध
म्हें ऽ * * प हऽ लेऽऽ ऽऽ भी क हींऽऽ ऽ

कहरवा ताल

× ० × ०

म
सा — — — | रे प ग रे | — — — सा | ग गरे रे सा
दे ऽ ऽ ऽ | खा ऽ है ऽ | ऽ ऽ * मैं | ऽ नेऽ शा ऽ

सा सा — सा | सा — — — | — — — — | — — — —
य द ऽ तु | म्हें ऽ ऽ ऽ | * * * * | * * * *

ग
— — — प | प प प धप | म ग म — | — म म मग
* * * अ | ज न बी ऽऽ | सी ऽ हो ऽ | * म ग रऽ

म ग नि़ नि़
मप,म — ग — | ग रे रे सा | सा सा सा सा | सा — सा —
ग़ैऽऽ ऽ ऽ ऽ | र न हीं ऽ | लं ग ऽ ऽ | ती ऽ हो ऽ

सा
प — — प | प प प धप | म — — म | म ग मप,म ग
* * * व | ह म से ऽऽ | भी ऽ * जो | हो ऽ नाऽऽ ऽ

ग ग नि (ग म
ग ग — — | रे रे रे सा | सा सा सा — | सा — सा —
जु क * * | वो य क़ी ऽ | ल ग ऽ ऽ | ती ऽ हो ऽ

प सां —)   नि
* * * प | सां सां सां नि | सां — — नि | धनि धध प —
* * * हा | ऽ ए ये ऽ | फू ऽ ऽ ल | साऽ ऽऽ ऽ ऽ

प प पध नि | नि ध धप प | मपगम — — ग | ग ग गरे रे
चे ह राऽ ऽ | ये ध नेऽ ऽ | रीऽऽऽ ऽ ऽ ऽ | जु ल् फेंऽ ऽ

सारे — — सा | ग गरे रेग,रे सा | सा — सा — | — रेसा नि प़
ऽऽ ऽ * मे | ऽ रेऽ शेऽऽ ऽ | रों ऽ से ऽ | ऽ भीऽ तुम ऽ

म
— — ग रे | सा रे सा ध़ | सा सा — — | रे प ग रे
* * मु झ | को ह सीं ऽ | ल ग ऽ ऽ | ती ऽ हो ऽ

— — — सा | ग गरे रे सा | सा सा — सा | सा —] प़ नि़
ऽ ऽ * मैं | ऽ नेऽ शा ऽ | य द ऽ तु | म्हें ऽ] आर्केस्ट्रा :

म
सा ग — रे | सा प म प | ग — — — | — प़ सा —
* रे ग — | * म प — | नि़ — सा |

प | — प प धप
दे | ऽ ख क रऽ

ग म ग
म ग म — | — म म ग | मप,म — ग — | ग रे रे सा
तु म को ऽ | * कि सी ऽ | राऽऽ ऽ ऽ ऽ | त की या ऽद

नि़ सा सा
सा — सा — | सा — सा — | प — — प | — प प धप
आ ऽ ऽ ऽऽ | ती ऽ है ऽ | * * * ए | ऽ क खा ऽऽ

ग म ग
म ग म — | — म म ग | मप,म — ग — | ग रे रे सा
मो ऽ श ऽ | * मु ला ऽ | क़ाऽऽ ऽ ऽ ऽ | त की या ऽद

नि़ (ग म प सां —)
सा — सा — | सा — सा — | * * * सां | सां सां सां —
आ ऽ ऽ ऽ | ती ऽ है ऽ | * * * ज़ | ह न में ऽ

नि नि सां नि | ध प — — | पध नि नि नि | नि ध ध प
ऽ हु स् न | की ऽ ऽ * | ठंऽ ऽ ड क | का अ स र

मपगम — — ग | ग ग ग रे | सारे — — सा | ग गरे रेग,रे सा
जाऽऽऽ ऽ ऽ ऽ | ग ता है ऽ | ऽऽ ऽ * आँ | ऽ चऽ देऽऽ ऽ

सा — — रेसा | नि़ प़ — — | रे म ग रे | सा रे सा ध़
ती ऽ ऽ हुऽ | ई ऽ * * | ब र सा ऽ | त की या ऽद

म
साध़,सा — — — | रे म ग रे | — — — सा | ग गरे रे सा
आऽऽ ऽ ऽ ऽ | ती ऽ है ऽ | ऽ ऽ * मैं | ऽ नेऽ शा ऽ

सा सा — सा | सा — —
य द ऽ तु | म्हें ऽ ऽ

दूसरे अंतरे से पूर्व का आर्केस्ट्रा बजाने के पश्चात्—

प
प | प प प धप | मग,म — — म | म ग ग मप
जि | स की प लऽ | कें ऽऽ मे | गी ऽ आँ ऽऽ

		नि़ नि़	
प म म ग	— रे रे सा	सा सा सा सा	सा — सा —
खों ऽ पे ऽ	* झु की ऽ	र ह ऽ ऽ	ती ऽ हैं ऽ

सा		प	
प — — प	-- प प धप	म ग म —	ग ग गम प
* * * तुम	ऽ व ही ऽऽ	मे ऽ रे ऽ	ऽ ख़ याऽ ऽ

			(ग म
प म म ग	— रे रे सा	सा — सानि़ सा	सा — सा —
लों ऽ की ऽ	* प री ऽ	हो ऽ किऽ ऽ	न ऽ हीं ऽ

प सां —)			नि
* * * सां	सां — सां नि	निसां सां — नि	ध ध ध प
* * * क	हीं ऽ पह ऽ	लेऽ ऽ ऽ ऽ	की त रह ऽ

म	नि		
प — पध नि	नि ध ध प	मपगम — — ग	ग — ग रेग,रे
ऽ ऽ फिऽरऽ	तो न खो ऽ	जाऽऽऽ ऽ ऽ ऽ	ओ ऽ गी ऽऽऽ

सारे — — सा	ग गरे रे सा	सा — सा —	— रेसा नि प़
ऽऽ ऽ * जो	ऽ हऽ मे ऽ	शा ऽ के ऽ	ऽ लिऽ ए ऽ

		नि़	म
प़सा — — —	ग रे सा रे	सा — — —	रे प ग —
होऽ ऽ * *	वो खु शी ऽ	हो ऽ ऽ ऽ	कि न हीं ऽ

रे — —

ऽ ऽ * मैंने शायद तुम्हें पहले भी कहीं देखा है।

पयामे इश्क मुहब्बत हमें

फिल्म : बाबर

पयामे इश्क मुहब्बत हमें पसन्द नहीं।
ये दिल्लगी ये शरारत हमें पसन्द नहीं।
बजा नहीं था ये इज़हार बेकरारी का,
लिहाज़ कुछ तो किया होता परदादारी का,

हयात इतनी बग़ावत हमें पसन्द नहीं,
पयामे इश्क मुहब्बत हमें पसन्द नहीं ॥
हमें तो हँस के सितारों ने भी नहीं देखा,
नज़र मिला के बहारों ने भी नहीं देखा।
किसी निगाह की जुर्रत हमें पसन्द नहीं,
ये दिल्लगी, ये दिल्लगी, ये शरारत हमें पसन्द नहीं ॥
जो तख्तो ताज के वारिस हों उनका प्यार ही क्या,
बदलने वाली निगाहों का ऐतबार ही क्या।
हजूर की ये इनायत हमें पसन्द नहीं,
पयामे इश्क मुहब्बत हमें पसन्द नहीं ॥

ठेका बन्द—

धरें रैरे रैरें रैरें रैरें रैरें रैरें रैरें सांनि पम ग — — — सा
सरोद प

ग — म प — धप म म धप प — धप मपम गम म धप (म) — मपम
या ऽ मे इ ऽ ऽऽ ऽ श्क मुऽ ह ऽ ऽऽ ऽऽऽ ऽऽ ब्बत हऽ में ऽ पऽऽ

ठेका शुरू—

×				०				×				०			
गरे	म	—	—	ग	म	पधप	मपम	गम	—	—	—	सा	ग	—	म
संऽ	ऽ	ऽ	ऽ	द	न	हींऽऽ	ऽऽऽ	ऽऽ	ऽ	ऽ	ऽ	प	या	ऽ	मे
प	—	धप	म	म	धप	प	—	धप	मपम	गम	म	धप	(म)	—	मग
ई	ऽ	ऽऽ	ऽ	श्क	मुऽ	ह	ऽ	ऽऽ	ऽऽऽ	ऽऽ	ब्बत	हऽ	में	ऽ	पऽ
परे	ग	—	—	ग	म	पधप	मपम	गम	—	—	—	गसा	ग	—	म
संऽ	ऽ	ऽ	ऽ	द	न	हींऽऽ	ऽऽऽ	ऽऽ	ऽ	ऽ	ऽ	येऽ	दि	ऽ	ल्ल
प	—	धप	म	म	ध	प	—	धप	मपम	गम	म	धप	(म)	—	मग
गी	ऽ	ऽऽ	ऽ	ये	श	रा	ऽ	ऽऽ	ऽऽऽ	ऽऽ	रत	हऽ	में	ऽ	पऽ
रे	ग	—	—	ग	म	पधप	मपम	गप	म	—	—	सा	ग	—	म
सं	ऽ	ऽ	ऽ	द	न	हींऽऽ	ऽऽऽ	ऽऽ	ऽ	ऽ	ऽ	*	*	*	*
प	—	—	—	म	ध	प	—	—	—	—	—	ग	ग	—	म
*	*	*	*	*	*	*	*	*	*	*	*	ब	जा	ऽ	न

प नि̱ नि̱ — | — नि̱ नि̱ नि̱ | धनि̱ सारें सांग̱ रेंसां | सांनि̱ —,धप ममप
हीं ऽ था ऽ | ऽ ये इ ज़ | हाऽ ऽऽ ऽऽ ऽऽ | रऽ *बेऽ ऽकऽ

प नि̱ — ध | ध पम ध प | प — — गम | प सां प —
रा ऽ ऽ ऽ | ऽ ऽऽ री ऽ | का ऽ ऽ सरोद |

सागि — — — | ग ग — म | प नि̱ नि̱ — | — नि̱ नि̱ —
| लि हा ऽ ज़ | कु छ तो ऽ | ऽ कि या ऽ

धनि̱ सारें सांग̱ रेंसां | सानि̱ —धप म मप | प नि̱ — ध | ध म ध प
होऽ ऽऽ ऽऽ ऽऽ | ताऽ *पऽ ऽ र्दाऽ | दा ऽ ऽ ऽ | ऽ ऽ री ऽ

प — ग म | पनि̱ प — पसां | नि निरें सां पनि | सां नि̱ प म
का ऽ * * | * * * * | * * * * | * * * *

ग मग रे सा | सा ग — म | प प धप म | म -ध प —
* * * * | ह या ऽ त | इ त ऽऽ ऽ | नी ऽब ग़ा ऽ

पधप मपम गम म | धप (म)— मग | रे ग — — | गम मप पधप मप
ऽऽऽ ऽऽऽ ऽऽ वत | हऽ में ऽ पऽ | सं ऽ ऽ ऽ | दऽ नऽ हींऽऽ ऽऽ

गप म — —
ऽऽ ऽ ऽ ऽ | पयामे इश्क .... नहीं।

सा ग — म | प — — — | म ध प —
* * * * | * * * * | * * * *

— — — — | ग ग — म | प प प — | — म ध प
* * * * | ह में ऽ तो | हँ स के ऽ | ऽ सि ता ऽ

प — — म | म प म म | प — म — | प — मपम गमम
रों ऽ ऽ ऽ | ने भी ऽ न | हीं ऽ ऽ ऽ | दे ऽ ऽऽऽ ऽऽऽ

ग — सा प | — — प रें | रेंरें रेंरें रेंरें रेंरें रेंरें रेंरें सांनि̱ पगंगं
सा ऽ * * | * * सरोद |

ग — — —

इसके बाद "हमें तो हँसके ......" तथा "नज़र मिला के ...." ये दोनों पंक्तियाँ प्रथम अन्तरे की "लिहाज़ कुछ ...." इस पंक्ति के समान गाई जायेंगी। इसके बाद वही आर्केस्ट्रा बजेगा जो "लिहाज़ कुछ ...." इस पंक्ति के बाद बजा है। तत्पश्चात् "किसी निगाह की जुर्रत हमें पसन्द नहीं" इस पंक्ति को "हयात इतनी बगावत हमें पसंद नहीं" इसके समान गाइये।

	गसा ग — म	प — — —	ग ग — म
	येऽ दि ऽ मी	मी ऽ * *	ये दि ऽ ल्ल
पनि सां निरें सारेंसां	निप -प प —	निप मपम गम म	धप (म) — मपम
गीऽ ऽ ऽऽ ऽऽऽ	येऽ ऽश रा ऽ	ऽऽ ऽऽऽ ऽऽ रत	हऽ में ऽ पऽऽ
गरे ग — —	ग मप पधप मपम	गम — — —	सा ग — म
संऽ ऽ ऽ ऽ	द नऽ हींऽऽ ऽऽऽ	ऽऽ ऽ ऽ ऽ	* * * *
प — — —	म ध प —	— — — —	ग ग — म
* * * *	* * * *	* * * *	जो त ऽ ख्वो
प नि नि नि	— — नि —	नि सारें सांगं रेंसां	सांनि धप म मप
ता ऽ ज के	ऽ ऽ बा ऽ	रि सऽ ऽऽ ऽऽ	होंऽ उऽ न काऽ
प नि — ध	धनिध पम ध धप	प — — गम	प सां प —
प्या ऽ ऽ ऽ	ऽऽऽ ऽऽ र हीऽ	क्या ऽ ऽ सरोद	
साग — — — }	ग ग ग म	प नि नि	— नि नि —
	ब द ल ने	वा ऽ ली ऽ	ऽ नि गा ऽ
निनि सारें सांगं रेंसां	सांनि धप म मप	पसां नि — ध	धनिध पम ध धप
हीऽ ऽऽ ऽऽ ऽऽ	काऽ ऐऽ ऽ तऽ	वाऽ ऽ ऽ ऽ	ऽऽऽ ऽऽ र हीऽ

क्याऽ इसके बाद वही आर्केस्ट्रा बजेगा जो प्रथम अन्तरे की 'लिहाज़ कुछ तो ....' इस पंक्ति के बाद बजा है। उसके बाद 'हुजूर की ये इनायत हमें पसन्द नहीं' यह पंक्ति 'हयात इतनी बगावत हमें पसन्द नहीं' इस पंक्ति के समान गाइये। अन्त में 'पयामें इश्क मुहब्बत हमें पसंद नहीं ....' (पूर्ववत्)।

गीत

फिल्म : वारंट

होटों पे हँसी, पलकों पे हया,
आँखों में शरारत रहती है।
दिल लेती हूँ मैं, दिल देती नहीं,
दुनिया को शिकायत रहती है।
चर्चे हैं मेरे शिकवे हैं मेरे,
कहते हैं सभी इस कूचे में।
इक जाने चमन काँटों की चुभन,

फूलों की नज़ाकत रहती है।
हो, देखो तो ज़रा मस्ताना अदा,
झाँको तो नशीली आँखों में।
देखूँ तो ज़रा साग़र की भला,
हाय, फिर किसको ज़रूरत रहती है।
होटों पे हँसीं ....,
आँखों में शरारत ....।
दिल देती हूँ ....,
दुनियाँ को शिकायत रहती है।

ठेका बन्द—

नि — रेंसांरेंसां निसां — निध नि नि प — — * * ग प गप धम
हो ऽ टोंऽऽऽ ऽऽ ऽ पेऽ हँ सी ऽ ऽ ऽ (घुँघरू) प ल कोंऽ ऽऽ

म
निसां निसां नि धप प प — * * ग — मध ध — * म ग
ऽऽऽ ऽऽ ऽऽ पेऽ ह या ऽ (घुँघरू) आँ ऽ खोंऽ में ऽ * आँ ऽ

ठेका शुरू

×	×	×	×
मध ध ध ध	निध धध नि सां	— निसां -नि ध	पनि धप म ग
खोंऽ में ऽ ऽऽ	सऽ ऽऽ र त	ऽ रह ऽती ऽ	हैऽ ऽऽ आँ ऽ
मध -ध — —	निध धध नि सां	— निसां -नि ध	पनि धप म ग
खोंऽ ऽम ऽ ऽऽ	राऽ ऽऽ र त	ऽ रह ऽती ऽ	हैऽ ऽऽ आँ ऽ
मध -ध — —	धनि निरें सां -नि	धनिध -प — प	पम गरे ग म
खों ऽमे * *	ऐऽ जीऽ आँ ऽऽ	खोंऽऽ ऽमें ऽ श	राऽ ऽऽ र त
— धप -म ग	ग — नि नि	सां — -निध नि	नि प -नि नि
ऽ रह ऽती ऽ	है ऽ दि ल	ले ऽ ऽतीऽ हूँ	मैं ऽ ऽदि ल
रेंसांरेंसा निसां -नि धनि	नि प म ग	मध -ध — —	* * म ग
देऽऽऽ ऽऽ ऽती ऽन	हीं ऽ दु नि	याऽ ऽको ऽ ऽ	* * दु नि
मध -ध — ध	निध धध नि सा	— निसां -नि ध	पनि धप पम ग
याऽ ऽको ऽ शि	काऽ ऽऽ य त	ऽ रह ऽती ऽ	हैऽ ऽऽ दुऽ नि

```
मध  -ध  —  —  | धनि निरें सां सांनि | धनिध -प — प   | पम गरे ग म
याऽ ऽको ऽ  ऽ  | एऽ  जीऽ  दु  निऽ  | याऽऽ ऽको ऽ शि | काऽ ऽऽ य त

— धप -म ग    | ग  —{ सांनिसां धप | मप पध -ध पम | गम मप -प मग
ऽ रह ऽती ऽ   | है  ऽ{ आर्केस्ट्रा--  |

रेग गम -प मग  | रेग गसां निसां धप } | मप पध -ध पम | गम मप -प मग
रे- -ग -- म-  | -प  -ध  पम  ग-   } |
```

ठेका बन्द—

```
गरेंगरें सां -- निसारें नि प धनि̱ध धध- निसारेंनिसां धनि- सारेंगरें
    हारमोनियम—

सांनि धनि सां — ] नि नि सां — — नि निरें सां — — — सां नि
                ] च  र  चे  ऽ  ऽ हैं  मेऽ  रे  ऽ ऽ ऽ शि क

पध̱ध — निसां नि सां — — —   — — सां सारें  निसां — नि̱प प
वेऽऽ ऽ हैऽ  मे  रे  ऽ ऽ ऽ   * * च  रऽ    चेऽ  ऽ हैंऽ मे

प — — म   म म मध नि̱सां धनि̱ प प प — — —   * * प प
रे ऽ ऽ ऽ   शि क वेऽ  ऽऽ   ऽऽ हैं मे रे ऽ ऽ ऽ   * * क ह

धप नि̱धप म ग  (रे) — ग ग   म म म — * * * *   प म
तेऽ ऽऽऽ है स   भी  ऽ इ स   कू चे में ऽ (घुंघरू)   इ क

म प  ध सां — — —  धसांधप  ग प नि (ध)— —  -प गरे सा-
जा ने  च मनऽ ऽ ऽ  कांऽऽऽ  टों की चु भन ऽ ऽ  ऽऽ हाऽ येऽ

* * नि नि  सां — निध नि  नि प — नि रेंसारेंसां  निसां -नि
* * इ  क   जा  ऽ चेऽ च   मन ऽ * कां टोंऽऽऽ   ऽऽ  ऽकी

            प
धनि नि प म  ग
ऽचु भन ऽ फू  ऽ
```

ठेका शुरू—

```
मध  -ध  — ध | निध धध नि सां | — निसां -निध निध | पनि धप म ग
लोंऽ ऽकी ऽ न | जाऽ ऽऽ क त   | ऽ रह  ऽतीऽ ऽऽ   | हैऽ ऽऽ फू ऽ
```

मध -ध — —	धनि निरे (सां)-नि	धनिध -प — प	पर्म गरे ग म
लोंऽ ऽकी ऽ ऽ	एऽ जीऽ फू ऽऽ	लोंऽऽ ऽकी ऽ न	जाऽ ऽऽ क त
— धप -म ग	ग धप सा ग	प धागे नाधा तृक	धि त्ता धातू नाधा
ऽ रह ऽती ऽ	है * * *	* (तबला)	
तूना धातू नाधा तूना	धि- पम गसा गम	पनि सारें निध निसांनि	पर्म पधप मग मपम
	आऽ ऽऽ ऽऽ	ऽऽ ऽऽ ऽऽ ऽऽऽ	ऽऽ ऽऽऽ ऽऽ ऽऽऽ
ग -सां सांसां निसां	धनि पनि निनि धनि	पध प- गम पनि	सां नि नि —
ऽ ऽ* * *	* * * *	* * * *	* हो दे ऽ
धनि -(ध) — प	प -नि नि धनि	प -ध प ध	नि — -नि —
खोऽ ऽतो ऽ ज़	रा ऽऽ म सूऽ	ता ऽना ऽ अ	दा ऽ ऽदे ऽ
धनि -(ध) — प	प -नि नि धनि	प -ध प ध	नि — — नि
ख़ोऽ ऽतो ऽ ज़	रा ऽऽ म सूऽ	ता ऽना ऽ अ	दा * * झां
निसां -नि सां नि	ध — निधपप ग	ध ध — ध	ध — — ग
कोऽ ऽतो ऽ न	शी ऽ ऽऽऽऽ ऽ	ऽ आँ ऽ खों	में ऽ ऽ झां
साँ — ध नि	ध -ध गरे रेरे	म म — ग	म — — —
को ऽ तो न	शी ऽऽ लीऽ ऽऽ	ऽ आँ ऽ खों	में ऽ ऽ ऽ

ठेका बन्द—

रें

धसां सां रेंगं गंमंगं रें — ध मंगं मंपंमं गरें सांध पध सां — निधप ग — —
सारङ्गी—

"देखूँ तो ज़रा सागर की भला हाये, देखूँ तो ज़रा सागर की भला फिर किसको ज़रूरत रहती है ...." उसी प्रकार गाइये जैसे "इक जाने चमन कांटों की चुभन हाये जाने .... फूलों की .... रहती है" गाया है। तत्पश्चात्—"दिल लेती हूँ मैं देती नहीं, दुनिया को"—

ध	निध धध नि सां	— धनि -सां गं	गेंरें रेंगरें -सां नि
शि	काऽ ऽऽ य त	ऽ रह ऽती ऽ	हैऽऽ ऽऽऽ ऽदु नि
सारेंसां निसारेंसां -नि -ध	धनि ग ग ग	— गम -ध —	धनि निरें सां सांनि
याऽऽ ऽऽऽऽ ऽको ऽशि	काऽ ऽ य त	ऽ रह ऽती ऽ	हैऽ जीऽ दु निई

धनिध -प — प | पर्म गरे ग म | — धप -म ग | ग — नि —
य॒ऽऽ ऽको ऽ शि | काऽ ऽऽ य त | ऽ रह ऽती ऽ | है ऽ हो ऽ

सां — -निध नि | नि प -नि नि | रेंसांरेंसां निसा- -निध नि | निप — प म ग
टों ऽ ऽपेऽ हूँ | सी ऽ ऽप ल | कोंऽऽऽ ऽऽऽ ऽपेऽ ह | याऽ * आँ ऽ

मध -ध —
खोंऽ ऽमें ऽ

शरारत रहती है, आँखों में, ए जी आँखों में शरारत रहती—

| ग — — — | — * * *
| है ऽ ऽ ऽ | ऽ * * *

आपने याद दिलाया

फिल्म : आरती

आपने याद दिलाया तो मुझे याद आया।
कि मेरे दिल पे पड़ा था कोई गम का साया॥

मैं भी क्या चीज़ हूँ, खाया था कभी तीर कोई।
दर्द अब जाके उठा, चोट लगे देर हुई॥
तुमको हमदर्द जो पाया तो मुझे याद आया!

मैं ज़मीं पर हूँ न समझा, परखना चाहा।
आसमाँ पर ये क़दम झूमके रखना चाहा॥
आज जो सर को झुकाया तो मुझे याद आया!

मैंने भी सोच लिया साथ निभाने के लिए।
दूर तक आऊँगी मैं तुमको मनाने के लिए॥
दिल ने ऐहसास दिलाया तो मुझे याद आया!

[गम पनि सां — — — — —

पार्श्व-संगीत : [ग म सां — — प॒नि प प म ग॒म ग — —] सा ग ग
सरोद :

सा नि॒प मग ग म —] सा॒नि सा॒नि सा ग म
आ ऽ प ने ऽ

कहरवा ताल

× ० × ०
ग ग
प — — म | म ध प — | म म प धप | म धप म —
या ऽ ऽ ऽ | द दि ला ऽ | ऽ ऽ या ऽऽ | तो मुऽ झे ऽ

रे **सितार :** (नि॒ — — सा — ग ग प
ग — रेसा रे | ग ग म — | — — — — | * * * *
या ऽ ऽऽ ऽद | आ ऽ या ऽ | ऽ ऽ ऽ ऽ | * * * *

रेग म —)
* * * ग | — म पध नि॒ | नि॒ — — — | ध नि॒ध प मप
* * * आ | ऽ प नेऽ ऽ | या ऽ ऽ ऽ | द दिऽ ला ऽऽ

सां सितार : (प ग सा
पध ध — — | ध नि॒ प म | मप ग गम प | प — — —
याऽ ऽ ऽ ऽ | तो मु झे ऽ | याऽ ऽद आ ऽ | या ऽ ऽ ऽ

नि॒ सा नि॒) सा सा म
* * * नि॒ | नि॒ सा ग म | प — — — | म ध प —
* * * कि | ऽ प ने ऽ | दिल ऽ ऽ ऽ | पे प ड़ा ऽ

ग ग रे
म म प धप | म धप म म | ग — रेसा रे | ग ग म —
ऽ ऽ था ऽऽ | को ईऽ ग म | का ऽ ऽऽ ऽ | सा ऽ या ऽ

सा सा
नि॒ सा नि॒ नि॒ | नि॒ सा ग म | मध प — म | म ध प —
* * * आ | ऽ प ने ऽ | याऽ ऽ ऽ ऽ | द दि ला ऽ

प — [गरें सारें | गं — रेंसां रेंपं | मं — — गरें | नि॒ — धनि॒ पध
या ऽ [पार्श्व-संगीत :

ध
सां — —] सां | — सां सां — | सां नि॒ सांनि॒धनि॒ — | ध पध धसां सां
] मैं | ऽ भी क्या ऽ | ची ऽ ऽऽऽ ऽ | ज़ हूँऽ खाऽ ऽ

सां — सां — | — सां सां रें | सांनि॒ — — — | ध पम ध धप
या ऽ था ऽ | * क भी ऽ | तीऽ ऽ ऽ ऽ | ऽ ऽऽ र को

प प
प — — { सां | — प ग ग | सा — — सां | सां सां सां सां
ई ऽ ऽ { सरोद : | | द | र द अ ब

सां
निसां नि नि — | ध पध धसां — | — — सां — | सां सां सां रें
जाऽ ऽ ऽ ऽ | के उऽ ठाऽ ऽ | * * चो ऽ | ट ल गे ऽ

सांनि — — — | ध पम ध धप | प — — ग | — म पध नि
देऽ ऽ ऽ ऽ | ऽ ऽऽ र हुऽ | ई ऽ ऽ तुम | ऽ को हम ऽ

सां
नि — — — | ध निध पध,प मप | पध ध — — | ध नि प म
द ऽ ऽ ऽ | ई जोऽ पाऽऽ ऽऽ | याऽ ऽ ऽ ऽ | तो मु झे ऽ

(प ग सा नि साग रेसा)
मप ग गम प | प — — — | * * * |
याऽ ऽद आऽ ऽ | या ऽ ऽ ऽ | * * * | कि मेरे दिल पे पड़ा था

मध प — म | म ध प —
कोई ग़म का साया। आपने— | याऽ ऽ ऽ ऽ | द दि ला ऽ

सा ग
प — — [नि | प म गरे सारे | नि सानि सा ग | ग प प नि
या ऽ ऽ [पार्श्व-संगीत :

प
नि सां —] सां | — सां सां — | सां निध नि — | ध पध धसां सां
] मैं | ऽ ज़ मीं ऽ | पर ऽऽ ऽ ऽ | हूँ नऽ समऽ ऽ

सां — — — | सां सां सां रें | सांनि — — — | ध पम ध प
झा ऽ * * | न प र ख | नाऽ ऽ ऽ ऽ | ऽ ऽऽ चा ऽ

प ग
प — — [सां | — प ग ग | सा — —] सां | — सां सां —
हा ऽ ऽ [सरोद : | |] आ | ऽ स माँ ऽ

सां निध नि — | ध पध धसां — | — — सां — | सां सां सां रें
पर ऽऽ ऽ ऽ | ये क़ऽ दमऽ ऽ | * * झू ऽ | म के र ख

सांनि — — — | ध पम ध प | प — — ग | — म पध नि
नाऽ ऽ ऽ ऽ | ऽ ऽऽ चा ऽ | हा ऽ ऽ आ | ऽ ज जोऽ ऽ

सां
नि — — — | ध निध पध,प मप | पध ध — — | ध नि प म
सर ऽ ऽ ऽ | को झुऽ काऽऽ ऽऽ | याऽ ऽ ऽ ऽ | तो मु झे ऽ

कभी तो मिलेगी

फिल्म : आरती

हा हा हा हा हा हा हा हा लर-लर-लर-लर आ हा ।
कभी तो मिलेगी कहीं तो मिलेगी बहारों की मंजिल राही।
लम्बी सही दर्द की राहें, दिल की लगन से काम ले।
आँखों के इस तूफाँ को पी जा आहों के बादल थाम ले।
दूर तो है पर दूर नहीं है, नज़ारों की मंजिल राही।
बहारों की मंजिल राही।
माना कि है गहरा अँधेरा गुम है डगर की चाँदनी।
मैली न हो धुँधली पड़े न देख नज़र की चाँदनी।
डाले हुए हैं रात की चादर सितारों की मंज़िल राही।
बहारों की मंज़िल राही।

ठेका बन्द—

	प	—	ग	म	—	रे	ग	रे	सा	—	—	—
ग़प़ ध़नि़ सारे गम़	प	—	—	—	—	—	—	—	—	—	—	—

आर्केस्ट्रा

ठेका शुरू—

×				०				×				०			
				प़	—	ध़	—	ग	—	—	—	—	—	—	—
				हा	ऽ	हा	ऽ	हा	ऽ	ऽ	ऽ	ऽ	ऽ	ऽ	ऽ
—	—	—	—	—	—	—	—	—	—	रे	ग	—	रे	—	सा
ऽ	ऽ	ऽ	ऽ	ऽ	ऽ	ऽ	ऽ	ऽ	ऽ	हा	हा	ऽ	ऽ	ऽ	हऽ
ग	—	रे	—	—	—	—	—	—	—	ग	रे	—	सा	—	प
हा	ऽ	ऽ	ऽ	ऽ	ऽ	ऽ	ऽ	ऽ	ऽ	ल	र	ऽ	ल	ऽ	र
भ	—	—	सा	प़	—	ध़	—	रे	—	सा	—	सा	—	—	—
ल	ऽ	ऽ	र	ल	ऽ	र	ऽ	आ	ऽ	ऽ	ऽ	हा	ऽ	ऽ	ऽ
सा	रे	ग	—	ग	म	प	—								
—	—	—	—	*	*	*	*	*	*	प	प	—	प	—	ध
ऽ	ऽ	ऽ	ऽ	*	*	*	*	*	*	क	भी	ऽ	तो	ऽ	मि

सा
पध,प — ग — | ग — — — | — — रेसा,रे — | रे — ग —
लेऽऽ ऽ ऽ ऽ | गी ऽ ऽ ऽ | ऽ ऽ ऽऽऽ ऽ | ऽ ऽ ऽ ऽ

— — ग ग | रे ग — म | म रे सा रे | रेग रे सा —
* * क हीं | ऽ तो ऽ मि | ले ऽ ऽ ऽ | मीऽ ऽ ऽ ऽ

रे
— — रे रेग | रे सा — प़ | ध़ — — नि॒ध़ | प़ — — —
* * ब हाऽ | ऽ रों ऽ की | मं ऽ ऽ ऽऽ | ज़िल ऽ ऽ ऽ

रे — सा — | सा — — — | — — — — | — नि़ रे —
रा ऽ ऽ ऽ | ही ऽ ऽ ऽ | ऽ ऽ ऽ ऽ | ऽ ऽ ऽ ऽ

रे
— — रे रेग | रे सा — प़ | ध़ — — नि॒ध़ | प़ — — —
* * ब हाऽ | ऽ रों ऽ की | मं ऽ ऽ ऽऽ | ज़िलऽ ऽ ऽ

र — सा़ — | सा — — — | — — सा पं़ | ध़ सा रे ग
रा ऽ ऽ ऽ | ही ऽ ऽ ऽ | ऽ ऽ बाँसुरी |

{ प — म प | ग — सा — | * प ग प | ग — सा —
{ प — ग — | प — — — | — — — — | — — — —

आर्केस्ट्रा

ग — सा रे | सा — नि॒ — | * ग सा रे | सा — नि॒ —
ध नि॒ नि॒ ध | — प — ग॒ | ग — — — | — — — —

सा ध़ — सा | ध़ — सा नि॒ | ध़ — प़ ध़ | — ध़ सा —
— — ग म | — सा — नि॒ | ध़ — — — | — — — —

सा रे — रे | ग — | |
* * * * | * * रे ग | रे — ध़ सा | रे प ग रे

सा — { रे ग | म रेग रे सा | नि़ — सा रे | — सारे सा प़
{ लं ऽ | ऽ बीऽ ऽ स | ही ऽ द र | ऽ दऽ ऽ की

प़ ध़ सानि̱ सानि̱ | ध़ प़ — — | — — म़ग ग़ | — प़ — प़
रा ऽ ऽऽ ऽऽ | हें ऽ ऽ ऽ | ऽ ऽ दिलऽ ऽ | ऽ की ऽ ल

वाद्यसंगीत (ग रे सा प
प़ ग ग रे | — म — म | ग रे सा — | — — * *
म न से ऽ | ऽ का ऽ म | ले ऽ ऽ ऽ | ऽ ऽ * *

रे —)
* * रे ग | म ·रेग रे सा | नि़ नि सा रे | — सारे सा प
* * आँ ऽ | ऽ खोंऽ ऽ के | इ स सू ऽ | ऽ फाँऽ ऽ को

प़ ध़ सानि̱ सानि̱ | ध़ प़ — — | — — म़ग ग़ | — प़ — प
पी ऽ ऽऽ ऽऽ | जा ऽ ऽ ऽ | ऽ ऽ याऽ ऽ | ऽ हो ऽ के

(सा ग प
प़ ग ग रे | — ग — म | ग रे सा — | — — — —
बा ऽ दल ऽ | ऽ था ऽ म | ले ऽ ऽ ऽ | ऽ ऽ — —

सां —)
* * ग सा | — रे म प | ग प — — | प — प —
* * दू ऽ | ऽ र तो ऽ | है ऽ ऽ ऽ | प ऽ र ऽ

— — — प | ध म — म | गरें ग — रे | रे — — —
ऽ ऽ * दू | ऽ र ऽ न | हींऽ ऽ ऽ ऽ | है ऽ ऽ ऽ

— — ग सा | — रे ग प | ग प — — | प — प —
* * दू ऽ | ऽ र तो ऽ | है ऽ ऽ ऽ | प ऽ र ऽ

प
ध नि̱ ध पध | प म — म | गरे ग — रे | रे — साग रे
ऽ ऽ दू ऽऽ | ऽ र ऽ न | हींऽ ऽ ऽ ऽ | ऽ ऽ ऽऽ ऽ

रे
सा — रे रेग | रे सा — प़ | ध़ — — नि̱ध़ | प़ — — —
ऽ ऽ न ज़ाऽ | ऽ रों ऽ की | मं ऽ ऽ ऽऽ | ज़िल ऽ ऽ ऽ

रे — सा — | सा — — — | — — — — | — नि़ रे —
रा ऽ ऽ ऽ | ही ऽ ऽ ऽ | ऽ ऽ ऽ ऽ | ऽ ऽ ऽ ऽ

— —		रे — सा —	सा — — —
* * बहारों की मंज़िल :—		रा ऽ ऽ ऽ	ही ऽ ऽ ऽ
— — — —	प़ — ध़ —	ग — — —	— — — —
ऽ ऽ ऽ ऽ	हा ऽ हा ऽ	हा ऽ ऽ ऽ	ऽ ऽ ऽ ऽ
— — — —	— — — —	— — रे ग	— रे — सा
ऽ ऽ ऽ ऽ	ऽ ऽ ऽ ऽ	* * हा हा	ऽ हा ऽ हा
ग — — —	रे — — —	— — ग रे	— सा — प़
हा ऽ ऽ ऽ	हा ऽ ऽ ऽ	ऽ ऽ ल र	ऽ ल ऽ ल
— — सा प़	— ध़ — रे	— सा — सा	— — —
ऽ ऽ र ल	ऽ र ऽ या	ऽ ऽ ऽ हा	ऽ ऽ ऽ
— — — —	— — — —	—	
ऽ ऽ ऽ ऽ	ऽ ऽ ऽ *	*	

(दूसरा अन्तरा प्रथम अन्तरे के समान गाने के पश्चात्)

प प	— प — ध	पध,प — ग —	ग — — —
क भी	ऽ तो ऽ मि	लेऽऽ ऽ ऽ ऽ	गी ऽ ऽ ऽ
— — ग ग	रे ग — म		
ऽ ऽ क हीं	ऽ तो ऽ मि	लेगी बहारों की मंज़िल राही। बहारों की मंज़िल	
	प़ —	रे — — —	सा — प —
रे — सा —	सा — — —	— — — —	— — — —
रा ऽ ऽ ऽ	ही ऽ ऽ ऽ	ऽ ऽ ऽ ऽ	* * * *
रें — — —	सां — — —	— — — —	* * प —
— — — —	— — प़ —	रे — — —	सा — — —
* * * *	* * * *	* * * *	* * * *
रें — — —	सां — — —	— — — —	* * प —
— — — —	— — प —	रे — — —	सा — — —
* * * *	* * * *	* * * *	* * * *

रें — — —	सां — — —	— — — —	* * प —
— — — —	— — प —	रे — — —	सा — — —
* * * *	* * * *	* * * *	* * * *

रें — — —	सां —
— — * *	* *
* * * *	* *

गीत

फिल्म : आरती

अब क्या मिसाल दूँ मैं तुम्हारे शबाब की।
इन्सान बन गई है किरन माहताब की॥
चेहरे में धुल गया है हसीं चाँदनी का नूर।
आँखों में है चमन की जवाँ रात का सरूर॥
गरदन है इक झुकी हुई डाली गुलाब की।
गेसू खुले तो शाम के दिल से धुआँ उठे।
छू ले कदम तो झुक के न फिर आसमाँ उठे॥
सौ बार झिलमिलाये शमा आफ़ताब की।
दीवार दर का रंग ये आँचल ये परहन।
घर का मेरे चराग़ है मूका सा ये बदन॥
तसवीर हो तुम्हीं मेरे जन्नत के ख़ाब की।

ठेका बन्द

सा — — — ग म प म प — — — म प ध — — ध रें
आर्केस्ट्रा

प
सा ध म म प ध प — — ध प — — ध प — — गरेसारे — सा —

ग ग म प — — प प — प
अ ब क्या ऽ ऽ * मि सा ऽ ल

ठेका शुरू

×	०	×	०
		प	प
धप प म —	प ध ध —	ध रें सां ध	धप पध ध म
दूँऽ ऽ ऽ ऽ	मैं तु म्हा ऽ	ऽ ऽ रे ऽ	शऽ बाऽ ऽ ब
स० संगीत (—ध	नि̱ध नि̱ धनि̱ धपमग)	नि	
मप प — —	— — प प	निध ध पध निसां	सां सां सां सां
कीऽ ऽ ऽ ऽ	* * इ न	साऽ ऽ ऽऽ ऽऽ	न व न ग
ध ध	सां	प	सां
सां — नि प	ध नि̱ ध —	म — प प	प ध — नि̱
ई ऽ ऽ ऽ	है कि रन ऽ	ऽ ऽ मा ऽ	ह ता ऽ ब

म

स० संगीत (पम मध पध ग —)

प			
ध — — —	— — ग म	म प — —	प धप म मध
की ऽ ऽ ऽ	* * अ ब	क्याऽ ऽ ऽ	मि साऽ ऽ लऽ
आर्केस्ट्रा शुरू गरें	गं — रें सांनि		
धनि̱ ध प —	— — — —	ध रें — गरें	गं — रें सांनि
दूँऽ ऽ ऽ ऽ	ऽ ऽ ऽ ऽ	* * * *	* * * *
		सां	प
धं सां — पं	मं गं रें सां	नि̱ — — नि̱	ध — म प
* * * *	* * * *	* * * *	* * * *
नि̱		ध	
नि̱ध ध पध निसां	निसांधनि -प सां सां	सां — नि ध	धनि धनि प प
* * * *	* * चे ह	रे ऽ ऽ ऽ	मेंऽ धुलऽ ऽ ग
धनि सां सां —	— सां सां नि	निसां रेसां गरें —	सां निध प ध
याऽ ऽ है ऽ	* ह सीं ऽ	नाँऽ ऽऽ ऽऽ ऽ	द नीऽ ऽ का

नि ध प — | — — म ग | म ध ध — | — धनि,ध प प
नू ऽ ऽ ऽ | ऽ ऽर आँ ऽ | खों ऽ में ऽ | * हैऽऽ ऽ च

ध नि नि ध | — नि निसां,नि ध | नि रेंसां,रें — — | रें रेंगं ध नि
म न की ऽ | * ज वांऽऽ ऽ | रा ऽऽऽ ऽ ऽ | त काऽ ऽ स

सां — — — | — — नि सां | सां रें रें — | — रें रें रें
रू ऽ ऽ ऽ | ऽ ऽर ग र | द न है ऽ | * इ क झु

ध
रेंगं रेंगं,रें सां सां | सां — निसां रेंसां | नि — ध — | — — धनि रेंनि
कीऽ ऽऽ ऽ हु | ई ऽ डाऽ ऽऽ | ली ऽ ऽ ऽ | * * डाऽ ऽऽ

प सां प प
निध ध ध प | प पध ध नि | ध, ध पधनिध म | — — ग म
लीऽ ऽ ऽ ऽ | गु लाऽऽ ब | की ऽ ऽऽऽऽ ऽ | ऽ ऽ अ ब

म प — — | प प — प | धप प मप ध | ध ध ध —
क्या ऽ ऽ ऽ | मि सा ऽ ल | दूँऽ ऽ ऽऽ ऽ | मैं तु म्हा ऽ

प प
ध रे सां ध | धप पध ध म | मप प — — | — — ग म
ऽ ऽ रे ऽ | शऽ बाऽ ऽ ब | कीऽ ऽ ऽ ऽ | * * अ ब

आर्केस्ट्रा शुरू ग म — ग
म प — — | प धप म मध | धनि ध प — | — — म -ग
क्या ऽ ऽ ऽ | मि साऽ ऽ लऽ | दूँऽ ऽ ऽ ऽ | ऽ ऽ * *

रे ग — — | — — — — | — — म प | — ध प —
* * * * | * * * * | * * * * | * * * *

म ध — — | — — — — | — — सां नि | — प — —
* * * * | * * * * | * * * * | * * * *

ध
— सां — — | — — सां — | सां — नि ध | धनि धनि प प
* * * * | * * गे ऽ | सू ऽ ऽ ऽ | खुऽ लेऽ ऽ तो

धनि सां — सां | सां — सां सांनि | निसां रेंसां गरें — | सां निध प ध
शाऽ ऽ ऽ म | के * दि लऽ | सेऽ ऽऽ ऽऽ ऽ | धु आँऽ ऽ ऽ

नि ध प — | — — म ग | म धप,ध — ध | ध — धनि,ध प
ठे ऽ ऽ ऽ | ऽ ऽ छू ऽ | ले ऽऽऽ ऽ क़ | दम ऽ तोऽऽ ऽ

सां
ध नि नि ध | — नि नि ध | नि रेंसां,रें — — | रें रेंगं ध नि
झु क के ऽ | * न फि र | आ ऽऽऽ ऽ ऽ | स मांऽ ऽ उ

सां
सां — — — | — — नि सां | सारें रें — — | रें रें रें रें
ठे ऽ ऽ ऽ | ऽ ऽ सौ ऽ | बाऽ ऽ ऽ ऽ | र झि ल मि

ध
रेंगं रेंगं,रें सां — | सां सां निसां रेंसां | नि — — — | — निध धनिरें
लाऽ ऽऽऽ ऽ ऽ | ये श माऽ ऽऽ | ऽ ऽ ऽ ऽ | * शऽ माऽ ऽ

प | | प स० संगीत (प मध पध ग —)
निध ध ध प | प पध ध नि॒ | ध — — — | * * ग म
आऽ ऽ ऽ ऽ | मि ताऽ ऽ ब | की ऽ ऽ ऽ | * * अ ब

म प — — | प धप म मध | धनि॒ ध प — | — — — —
क्या ऽ ऽ ऽ | मि साऽ ऽ लऽ | दूँऽ ऽ ऽ ऽ | ऽ ऽ ऽ ऽ

(प्रथम अन्तरे से पूर्व का आर्केस्ट्रा बजाने के पश्चात्:—

ध
| सां — | सां — नि ध | धनि धनि प प
| दी ऽ | वा ऽ ऽ ऽ | रऽ दरऽ ऽ का

धनि सां — सां | सां — सां नि | नि॒सां रेंसां गरें — | सां निध प ध
रंऽ ऽ ऽ ग | ये * आँ ऽ | चलऽ ऽऽ ऽऽ ऽ | ये पैऽ ऽ र

नि ध प — | — — म ग | म धप,ध — — | ध धनि,ध प प
हन ऽ ऽ ऽ | ऽ ऽ ध र | का ऽऽऽ ऽ ऽ | मे रेऽऽ ऽ च

	सां		
धनि नि — नि	नि — नि ध	नि रेंसां,रें — —	रें रेंगं ध नि
राऽ ऽ ऽ ग़	है * मू ऽ	का ऽऽऽ ऽ ऽ	सा येऽ ऽ ब

		सां	
सां — — —	— — नि सां	सांरें रें — —	रें रें — रें
यन ऽ ऽ ऽ	ऽ ऽ त स	वीऽ ऽ ऽ ऽ	र ही ऽ तु

रेंग रेंग,रें सां सां	सां — निसां रेंसां	नि नि नि ध	— — धनि रेंनि
महीं ऽऽऽ ऽ मे	रे ऽ जन्ऽ ऽऽ	न त के ऽ	* * जन् ऽऽ

			म
नि		प स० संगीत (पम	मध पम ग —)
ध ध ध पधमप	— ध — नि॒	ध — — —	— — ग म
न त के ऽऽऽऽ	ऽ ख़ा ऽ ब	कीऽ ऽ ऽ	ऽ ऽ अ ब

क्या मिसाल दूँ मैं तुम्हारे शबाब की। इन्सान बन गई है किरन माहताब की॥

	ग म	म प — —	प धप म मध
	अ ब	क्याऽ ऽ ऽ	मि साऽ ऽ ल़ऽ

धनि॒ ध प —	— — — —
दूँऽ ऽ ऽ ऽ	ऽ ऽ ऽ ऽ

प्रेम लगन मन में

फिल्म : सूरत और सीरत

गीत

छोम छननननननन छननननननन बाजे पग पैजनी—
झनननननन झनननननन।
बाजे मृदंग-संग मुरलिया,
मोरी नैनन नींद गई, अरी हेरी आली।

प्रेम-लगन मन में बसाले, नैनन में नई जोति जगाले!
बाँस की बांस कौन काम की, प्रान फूँक गई तान श्याम की।
प्रीत के सुर में तू भी अपने मन के बिखरे तार सजाले!
निस-दिन प्रीत-नदी लहराए, इसमें जो डूबे, तर जाए।
इस धारा में डूबके तू भी, जीवन-नैया पार लगाले!

ठेका बन्द :

{ नि रे॒ ग मं प -म गम ध॒नि सांनि -ध॒ पम -ग मग -रे॒ सा — }
वाद्य-वृन्द :

ठेका शुरू : **तीनताल : द्रुत**

×	2	०	3
{ प म॑ ग रे॒	गम॑ ध॒नि सांनि ध॒प	म॑ग रे॒सा सांसां निध॒	पम॑ गरे॒ सा — }
केवल सारंगी :			
सां — — सां	सां नि सां रें॒	नि सां — ध॒	सां नि ध॒ प
छो ऽ ऽम छ	न न न न	न न ऽ छ	न न न न
म॑ प — —	— — ग म॑	रे॒ ग म॑ प	— म॑ — ग
न न ऽ *	* * वा ऽ	जे ऽ प ग	ऽ पैं ऽ ज
म॑ — — —	पम॑ गरे॒ सा —	नि़ — सा —	‹ ‹ ‹ ‹
नी ऽ ऽ ऽ	ऽऽ ऽऽ ऽ ऽ	* * * *	* * * *
नि़ नि़ रे॒ रे॒	ग ग — प	म॑ ग रे॒ ग	म॑ प — —
झ न न न	न न ऽ झ	न न न न	न न ऽ ऽ
नि — सां —	नि सां — सां	ध॒ सां नि ध॒	प म॑ प ध॒
बा ऽ जे ऽ	मृ दं ऽ ग	सं ऽ ग मु	र लि या ऽ
पम॑ ध॒प म॑ ग	— — म॑ ग	रे॒ सा नि़ रे॒	नि़ रे॒ ग रे॒
ऽऽ ऽऽ ऽ ऽ	ऽ ऽ मो ऽ	री ऽ नै ऽ	ऽ न ऽ न
ग म॑ ग म॑	प म॑ प —	— — प म॑	ग म॑ ध॒ नी
नीं ऽ ऽ द	ऽ ग ई ऽ	* * अ री	हे ऽ ऽ ऽ
सां — सां(नि) —	— — सां नि	ध॒ नि सां नि	ध॒ प ध॒ प
ऽ ऽ री ऽ	* * आ ऽ	ली ऽ ऽ ऽ	ऽ ऽ ऽ ऽ
म॑ ग म॑ म॑	ग रे॒ नि़ रे॒	ग म॑ प ग	प — — —
ऽ ऽ ऽ ऽ	ऽ ऽ ऽ ऽ	ऽ ऽ ऽ ऽ	ऽ ऽ ऽ ऽ

ताल : कहरवा

× × × ×

मं

— { प -प ध | पध मंप -ग रे | ग — — मंप,मं | ग रे सा —

* प्रे ऽम ल | गऽ नऽ ऽम न | में ऽ ऽ बऽऽ | सा ऽ ले ऽ

—

ऽ } दो बार

मं ग ग

निरें -ग रे | ग मं प ध | प -मं — रे | गमंपध प मं ग

नैऽ ऽन न | में ऽ न ई | जो ऽति ऽ ज | गाऽऽऽ ऽ ले ऽ

— | ग रे सा — | सां -सां सांनि धसां | नि रें — सांनि

ऽ प्रेम-लगन मन में ब | सा ऽ ले ऽ | सा ऽसा सानी धसा | नी रे ऽ सानी

ध सां — रेंसां | धसां निध -प -मं | पध प,प धप, मंप | मंमं पमं गमं गग

ध सा ऽ रेसा | धसा नीध ऽप ऽम | पध पप धप मप | मम पम गम गग

प मंग -रे ग | मं मंग -रे सा | प मंग -रे ग | मं मंग -रे सा

* मग ऽरे ग | * मग ऽरे सा | * मग ऽरे ग | * मग ऽरे सा

प मंग -ग ग | मं — ध मंध | धनि सां सां रें | सां नि सां —

* बाँस ऽस की | ब ऽ सी ऽऽ | कीऽ ऽ न का | ऽ म की ऽ

ध

— नि -सां रेंसां | सां नि मं मंध | धसां -नि धप पध | मंप पमं गमं ग

ऽ प्रा ऽन फूँऽ | ऽ क ग ईऽ | ताऽ ऽऽ नऽ श्याऽ | ऽऽ मऽ कीऽ ऽ

मं मं

{ ग सां — निध | पध पमं पमं गमं | रेग -रे गध पध,प | प — मंध पमं

बाँसुरी :

ग }

बाँस की बंसी कौन काम की, प्रान फूँक गई तान श्याम की—

— म,पमं -ग रे | ग ग ग — | — मं,पमं -ग रे | ग ग ग —
× प्रीऽऽ ऽत के | सु र में ऽ | ऽ ऽ,ऽऽ ऽतू भी | अ· प ने ऽ

मं ग ग
— निरे -ग रे | ग मं प ध | प -मं — रे | गमंपध प म ग
* मन ऽके ऽ | बि ख रे ऽ | ता ऽर ऽ स | जाऽऽऽ ऽ ले ऽ

— | सा मग प सा —
ऽ प्रेम-लगन मन में | बसा— ले ऽऽ ऽ प्रेम-लगन मन में बसा ले ऽ

{ निरे गरे गमं धमं | धनि सांनि रेंसां गरें | सांनि -ध पमं -ग | मंग -रे सा —
वाद्य-वृन्द :

मं मं
प — मं पध | प -मं गरे गमं | प — मं पध | प -मं गरे गमं

नि
सारें रेंसां रेंरें सारें | सां — — —
मं मं
प — मं पध | प -मं गरे गमं | प — मं पध | प -मं गरे गमं

रें रें | गं गं | रें रें | रें रें
सां — सां — | रें — रें — | सां — सां — | सां — सां —
मं मं
प — मं पध | प -मं गरे गमं | प — मं पध | प -मं गरे गमं

पमं -गं मंगं -रें | गरें -सां रेंसां निध | पमं -ग मंग -रे | सा * * *
* }

(दूसरा अन्तरा प्रथम अन्तरे के समान गाने के पश्चात्—)

| पध पमं पमं गरे | गमंपध प मं ग
प्रेम-लगन मन में बसा | ले, नैनन में नई | जोऽ ऽत ऽऽ जऽ | गाऽऽऽ ऽ ले ऽ

(ठेका बन्द) ग ग
— ग — ध — मं ग — मंग गमं,ग रे रे -सा सा — —
ऽ प्रेम लगन मन में ऽ ऽ ऽ ऽ ऽ ऽ ऽ बऽ साऽऽ ऽ ऽ ऽऽ ले ऽ ऽ

बहुत दिया देने वाले

फिल्म : सूरत और सीरत

गीत

बहुत दिया देने वाले ने तुझको,
आँचल ही न समाए तो क्या कीजे।
बीत गए जैसे ये दिन-रैना, बाकी भी कट जाए दुआ कीजे॥
जो भी दे-दे मालिक, तू करले क़बूल।
कभी-कभी काँटों में भी खिलते हैं फूल॥
वहाँ देर भले है, अंधेर नहीं; घबराके यूँ गिला मत कीजे।
देगे दुख कब तक भरम के ये चोर।
अरे ढलेगी ये रात प्यारे फिर होगी भोर॥
कब रोके रुकी है समय की नदिया,
घबराके यूँ गिला मत कीजे।

×	×	×	×
	{ सां रें वाद्य-वृन्द :	गं — — —	— — रें सांध
सा सां रेंगं रें —	गं,रेंसां रें गं,रेंसां रें	गं — — —	— — रें धरें
सां — — निध	म पध प —	नि ध — निध	प पप प धप मम मम
म नि प — ध —	प — — —	नि सां -नि ध —	ध प — म —
नि नि प — ध ध	प — — —	म मप -ध सां बहु ऽत दि	निसां — मम मग याऽ ऽ ऽदे नेऽ
ग ग रे रे रेध धप वा ऽ लेऽ नेऽ	प प प म तु झ को ऽ	— * बहुत दिया देने	ग ग रे रे रेध धनि,ध वा ऽ लेऽ नेऽऽ
पप प प रे तु झ को ऽ	रे — प -प प * आँ ऽच ल	प — —ध प ही ऽ ऽन स	रे म — -ग सा मा ऽ ऽए तो

सारे सारे,ग -रे सा | सा — — — | — मप -ध सां | निसां — मम मग
क्याऽ ऽऽऽ ऽकी ऽ | जे ऽ ऽ ऽ | * बीऽ ऽत ग | एऽ ऽ ऽजै सेऽ

ग ग | | रे |
रे रे रेध धनि,ध | पम — प रे | — प -प — | प -नि ध धप
ये ऽ दिऽ नऽऽ | ऽरै ऽ ना ऽ | * बा ऽक़ीऽ | भी ऽऽ क टऽ

| | बांसुरी : ग म |
म — ग रेसा | सारे सारे,ग -रे सा | सा — — — | — ध रें
जा ऽ ए दुऽ | आऽ ऽऽऽ ऽकी ऽ | जे ऽ ऽ ऽ | * * * *

| गं | | म नि
सां — — — | — रेंगं,रें रेंसां नि | ध प -ध म | प — ध —
* * * * | * *** ** * | * * * * | * * * *

ध | | |
प — — — | म प म ग | म -प — प | मप -म — ग
* * * * | जो भी दे दे | मा लिक ऽ तू | कर ऽले ऽ क़

म ग { पम ग | म प म ग | म प — धप | मप — म ग
बू ऽल { बाँसुरी : | | |

म — पम ग } | | | म ग
| जो भी दे दे मालिक, तू करले क़बूल | | क भी

म प म ग | म -प — प | मप —म — ग | म — -म म
क भी काँ ऽ | टों ऽमें ऽ भी | खिल ऽते ऽ हैं | फू ऽल *व हाँ

सां | | सां |
पध — —नि ध | पध धम — म | पध — -नि ध | पध म — मम
देऽ ऽ ऽर भ | लेऽ हैऽ * अं | धेऽ ऽ ऽर न | हींऽ ऽ * घब

प | नि नि | |
म ध ध सां | सां सांध-प ध | प मप प ग | —
रा के यूँ गि | ला ऽऽ ऽम त | की ऽऽ जे ऽ | ऽ बहुत दिया देने वाले

| | बाँसुरी: सां रें
| सारे सारे,ग -रे सा | सा — — —
ने तुझको, आँचल ही न समाए तो— | क्याऽ ऽऽऽ ऽकी ऽ | जे ऽ ऽ ऽ

सां (over the last note of the third bar)
गं — — — | — — रें सांध | सां रेंगं रें — | गं,रेंसां रें गं,रेंसां रें
* * * * | * * * ** | * * * * | * * * *

गं — — — | — — रें धरें | सां — — निध | म पध प —
* * * * | * * * * | * * * * | * * * *

(दूसरा अन्तरा प्रथम अन्तरे के समान गाने के पश्चात् अन्त में—)

सां (over the last note of the line below)
सां रें | — — — — | गं — रें सांध | सां रेंगं रें —

गं,रेंसां रें गं,रेंसां रें | गं — — — | — — रें धरें | सां — — —

— — } दो बार |

जुर्मे-उल्फ़त पे हमें

फिल्म : ताजमहल

गीत

जुर्मे-उल्फ़त पे हमें लोग सज़ा देते हैं।
कैसे नादान हैं, शोलों को हवा देते हैं॥
हम-से दीवाने कहीं तर्के-वफ़ा करते हैं।
जान जाए कि रहे, बात निभा देते हैं॥
आप दौलत के तराजू में दिलों को तोलें।
हम मुहब्बत-से-मुहब्बत का सिला देते हैं॥
तख़्त क्या चीज़ है और लालो-जवाहर क्या है।
इश्क़ वाले तो खुदाई भी लुटा देते हैं॥
हमने दिले दे भी दिया, अहदे-वफ़ा ले भी लिया।
आप अब शौक़ से देलें, जो सज़ा देते हैं॥

ठेका बन्द :

सा (over ध) ... नि (over ध)
सा- ध — — — — — — — — — — — — — प ध निप — — —
आऽ ऽ ऽ ऽ ऽ ऽ ऽ ऽ ऽ ऽ ऽ ऽ ऽ ऽ ऽ ऽ ऽ ऽऽ ऽ ऽ ऽ

— — मंप ग — — — — — — — — — — — गमं पम धप म — — — — — — — —
ऽ ऽ ऽऽ ऽ ऽ ऽ ऽ ऽ ऽ * * * * आऽऽऽ ऽऽ ऽ ऽ ऽ ऽ ऽ ऽ ऽ ऽ ऽ

रे
गा -म ग — रे — — — — — — गम रेग — रे गसा,रे सा नि़ सा ग — —
ऽ ऽऽ ऽ ऽ ऽ ऽ ऽ ऽ * * * * * * * * * * * *

ग
— — — — — ग मरे रे सा — सा नि़ रे — — रें रे सा
× * * * * जु ऽऽ में उल् ऽ फ़ त पे ऽ * ह में ऽ

ठेका शुरू :

	०	×	०
प		रे	म
गम — — —	म ग म गम	ग — — —	गमं ध प —
लो ऽ ऽ ऽ	ग स ज़ा ऽऽ	दे ऽ ऽ ऽ	तेऽ ऽ हैं ऽ
रे	म		
म रे — प	— प प —	प नि॒ धप ध	नि नि सां -रें
ऽ ऽ ऽ जु	ऽ में .उल् ऽ	फ़ त ऽऽ ऽ	पे ह में ऽऽ
नि — धनि॒ प	प म म रे	प — मंप धप	म — मप म
सां			
लो ऽ ऽऽ ऽ	ग स ज़ा ऽ	दे ऽ ऽऽ ऽऽ	ते ऽ हैंऽ ऽ
रे — — ग	म रे सा —	नि़ — — नि़	रे — गरे सा
ऽ ऽ * कै	ऽ से ना ऽ	दा ऽ ऽ न	हैं ऽ शोऽ ऽ
है		रे	मं
ग — — —	म ग म गम	ग — — —	गम ध प —
लो ऽ ऽ ऽ	को ह वा ऽऽ	दे ऽ ऽ ऽ	तेऽ ऽ है ऽ
			वात्र-संगीत : (प़नि़सा रे
म रे — ग	म रे सा —	सा — — सा	सा — * *
ऽ ऽ ऽ कै	ऽ से ना ऽ	दा ऽ ऽ न	है ऽ * *
पनि सॉं —) रे			
* * * प	— प निसां रें	सां — सां —	— सां ध प
* * * हम	ऽ से दीऽ ऽ	वा ऽ ने ऽ	ऽ क़ हीं ऽ

ग
— — प म | मरे रे सा — | सा नि़ रे सा | रे सा सा —
* * त ऽ | कैंऽ व फ़ा ऽ | कर ऽ ऽ ऽ | ते ऽ हैं ऽ

मं — — म | रे रे प — | प नि धप ध | नि नि सां रेंरे
* * * हम | ऽ से दी ऽ | वा ऽ ऽऽ ऽ | ने क हीं ऽऽ

नि
सां — धनि प | प म म रे | प — मंप धप | म — गम म
त ऽ ऽऽ ऽ | कैं व फ़ा ऽ | कर ऽ ऽऽ ऽऽ | ते ऽ हैंऽ ऽ

रे — — ग | मरे रे सा — | सा — — — | सा नि़ रे ऽ
ऽ ऽ * जा | ऽऽ न जा ऽ | ए ऽ ऽ ऽ | कि र हे ऽ

रे मं
— — ग — | म ग म गम | ग — — — | गम ध प —
* * बा ऽ | त नि भा ऽऽ | दे ऽ ऽ ऽ | तेऽ ऽ है ऽ

म रे — ग | मरे रे सा — | सा — — {सां | — नि प म
ऽ ऽ ऽ जा | ऽऽ न जा ऽ | ए ऽ ऽ {वाद्य-संगीत :

म ग प प | — प निसां रें | सां सां सां — | — सां प प
आ | ऽ प दौऽ ऽ | ल त के ऽ | ऽ त रा ऽ

मं ग
प — — म | मरे रे सा — | सा नि़ रे सा | रे सा सा —
जू ऽ ऽ ऽ | मेंऽ दि लों ऽ | को ऽ ऽ ऽ | तो ऽ लें ऽ

म — — म | रे रे प — | प नि धप ध | नि नि सां -रे
* * * आ | ऽ प दौ ऽ | ल त ऽऽ ऽ | के त रा ऽऽ

नि
सां — धनि प | प म म रे | प — मंप धप | म — गप म
जूं ऽ ऽऽ ऽ | में दि लों ऽ | को ऽ ऽऽ ऽऽ | तो ऽ लेंऽ ऽ

ग रे — ग | मरे रे सा — | सा नि़ रे — | — रे गरे स
ऽ ऽ ऽ हम | ऽऽ मु ह ऽ | ब्ब त से ऽ | * मु हऽ ऽ

रे मं
ग ग — — | म ग म गम | ग — — — | गम ध प —
ब्ब त ऽ ऽ | का सि ला ऽऽ | दे ऽ ऽ ऽ | तेऽ ऽ है ऽ

म रे — ग	मरे रे सा —	सा सा सा —	— प़ ऩिसा रे
ऽ ऽ ऽ हम	ऽऽ मु ह ऽ	ब्ब त से ऽ	ऽ * * *
		नि	
पनि सां — प	— प निसां रें	सां — — —	सां सां ध नि॒
* * * त	ऽ ख़्त क्याऽ ऽ	ची ऽ ऽ ऽ	ज़ है औ र
			ग
प — प म	म रे सा —	सा ऩि रे सा	रे सा सा —
ऽ ऽ ऽलाऽ	लो ज वा ऽ	हर ऽ ऽ ऽ	क्याऽ है ऽ
प — — म	रे रे प —	प नि॒ धप ध	नि नि सां सारें
* * * त	ऽ ख़्त क्या ऽ	ची ऽ ऽऽ ऽ	ज़ है औ रऽ
नि			
सां — धनि॒ प	प म म रे	प — म॑प धप	म — गप म
ग ऽ ऽऽ ऽ	लो ज बा ऽ	हर ऽ ऽऽ ऽऽ	क्या ऽ हैंऽ ऽ
— — ग	म रे सा —	सां ऩि रे —	— रे गरे सा
ऽ * इ	ऽ श्क वा ऽ	ले ऽ तो ऽ	* खु दाऽ ऽ
		रे	म॑
— — —	म ग म गम	ग — — —	गम ध प —
ऽ ऽ ऽ	भी लु टा ऽऽ	दे ऽ ऽ ऽ	तेऽ ऽ हैं ऽ
रे — ग	म रे सा —	सा — { रे प	म॑ सां नि रें
ऽ ऽ इ	ऽ श्क वा ऽ	ले ऽ { वाद्य-संगीत :	
		नि	
नि — } प	— प निसां रें	सां — — —	सां सां धनि॒प
} हम	ऽ ने दिलऽ ऽ	दे ऽ ऽ ऽ	भी दि याऽ ऽ
			ग
— प पम	म रे सा —	सा ऩि रे सा	रे सा सा —
* अ हऽ	दे व फ़ा ऽ	ले ऽ ऽ ऽ	भी लि या ऽ
— — म	रे रे प —	प नि॒ धप ध	नि नि सां -रें-
* * हम	ऽ ने दिल ऽ	दे ऽ ऽऽ ऽ	भी दि या ऽऽ

धसां धनि̱ प | प म म रे | प — म॑प धप | म म गप म
र ऽऽ ऽ | दे व फा ऽ | ले ऽ ऽऽ ऽऽ | भी लि याऽ ऽ

— — ग | म रे सा सा | सा — — नि़ | रे — गरे सा
ऽ * आ | ऽ प अ ब | शी ऽ ऽ क | से ऽ देऽ ऽ

| | रे | म॑
— — — | म ग म गम | ग — — — | गम ध प —
ऽ ऽ ऽ | जो स ज़ा ऽऽ | दे ऽ ऽ ऽ | तेऽ ऽ हैं ऽ

रे — ग | म रे सा — | सा नि़ रे — | — रे गरे सा
ऽ ऽ जु | ऽ में उल् ऽ | फ़ त पे ऽ | ऽ ह मेंऽ ऽ

ठेका बन्द

प — — — म — म म म ग म ग — रे * रेग म
लो ऽ ऽ ऽ ऽ ऽ ग न ज़ा ऽ ऽ दे ऽ ऽ * तेऽ ऽ

ग — — — — —
है ऽ ऽ ऽ ऽ ऽ

काहे तरसाए

फिल्म : चित्रलेखा

काहे तरसाएँ जियरा!
यौवन-ऋतु सजन, जाके न आए—
नित-नित जागे न, सोया सिंगार।
झाँझर झन-झनन नित न बुलाए—
नित-नित बरसे न, रस की फुहार।
स्वपन-धन गगन नित न लुटाए!

कहरवा ताल

× × ×
प < < < नि̱ < < < | स स स — | प़ < < < नि̱ < < <
पार्श्व-संगीत :

स — स —| ग स — —| — गप धनि॒ धप

ग प — —| — पध सरें गंमं| गं सरें गरें -नि॒

सं धनि॒ संध -प| ध गप धप -ग| स — ग प

ध

धसं धसं — —| — — नि॒ —| सं प ग ग

× × × ×

सं प

प पध नि॒ ध| नि॒ — ध —| प -ध ग प| धसं धसं — —

ध सं प

— — नि॒ —| सं प * ग| प पध नि॒ ध| नि॒ — प —

प — धसं ध| सरें सं,रें गरें रेंगं| सं — रेंगं रें| नि॒ -ध प सरें

नि ध नि ध

सं नि॒ — प| ध — — सरें| स नि॒ — प| ध — —]

तीनताल

× 2 ० 3

निसं,नि | रेंसं,- नि॒ — धप

काऽऽ | हेऽऽ त ऽ रऽ

ध | सं

ध — — — | — — ग प | ध स — निसं,नि | रेंस,- नि॒ — धप

सा ऽ ऽ ऽ | ऽ ये जि य | रा ऽ ऽ काऽऽ | टेऽऽ त ऽ रऽ

ध — — — | — — नि॒ध पग | ध प — — | ग — गध पप

सा ऽ ऽ ऽ | ऽ ऽए जिऽ यऽ | रा ऽ ऽ ऽ | ऽ ऽ जिऽ यऽ

स | | प

ग स — रेस | नि॒ नि॒ स ग | स ग प ग | प पध नि॒ ध

रा ऽ ऽ यौऽ | व न ऋ तु | स ज न जा | ऽ केऽ ऽ ल

सं — रैं गं | सं — नि॒ध,नि॒ — | धप,ध — — निसं,नि | रेंसं,- नि॒ — धप

आ ऽ ऽ ऽ | ए ऽ ऽऽऽ ऽ | ऽऽऽ ऽ * काऽऽ | हेऽऽ त ऽ रऽ

| | ध | सं |
ध — — — | — — ग प | ध सं — निसं,नि | रेंसं,- -नि — धप
सा ऽ ऽ ऽए | * * जि य | रा ऽ ऽ काऽऽ | हेऽऽऽत ऽ रऽ

ध — — — | — — निध पग | ध प — { धप | धप गरे गरे सनि
सा ऽ ऽ ऽए | * * जिऽ यऽ | रा ऽ ऽ { पार्श्व-संगीत :

सरे गरे -ग पग | पध निप धनि सरें | गं पं सरें संसं | संसं संनि निनि धध

धप पप गरे सरे | गप ग,प धप, निसं | नि,सं रेंसं, रेंगं गरें | गरें सं धप गरे

कहरवा ताल

× | × | × | ×
स प — धप | ग प धनि पध | सं — प ग | प ध सं ध
| | नि | त नि ऽ त

सं — — — | — — नि ध | सं — — ग | प ध सं ध
जा ऽ ऽ ऽ | ऽ ऽ गे ऽ | न ऽ * नि | त नि ऽ त

सं — — — | रेंसं,नि — सं रें | निसं,नि -ध — ग | प ध सं ध
जा ऽ ऽ ऽ | जाऽऽ ऽ गे ऽ | नऽऽ ऽऽ ऽ नि | त नि ऽ त

सं — — — | निध पग प नि | धप,ध — — ग | प ध सं ध
जा ऽ ऽ ऽ | जाऽ ऽऽ गे ऽ | नऽऽ ऽ ऽ नि | त नि ऽ त

सं — — — | — — नि ध | सं — — प | — प गं रें
जा ऽ ऽ ऽ | ऽ ऽ गे ऽ | न ऽ * सो | ऽ या ऽ सिं

ग ध — — | पध संनि निसं,नि ध | सं — — ध | सं धसं रेंगं रें
गा ऽ ऽ ऽ | ऽऽ ऽऽ ऽऽऽ ऽ | र ऽ * सो | ऽ याऽ ऽऽ सिं

गं — सं — | ध — निसं धनि | धप — — धप | गरे सनि स ग
गा ऽ ऽ ऽ | ऽ ऽ ऽऽ ऽऽ | रऽ ऽ * ऽझाँ | झऽ र झ न

| | ध प |
स ग प ग | प पध नि ध | नि — ध — | पग प धसं ध
झ न न नि | त नऽ ऽ बु | ला ऽ ऽ ऽ | ऽए ऽ काऽ हे

| | प |
सरें सरें गरें गं | सं — रेंगं रेंरें | नि -ध — सरें | निसं नि — धप
जिऽ ऽय ऽऽ रा | ऽ ऽ तऽ रऽ | सा ऽए ऽ काऽ | हेऽ त ऽ रऽ

तीनताल

×	2	०	3
	ध	सं	
ध — — —	— — ग प	ध सं — सरें	निसं नि — धप
सा ऽ ऽ ऽ	ऽ ऽए जि य	रा ऽ ऽ काऽ	हेऽ त ऽ रऽ
ध — — —	— — निध पग	प ध — { स	स ग प नि
सा ऽ ऽ ऽ	ऽ ऽए जिऽ यऽ	रा ऽ ऽ	पार्श्व-संगीत :
ध धप ग प	— सग -ग पनि	ध निसं,नि ध सं	— गरें धनि धप
गप धनि ध सं	प गरे स सनि	ध़ ध़प़ ग़ ग़रे़	स़ — — —
ग स — —	— गप धनि धप	ग प — —	— पध धरें गंमं
गं सरें गंसं -नि	सं धनिसंध -प	ध गप धप -ग	सा * ग प

कहरवा ताल

×	×	×
	ध	
धसं धसं — —	— — नि —	सं प —

छा गए बादल .....

फिल्म : चित्रलेखा

छा गए बादल नील गगन पर, घुल गया कजरा साँझ ढले!

देखके मेरा मन बेचैन, रैन से पहले हो गई रैन,
आज हृदय के स्वप्न फले,
घुल गया कजरा साँझ ढले!

रूप की संगत और एकांत, आज भटकता मन है शांत,
कह दो समय से थमके चले,
घुल गया कजरा साँझ ढले!

अँधियारों की चादर तान, इक होंगे दो व्याकुल प्रान,
आज न कोई दीप जले,
घुल गया कजरा साँझ ढले!

कहरवा ताल

× × × ×
[प़म़,— प़ नि़ | सा, पनि -सां रें | —, मंप,मं प,म रेरे | सा, पनि -सां रें
पार्श्व-संगीत : **(ठेका प्रारंभ)**

—, मम -प प | निनि -सां सां रें, | सांनिपनि सारेंसांनि पमरेसा नि़रेसानि़ | प़, मंप,मं प,म रेरे

(सा- | प] — -) —
सा पऩि -सा रेग,म गरे मंप,मं प,म रेरे सा -सा — सा | —] मं प,म रेरे
छा ऽग ऽए
(आशा)

नि़ नि़ | | | ध
सा — सा सा | — सनि़ रेसा नि़नि़ | नि़सा सारे,सा नि,सारे रे | — नि़ नि़नि़ नि़
बा ऽ द ल | * नीऽ ऽल ऽग | गऽ नऽऽ ऽ,पऽ र | * घु लग या

| | नि़ नि़ | ध़
सा सा रेम ग | रे -,रेम ग,रेसा -सा | सा -सा -ग -रेसा | नि़ नि़ नि़नि़ नि़
क ज राऽ ऽ | ऽ *साँऽ ऽझऽ ऽढ | ले ऽऽ ऽऽ ऽऽऽ | ऽ घु लग या

| रे | | प
सा सारे रेम गम,ग | रेग,- प,मग रेग,सा -सा | सा — मरे पम | मप,- -मं प,म रेरे
क जऽ राऽ ऽऽऽ | ऽऽऽ ऽसाँऽ ऽऽझ ऽढ | ले ऽ (बाँसुरी) | *छा ऽग ऽए

नि़ नि़ | | |
सा — सा सा | — (ग) -,रेसा नि़,नि़ | नि़सा सारेसानि़ -,सारे रे | —
ऽ ऽ ऽ ऽ | * ही ऽऽल ऽग | गऽ नऽऽऽ ऽपऽ र | * घुल गया कजरा

(प | —)
-सा | सा [रेमपनि सां — | —, रेम पनि सारें
साँझ ढले! घुल कजरा साँझ— ऽढ | ले [**पार्श्व-संगीत :**

नि धम -ग नि़सा | रेमगप मग रे, रे | प, धनि,ध नि,धप मम | प —,
म
| प -प (रे) सा

| | | ग —
—] (रे) -म म | प — म,प — | -- म ध ध निप | म — मगमग पम,-
दे ऽख के | मे ऽ ऽरा ऽ | * म न बे ऽऽ | चै ऽ ऽऽऽऽ ऽऽऽ
(आशा)

	ग	
—		
रे	म -ग पम गरे	— (रे) -म म
ऽन देखके मेरा मन बे—	चै ऽऽ ऽऽ ऽ,ऽन	* रै ऽन से

प पम पधपम रेगरे	सा -रे म,प धप	म गम रेमगम रे	— मध -ध -ध
प हऽ लेऽऽऽ ऽऽऽ	ऽ *हो ऽग ऽई	रै ऽऽ ऽऽऽऽ ऽन	* आऽ ऽज ऽह

		ग ग	
धनि,ध पध-नि निध प	— प,-ध म,प ध,प	म -म निध सांनि	पग गग -ग गसा
दऽऽ ऽऽऽय केऽ ऽ	* स्वऽप ऽन ऽफ	ले ऽऽ ऽऽ ऽऽ	ऽऽ घुल ऽग याऽ

		नि नि	
रेम मप पध,प मप,-	धप,- ग,ग -,रेसा -सा	सा -सा ग-रे सानि	—
कऽ जऽ राऽऽ ऽऽऽ	ऽऽऽ ऽसाँ ऽझऽ ऽढ	ले ऽऽ ऽऽ ऽऽ	* घुल गया कजरा

-सा	सा	-सा गरे सानि	सा,रेसा नि *ध मप	निसा,नि धनि -सा रेम,
साँझ— ऽढ	ले	**पार्श्व-संगीत :**		

पधनिसां — — —,	प	म	
*प -ध नि,ध	म -म -प ध,प	ग -सा -रे म,रे	म -सा, रेंसांनिध पमगरे

सा (रे) -म म	प -म प प,	— मध -नि प	म — गमगप मग
रू ऽप की	सं ऽऽ ग त	* औऽ ऽरे ऽ	कां ऽ ऽऽऽऽ ऽऽ

(रफी)

रेरे	म -ग पम,- गरे	—
ऽत रूप की संगत और ए—	कां ऽऽ ऽऽऽ ऽ,ऽत	* दूसरे अंतरे का

शेष भाग पहले अंतरे के समान ही गाया जाने के पश्चात्—]

'छा गए बादल नील गगन पर, घुल गया कजरा साँझ ढले! घुल गया कजरा साँझ ढले!' (रफी)

[पहले अंतरे से पूर्व का पार्श्व-संगीत बजाया जाने के पश्चात् तीसरा अंतरा नारी-स्वर में पहले अंतरे के समान ही गाया जाएगा।]

आज की रात

—फिल्म : नई उमर की नई फसल

आज की रात बड़ी शोख, बड़ी नटखट है,

आज तो तेरे बिना नींद नहीं आएगी।

अब तो तेरे ही यहाँ आने का ये मौसम है,

अब तबीयत न ख़यालों से बहल पाएगी॥

देख, वो छत पे उतर आई है सावन की घटा,

दे रही द्वार पे आवाज खड़ी पुरवाई।

बिजली रह-रहके पहाड़ों पे चमक उठती है,

सूनी आँखों में कोई ख्वाब ले ज्यों अँगड़ाई॥

कैसे समझाऊँ कि इस वक्त का मतलब क्या है,

दिल की है बात, न होंठों से कही जाएगी।

रातरानी की ये भीनी-सी नशीली खुशबू,

आ रही है कि जो छन-छनके घनी डालों से।

ऐसा लगता है किसी ढीठ झकोरे से लिपट,

खेल आई है तेरे उलझे हुए बालों से॥

और बेज़ार न कर मेरे तड़पते दिल को,

ऐसी रंगीन ग़ज़ल रात न फिर गाएगी।

आज तो तेरे बिना नींद नहीं आएगी॥

रे रे
[सा — रेम गमगग — सा सा — —] ग -रे सा नि़ सा — — —
[आर्केस्ट्रा] आ ऽऽ ज की रा ऽ ऽ ऽत

नि़
— — सानि़ ध़ प़ ध़सा — — — सा सारे सा रेग,रे सानि — — —
* * बऽ ड़ी ऽ शोऽ ऽ ऽ ऽ ख़ बऽ ड़ी ऽऽऽ ऽऽ ऽ * ऽ

नि सा सा सारे रे — — — — गरे रे,सा रेग म — — — —
न ट ख टऽ है ऽ ऽ ऽ ऽ ऽऽ ऽऽ ऽऽ ऽ ऽ ऽ ऽ ऽ

ध
— म -म म गम मग ग — म प म ग — — गम गम रे
* आ ऽज तो ऽऽ तेऽ ऽ ऽ रे बि ना ऽ ऽ * नींऽ ऽऽ ऽद
रे रे सा
न हीं ऽ

दादरा ताल

× | × | ×
(सा नि़ ग़ —) | | नि़ नि़
सा — सा — सा — | * * ग़ रें रेग़,रे सा | सा — सा सा सा सा
आ ऽ ए ऽ गी ऽ | * * अब तो तेऽऽ ऽ | रे ऽ ही य हाँ ऽ

सा — सा सारे रेग़,रे सानि़ | नि़ सा नि़सा सारे रे — | — — म म मप गप
आ ऽ ने काऽ येऽऽ ऽऽ | मौ ऽ सऽ मऽ है ऽ | * * अब त बीऽ ऽऽ

रे ध | म ग़ |
ग ग म प म ग़ | ग़ मरे रे रे रे रेसा | सा — सा — सा —
य त न ख़ या ऽ | लों ऽऽ से ब ह लऽ | पा ऽ ए ऽ गी ऽ

म | | रे सा
[मप — मरे सानि़ नि़ सारे | ग़ रे प़ नि़ सा रे | मप निसां— प ग़ रे
आर्केस्ट्रा :

ग | | प
नि़सा —] मरे रे म म | प प प -पँ प पम | मप ध प धनि़,ध म -ग
] देऽ ख वो ऽ | छ त पे *उ त रऽ | आऽ ऽ ई हैऽऽ सा ऽऽ

| ग ग |
रेग सारे म म म — | — — म म म म | पध,प मप,ध ध ध -ध प
वनऽ ऽऽ की घ टा ऽ | * * दे र ही ऽ | द्वाऽऽ ऽऽऽ र पे *आ ऽ

| मं मं |
पध नि़ नि़ नि़ध धनि़,ध प | प प प प ध,पप रे | — — रेरे रे रेम म
वाऽ ऽ ज खऽ ड़ीऽऽ ऽ | पु र वा ऽ ईऽऽ ऽ | * * बिजली रऽ ह

| | सा
प प प -प प म | मप ध प ध म मग | रे रे मग,म — म —
र ह के *प हा ऽ | ड़ोंऽ ऽ पे च म कऽ | उ ठ तीऽऽ ऽ है ऽ

ग ग | |
— — म म म म | पध,प मप,ध ध ध धप — | पध़ नि़ नि़ नि़ध धनि़,ध प
* * सू नी आँ ऽ | खोंऽऽ ऽऽऽ में को ईऽ ऽ | ख़्वाऽ ऽ ब लेऽ ज्योंऽऽ ऽ

पार्श्व-सं०(पसां नि॒सां नि॒ -ध

म॑ रें
प प पम,प — प — | — — नि सां नि सां | नि॒ प प — — —
अँ ग ड़ाऽऽ ऽ ई ऽ | * * कै से स म | झा ऽ ऊँ ऽ ऽ ऽ

पध म) ध
— — म ध नि॒ सां | नि॒ प प प प प | — प प प प प
* * कै से स म | झा ऽ ऊँ कि इ स | * व क्त का म त

[रे सा]
[प — ग॒ रे सा —]

ध ग॒
प पम पध,प -म ग॒ रे | सारे — ग॒ रे रे सा | सा — — — — —
ल बऽ क्याऽऽ ऽऽ है ऽ | ऽऽ ऽ दिल की है ऽ | बा ऽ ऽ ऽत * *

म
सारे,सा नि॒ नि॒ रे ग॒ ग॒ | सा — सा सा सा — | सा — सा सा रेग॒,रे—
होऽऽ ऽ दिल की है ऽ | बा ऽ त न हों ऽ | ठों ऽ ऽ से कहीऽ *

नि॒ रे
नि॒ सा सा रेग॒,रेरे — | — — [ग म म — | ग — म प म ग॒
जा ऽ ए ऽऽऽ गी ऽ | * * [केवल गुनगुनाता है : |

(सा नि॒ ग॒ — ग
ग॒ मप म रे रे सा | सा — सा — सा — | — — ग॒ रे रे सा
| | * * आ ज की ऽ

सा — — — [सानि़ ध़प़ | ध़सा — रे ग॒ रे — | रे सा गरे सारे गम —
रा ऽ ऽ ऽत [आर्केस्ट्रा :

धप मप -म ग रेग -रे | सा —)

(अंतिम पंक्ति को छोड़कर, शेष पंक्तियाँ पहले अंतरे के समान गाएँ, तत्पश्चात्—)

रे ग॒
म म मप गम | ग — म धप म ग॒ | ग॒ मप,म रे रे रे सा
आ ज तोऽ ऽऽ | ते ऽ रे बिऽ ना ऽ | नीं ऽऽऽ द न हीं ऽ

ग॒ नि़ नि़
ध — सा — सा — | — — ग॒ रे रे सा | सा — सा सा सा सारे
आ ऽ ए ऽ गी ऽ | * * आ ज की ऽ | रा ऽ त ब ड़ी ऽऽ

नि॒ नि॒
सा — सा सारे रेग॒,रे सानि॒ | नि॒ सा सा सारे रे — | — —
शो ऽ ख़ बऽ ड़ीऽऽ ऽऽ | न ट ख टऽ है ऽ | * * ...

दुनिया में ऐसा कहाँ

—फिल्म : देवर

दुनिया में ऐसा कहाँ सबका नसीब है!
कोई-कोई अपने पिया के क़रीब है!
दूर ही रहते हैं उनसे किनारे,
जिनको न कोई माँझी पार उतारे।
साथ है माँझी तो किनारा भी क़रीब है!
चाहे बुझा दे कोई दीपक सारे,
प्रीति बिछाती जाए राहों में तारे।
प्रीति दीवानी की कहानी भी अजीब है!
बरखा की ऋतु हो, या दिन हों बहार के,
लगते हैं सूने-सूने, बिन तेरे प्यार के।
तू है जो ज़िंदगी को ज़िंदगी नसीब है!

कहरवा ताल

× × × × ×
[प | सा सारे नि़सा धनि॒ | साग॒ रेग॒ सारे,- — | ग॒प -म गम रेम
आर्केस्ट्रा :

सा सा
ग॒,मग॒ रे,ग॒रे सा म़ध़ | सा नि॒ नि॒ सा | रे ध़सा -ग॒ रे | प सारे -प मग

म,पम रेम ग॒,मग॒ रे | सा ग॒,मग॒ रे,ग॒रे सा | — रेग॒,रे सा ग॒रेसाध़ | सा — नि॒ध़ प़ध़

सा — रेग॒ रेग॒ | सा] रे,ग॒म ग॒रे -सा | सारे रे -ग॒ ग॒रे | सारे | सा नि़ध़ प़प़
दुनिऽ ऽया ऽमें | ऐऽ सा ऽक हाँऽ | सऽ ब ऽका ऽन

रे
पृधृ धृसा सा — | — सारे -धृ -नि | सा रेगसारे -ग -प | गरे सा -सा -सा
सीऽ ऽब है ऽ | * कोई ऽको ऽई | अ पऽऽऽ ऽने ऽपि | याऽ ऽ ऽके ऽक़

रेसा धृधृ धृसारेम पम,ग | — रेग -रे -सा |
रीऽ ऽब हैऽऽऽ ऽऽऽ | ऽ दुनि ऽया ऽमें | ऐसा कहाँ सबका नसीब है!

[सारे ग मप | मप — — मप | धसां निसां सांनि धप | निध — — मग
आर्केस्ट्रा :

पम -पृ -धृ -धृ | सा रेसा रेसा ग | ग -सा गरे सानिृ | सारे रेग गम मप

म निृ सा सा
परे -सा निृसा मग | ग सा निृपृ -पृ | पृग गरे सारे रेग,रे | सा -धृ धृसा -सा
| दू ऽर ऽही | रऽ हऽ तेऽ हैंऽऽ | ऽ ऽउन ऽसे ऽकि

रे
रेम रेम म — | — गग -म -प | मप पम मग मग | मगमध -म गसा -सा
नाऽ ऽऽ रे ऽ | ऽ जिन ऽको ऽन | कोऽ ईऽ माँऽ झीऽ | ऽऽऽऽ ऽप ऽर ऽउ

सा — सा — | — सारेनिृसा -पृ -पृ |
ता ऽ रे ऽ | * दूऽऽऽ ऽर ऽही | रहते हैं उनसे किनारे, जिनको न कोई

ग
| -प -ध -प | मप पध,प -म -ग | रेम मप,म -ग -सा
माँझी पार उतारे। | *सा ऽथ ऽहै | माँऽ झीऽऽ ऽतो ऽकि | नाऽ राऽऽ ऽभी ऽक़

सारे रेग गरे सा | —
रीऽ ऽब हैऽ ऽ | * दुनिया में ऐसा कहाँ सबका नसीब है!

[-सा गरे सानिृ | रे -पृ पृपृ पृपृ | ध -ग सा साग | रे — प सां
आर्केस्ट्रा :

रें -सा· रेप मप | रेग पम,-गम रे | सा प — ध | प ध प रे
सा]

(दूसरा अंतरा पहले अंतरे के समान गाने के पश्चात् वही आर्केस्ट्रा बजाया जाएगा, जो पहले अंतरे से पूर्व बजाया गया था। तत्पश्चात् तीसरा अंतरा भी पहले अंतरे के समान गाया जाएगा।)

छुपा लो यूँ दिल में

—फिल्म : ममता

छुपा लो यूँ दिल में प्यार मेरा,
कि जैसे मंदिर में लौ दिए की!
तुम अपने चरनों में रख लो मुझको,
तुम्हारे चरनों का फूल हूँ मैं।
मैं सर झुकाए खड़ी हूँ प्रीतम,
कि जैसे मंदिर में लौ दिए की!
ये सच है, जीना था पाप तुम बिन,
ये पाप मैंने किया है अब तक।
मगर है मन में छवि तुम्हारी,
कि जैसे मंदिर में लौ दिए की!
फिर आग बिरहा की मत लगाना,
कि जलके मैं राख हो चुकी हूँ।
ये राख माथे पे मैंने रख ली,
कि जैसे मंदिर में लौ दिए की!

कहरवा ताल

×	०	×	०
सा — — —	— — — —	सां — — —	— — — —
* * * *	* * * *	* * * *	* * * *
सा प — म॑	गरे गम॑ ग सा	सा सा — सा	रेग सारे,- ग —
छु पा ऽ लो	यूँऽ ऽऽ दिलऽ	में प्या ऽ र	मेऽ ऽऽऽ रा ऽ
नि़ सानि़ध़ ध़	नि़ नि़रे रे रे	रेसा गरे सा सा	सा — सा — दो बार
कि जैऽ ऽ से	मं ऽऽ दि र	मेंऽ लौऽ ऽ दि	ए ऽ की ऽ
	प प		
सा प प पम॑	म॑ म॑ म रे	रे म॑ म॑ म॑	ध ध ध —
तुम अ प नेऽ	च र नों ऽ	में र ख लो	मु झ को ऽ
ध म॑ध निसां सां	सां सां सां —	सांनि नि ध धनि	धनि — नि —
तु म्हाऽ ऽऽ रे	च र नों ऽ	काऽ फू ऽ लऽ	हूँऽ ऽ मैं ऽ

प सां — नि	प — प —	पमे धप ग ग (प)	प — प —
मैं सर ऽ झु	का ऽ ए ऽ	खऽ ड़ीऽ ऽ हूँ	प्री ऽ तम ऽ
सा प — मे	गरे गमे ग सा	सा सा — सा	रेग सारे,- ग —
मैं सर ऽ झु	काऽ ऽऽ ए ऽ	ख ड़ी ऽ हूँ	प्रीऽ ऽऽऽ तम ऽ

कि जैसे मंदिर में लौ दिए की! छुपा लो यूँ ....!

पार्श्व-संगीत :

प़ नि़ रे मे	प़ नि़ रे मे	सागमेप — — मे	ग रे सा नि़
प सा नि़ —	— नि़ रे म	प सां नि पनि	धनि ध प म
प र ग —	ग ग गम प (रे रे)		

(दूसरा अंतरा पहले अंतरे के समान गाने के पश्चात्—)

पार्श्व-संगीत :

प़ नि़ रे मे	प़ नि़ रे मे	सागमेप — — मे	ग रे सा नि़
प सा नि़ —	— नि़ रे मे	प सां नि पनि	धनि ध प मे
प रे गसां —	— प मे रेग,-		

(तीसरा अंतरा पहले अंतरे के समान गाया जाएगा।)

परिशिष्ट–5

सन्दर्भ ग्रन्थ व लेख सूची

इस परिशिष्ट में हिन्दी व अंग्रेजी भाषा में प्रकाशित एवं अप्रकाशित ग्रन्थों व लेखों की सूची दी गई है जिन्हें यथा स्थान उद्धृत किया गया है।

पुस्तकें

1. हरिशचन्द्र श्रीवास्तव, राग परिचय (खण्ड–2)
2. उमेश जोशी, भारतीय संगीत का इतिहास
3. रामदत्त भारद्वाज, काव्य शास्त्र की रूपरेखा
4. अमलदास शर्मा, भक्ति संगीत
5. ''   '' संगीतायन
6. भगवतशरण शर्मा, ताल मीमांसा
7. ''   '' हिन्दुस्तानी संगीत का इतिहास
8. सुषमा कुलश्रेष्ठ, साहित्य एवं वादन कला
9. गोविन्द राव राजुरकर, संगीत शास्त्र पराग
10. सरयू कालेकर, रामपुर की सदारंग अदारंग परम्परा और प्रतिनिधि आचार्य बृहस्पति
11. सुरेशव्रत राय, संगीत के जीवन पृष्ठ
12. पुरुषोत्तम दास अग्रवाल, संगीत निबन्धावली
13. जगदीश नारायण पाठक, प्रवीण प्रश्नोत्तर
14. सुमन पाटणकर, ताल सोपान (खण्ड–5)

15. '' हमारा संगीत (खण्ड–5)

16. महेन्द्र मित्तल, भारतीय चलचित्र

17. ओंकारनाथ माहेश्वरी, हिन्दी चित्रपट का गीति साहित्य

18. हरमिन्दर सिंह 'हमराज', हिन्दी फिल्म गीत कोश (खण्ड, 2,3,4)

19. विशम्भर नाथ भट्ट, संगीत कादंबिनी

20. सुलोचना यजुर्वेदी, खुसरो, तानसेन तथा अन्य कलाकार

21. राजू भारतन, लता मंगेशकर

22. नगेन्द्र, रस सिद्धान्त

23. टी०जे०एस० जार्ज, नरगिस

24. Ram Avtar Vir 'The Music of India 1001 A.D. to 1986 A.D. History and development.'

लेख

1. गोविन्द माथुर, ''फिल्मी गीत, तब और अब'', राजस्थान पत्रिका, जयपुर 18 जून, 1994.

2. विमल बोस, ''फिल्मी गीतों की भाषा'', संगीत, हाथरस, जून 1960.

3. '' ''फिल्मी संगीत का मानसिक पक्ष'', संगीत, हाथरस, जून, 1960.

4. भूपेन मुखर्जी, ''फिल्म और संगीत'', संगीत, हाथरस, दिसम्बर, 1961.

5. कल्याण जी आनन्दजी, ''भारतीय फिल्मों में संगीत की अनिवार्यता'', फिल्म संगीत, हाथरस अक्टूबर, 1967.

6. सलिल चौधरी, ''आज का फिल्म संगीत'', फिल्म संगीत, हाथरस, जनवरी, 1967.

7. हरिशचन्द्र पाठक, ''मेला सात सुरों का'', माधुरी, दिल्ली, 29 अक्टूबर, 1982.

8. ''बीहायंड द स्क्रीन'', फिल्मफेयर, बम्बई, 10 अगस्त, 1962.

9. प्रकाश कामत, ''कहाँ हो तुम ज़रा आवाज़ दो'', सकाल (मराठी), पुणे 16 नवम्बर, 1991.

10. ''सक्सेसफुल यट ग्लूमी'', फिल्मफेयर, बम्बई, 15 अप्रैल, 1967.

11. दिलीप कुकड़े, ''स्वरप्रकाशी रोशन'', केसरी (मराठी), पुणे 16 जुलाई, 1992.

12. अशोक पी० काले, ''रोशन्स मेलाडी बियांड टाईम'', फ्री प्रैस जरनल, बम्बई, 13 अक्टूबर, 1992.

13. ''न तो कारवां की तलाश है'', केसरी (मराठी) पुणे, 27 जून, 1991.

14. ''हिज़ लास्ट मंजिल'', फिल्मफेयर, बम्बई, 8 दिसम्बर, 1967.

15. चाँद खाँ रहमानी, ''फिल्मी संगीत के अमर शिल्पी'', जनसत्ता, दिल्ली, 27 सितम्बर, 1991.

16. चन्द्र प्रकाश माथुर, ''भारतीय संगीत के उपाशक रोशन'', हरमिन्दर सिंह 'हमराज' द्वारा सम्पादित 'लिस्नर्स बुलेटिन', कानपुर, अक्टूबर-नवम्बर, 1973.

17. राजू भारतन, ''विदर आवर म्यूज़िक डायरेक्टर्स'', फिल्मफेयर, बम्बई, 4 अक्टूबर, 1962.

18. '' ''लता डाऊन द मेलाडी लेन'', फिल्मफेयर, बम्बई, 25 मई, 1967.

19. '' ''वायसेज़ इन द नाईट'', फिल्मफेयर, बम्बई, 21 जुलाई, 1967.

20. '' ''मेलॉडीज़ एंड मैमोरीज़'', फिल्मफेयर, बम्बई, 22 दिसम्बर, 1967.

21. '' ''हिन्दी फिल्म म्यूज़िक टुडे'', इल्लस्ट्रेटड वीकली ऑफ इंडिया, 31 दिसम्बर, 1967.

22. ''फिल्मों में नृत्यों के रूप-रंग'', संगीत, हाथरस, जनवरी, 1970.

23. वाहिद काज़मी, ''पार्श्व संगीत के पोशीदा कलाकार'', संगीत, हाथरस, जुलाई, 1987.

24. लक्ष्मीकान्त-प्यारेलाल, ''ऑफ म्यूज़िक, मर्थ एंड मॉरल्स'', फ्री प्रैस जरनल, बम्बई, 5 नवम्बर, 1964.

25. दिलीप पदगाँवकर, ''ओड टू ए नाइटिंगेल'', सेमीनार, न्यू दिल्ली, मार्च, 1995.

26. ''संगीतकार मदनमोहन—भारतीय फिल्म संगीत'', फिल्म संगीत, हाथरस, 1969.

27. सीतेश आलोक, ''वसन्त देसाई—संगीत निर्देशक पर आलोचनात्मक दृष्टि'', संगीत, हाथरस, जुलाई, 1961.

28. राजेन्द्र बोड़ा, "संवेदनाओं को लयबद्ध करने वाला संगीतकार—ओ०पी० नैय्यर", राजस्थान पत्रिका, जयपुर, 6 मई, 1995.

29. व्यास, "फिल्म और शास्त्रीय संगीत", संगीत, हाथरस, जून, 1967.

30. अमर चतुर्वेदी, "हिन्दी फिल्मों में लोक संगीत", संगीत, हाथरस, अगस्त, 1967.

31. देवदास कुसुम, "भारतीय फिल्म संगीत का इतिहास", संगीत, हाथरस, दिसम्बर, 1963.

32. "सी० रामचन्द्र—संगीत निर्देशक पर आलोचनात्मक दृष्टि", फिल्म संगीत, हाथरस, जुलाई, 1963.

33. कैलाश पंकज श्रीवास्तव, "हमें तो लूट लिया मिलके" संगीत, हाथरस, जनवरी, 1979 (फिल्मी कव्वाली विशेषांक)

34. नलिन शाह, "ऑफ ट्रैक शोबिज़", 24 जून, 1994.

35. सूर्यकान्त द्विवेदी, "क्यों नहीं खोज पाये हैं मुकेश का विकल्प", संगीत, हाथरस, अगस्त, 1987.

36. नगेन्द्र, "आजकल के काव्य सिद्धान्त", आजकल, दिसम्बर, 1962.

37. सुभाष के० झा, "गिविंग ए टच ऑफ क्लास टू द फिल्म म्यूज़िक", एशियन एज, दिल्ली, 25 अक्टूबर, 1994.

38. " "आये तुम याद मुझे", इन्फोटेन्मेन्ट, द हिन्दुस्तान टाइम्स वीकली इन्टरटेनमेन्ट गाईड, नई दिल्ली, 2 फरवरी, 1996.

39. "मन्नाडे के लोकप्रिय गीत", सरगम का सफर, जून 1989.

40. "किशन शर्मा की मन्नाडे से वार्ता", संगीत, हाथरस, जनवरी, 1972.

41. प्रदीप कुमार दीक्षित 'नेहरंग', "अनन्त भावनाओं के एक सशक्त स्वर मु० रफी", संगीत, हाथरस, जुलाई, 1992.

42. "साउन्डस ऑफ म्यूज़िक", सन्डे ऑवजर्बर, बाम्बे, 11 अगस्त, 1991.

43. "फिल्म और साहित्य", साहित्य के उद्देश्य, 1954.

44. नलिन शाह, "फेम, फॉरच्यून एंड फ्रस्ट्रेशन इन म्यूजिक", प्लेबैक एंड फास्ट फारवर्ड, मार्च, 1987.

45. सन्तोष व्यास, "संगीत निर्देशक रोशन ज्योतिष की रोशनी में", संगीत, हाथरस, अक्टूबर, 1967.

अन्य स्त्रोत

1. संगीतकार रोशन के बारे में सुप्रसिद्ध बाँसुरी वादक पं० हरिप्रसाद चौरसिया के संस्मरण कार्यक्रम संगीत सरिता, हमारे फिल्म संगीतकार व उनकी रचनायें, पांचवी कड़ी, आकाशवाणी दिल्ली से प्रसारित, 10 अप्रैल, 1994.
2. देबू चौधरी से वार्ता, आकाशवाणी श्रीनगर से प्रसारित, 29 जुलाई, 1989.
3. ''बाजे पायल'' संगीतकार राजेश रोशन का इन्टरव्यू, दिल्ली दूरदर्शन से प्रसारित कार्यक्रम, 23 फरवरी 1996.
4. विद्या आर्य, ''राजस्थान की विलक्षण संगीत प्रतिभा, खेमचन्द प्रकाश'' राजस्थान विश्वविद्यालय जयपुर से पी०एच०डी० की उपाधि हेतु स्वीकृत शोध ग्रन्थ, 1989 (अप्रकाशित)
5. उमा गर्ग, ''हिन्दी फिल्मी गीतों का सौन्दर्यबोध'', दिल्ली विश्वविद्यालय से पी०एच०डी० की उपाधि हेतु स्वीकृत शोध ग्रन्थ, 1989 (अप्रकाशित)